"삶이 당신에게 레몬을 준다면, 레모네이드를 만들어라."

When life gives you lemons, make lemonade.

— 엘버트 허버드(Elbert Hubbard, 1856~1915)

THE
MENTOR

명훤 지음

———————

THE
ART
OF
STUDY

더멘토 공부의 기술
THE MENTOR THE ART OF STUDY

지은이 명원(더멘토 대표)
발행인 양성숙
발행처 아테네

발행일 1판 1쇄 발행 2019년 12월 30일
      1판 1쇄 인쇄 2019년 12월 20일

출판등록 2000년 6월 2일(제1-2692호)

주소 경기도 고양시 일산동구 중앙로 1275번길 86-1, 1501호
전화 031 912 1730 **팩스** 031 912 1732
이메일 atheneumbook@hanmail.net

ISBN 978-89-94305-09-7 (03190)

Cover Design *Yedang Graphics, Helen Yang*
Cover Illustration 더멘토 스튜디오, 이장희(『서울의 시간을 그리다』 저자), 2019.

이 도서의 국립중앙도서관 출판예정도서목록(CIP)은
서지정보유통지원시스템 홈페이지(http://seoji.nl.go./kr)와
국가자료공동목록시스템(http://www.nl.go.kr/kolisnet)에서 이용하실 수 있습니다.
(CIP제어번호: CIP2019046686)

THE **MENTOR** THE **ART** OF **STUDY** 더멘토 공부의 기술 | 명현 지음

두 아들 휜, 휘를 키우시느라
머리가 하얗게 새어버리신 나의 어머니,
이경순 여사께 바칩니다.

스포츠, 음악, 미술을 비롯한 모든 분야에서 기본기는 목표를 달성하고, 최고가 되기 위해 꼭 필요한 부분이라고 할 수 있습니다. 공부 역시 마찬가지입니다. 그렇다면 공부의 기본기는 무엇일까요?

공부는 기본적으로 글을 읽고 이것을 압축한 뒤 반복해서 익히는 과정이라고 할 수 있습니다. 그렇다면 글을 제대로 이해하고 요약하는 기술, 그리고 암기하는 기술 등이 공부의 기본기라고 할 수 있을 것입니다. 여러분은 공부의 기본기가 어떤 요소로 이루어져 있으며, 이를 어떻게 익힐 수 있는지에 대해 부모님이나 학교, 학원, 과외 등의 선생님으로부터 들어본 적이 있나요? 아마 자신 있게 그렇다고 말할 수 있는 학생은 그다지 많지 않을 것입니다.

운동을 이제 막 배우기 시작한 선수들이 바로 시합에 나가는 경우는 없습니다. 시합에 필요한 기술들을 상세하게 나누어서 반복적으로 연습한 후, 경기를 뛰게 되죠. 이런 기본훈련 없이 시합에 바로 나가게 되면 큰 부상을 당할 수도 있습니다. 그리고 단지 기본 기술을 충분히 연습할 시간이 없었을 뿐인데, 마치 소질과 재능이 없는 것으로 본인 스스로가 쉽사리 단정하고 이른 시기에 운동을 포기하게 될 수도 있습니다.

유독 공부에 대해서는 관심과 열기에 비해 우리 사회가 그렇게 치밀하게 고민하거나 관대하지 못하다는 생각이 듭니다. 공부를 '잘한다'고 할 때, 구체적으로 '무엇을' 잘한다는 것인지도 분명하지 않습니다. 국어나 영어, 수학의 기본개념을 잘 이해하고 외웠다면, 어느 정도 공부를 잘하는 학생이라고 할 수 있을 것입니다. 그러나 '정말' 공부를 잘하는 학생이라면, 이해한 내용을 정리하고, 압축하고, 반복하는 과정 또한 잘 해낼 수 있어야 합니다. 공부의 기본기를 이야기할 때, 두루뭉술하게 선행 개념의 이해 또는 암기만을 이야기하는 것은, 이러한 '고민 없음'을 여실히 보여줍니다.

'어떻게 배우고 익힐 것인가'가 바로 공부의 시작이며, 기본기 없이 공부를 하는 것은 구멍 난 그물로 물고기를 잡는 것과도 같습니다. 결국 학생들은 공부에 필요한 기본기를 하나씩 배우고 익힐 기회를 얻지 못한 채 바로 실전에 투입되어, 어려운 내용을 학습하고 시험을 치릅니다. 그 과정에서 많은 학생들이 마음의 상처를 입거나 결과에 좌절하게 됩니다.

저는 공부를 시작한 학생들에게 공부의 기본기가 무엇인지 알리고, 그것을 연습할 기회를 주고자 이 책을 쓰게 되었습니다. 지난 7년을 돌이켜보면, 거의 매일 학부모님, 선생님들과 소통하며 수많은 학생들을 만나왔습니다. 그리고 서울과 지방의 중학생, 고등학생 모든 학년을 포함하여, 일반고와 자사고(자율형 사립고)의 무수한 내신시험 전략을 함께 구상하고 수능시험과 수시모집을 준비하여 왔습니다. 제 자신도 대학원에서 법학을 계속 공부하면서 공부의 의미와 과학적이고 효율적인 공부 방법을 찾고자 끊임없이 자료를 찾아 연구하였습니다. 그 과정에서 학생들이 가장 필요로 하는 기본기가 무엇인지, 그리고 고등학교 3학년이 어떻게 진행되어 가고, 또 어느 경우에 학생들이 성공하고 실패하는지에 대해 몇 가지 패턴을 발견할 수 있었습니다. 이 책을 통해 여러분들과 그러한 노하우를 공유하고자 합니다.

현행 교육 과정상 여러분의 공부 여정은 대학 입학을 통해 잠정적인 막을 내리게 됩니다. 그러나 대학 입학 후에도 결코 공부와 시험이 우리 곁을 떠나지 않는 것이 현실이기도 합니다. 어쩌면 평생 그 과정이 계속된다고 해도 과언이 아닙니다.

이 책은 구체적인 적용을 위해 제가 직업적으로 자주 만나게 되는 중고등학생과 선생님, 부모님을 주된 독자로 하여 쓰였지만, 각종 국가고시와 시험을 준비하는 일반 수험생 역시 반드시 미리 읽고 수험 전략에 참조하여야 할 부분이 있습니다. 시험에 본격적으로 뛰어들기 전에 날을 가다듬는 마음으로 읽어보신다면 시행착오를 줄일 수 있으리라 생각합니다.

공부할 것도 가뜩이나 많은데 공부 방법을 다룬 책이 복잡하고 글이 많아서는 안 된다는 생각에 최대한 글자를 줄이고 그림과 도표로 요약하려 했습니다. 최상위권 학생이나 중위권 학생, 공부를 본격적으로 시작하려는 학생을 막론하고, 편견을 버리고 가벼운 마음으로 이 책을 읽어보실 바랍니다. 부모님이나 과외 선생님과 함께 읽고 연습 교재로 참고해도 좋습니다. 최상위권 학생들은 더 안정적인 자신만의 공부법을 만들어나가는 계기가, 공부에 본격적으로 입문한 친구들에게는 시행착오를 줄이고 지름길로 가는 기회가 될 것입니다.

중학교 때, 강한 남자가 되겠다고 소림사의 무술 중 하나인, 『소림간 가권少林看家拳』교본과 이소룡의 『절권도』교본을 구입한 적이 있습니다. 동작을 외우고 흉내를 내다가 결국 일주일 만에 던져버리고는, 책으로 예체능을 배운다는 것은 도저히 불가능하다고 결론을 내렸습니다. 이 책을 쓰면서 그 뒷맛 씁쓸한 경험이 떠올라, 제 책의 독자들에게만은 그런 일이 생기게 하지 않겠다 다짐했지만 표현력의 한계를 인정하지 않을 수 없습니다. 하지만 가까운 벗처럼 곁에 두고 자주 찾아 참고한다면, 시행착오를 줄이고 공부의 틀과 목표달성을 위한 로드맵을 그릴 수 있을 것이라고 약속합니다.

그동안 멘토링을 해오면서 많은 분들의 도움과 가르침을 받아 일일이 감사의 마음을 다 전하기 어렵습니다. 저와 함께 교학상장教學相長 (가르치고 배우면서 함께 성장한다)하며 시간을 보낸 보석 같은 멘티들과 언제나 믿고 신뢰해주신 학부모님께 깊이 감사드립니다. 학교뿐만 아니라, 학원과 과외의 형태로 학생들을 만나며 좋은 가르침을 주시고자 애쓰시는 모든 선생님들께도 보탬이 되기를 바라며, 오류가 있거나 보완해야 할 점을 알려주시면 개선해 나가겠습니다.

사랑이 한 사람의 인생을 구원하는 경우가 있습니다. 때론 더 나아가 사랑은 한 사람의 영혼을 구원하기도 합니다. 사랑하는 아내와 아들에게 이 책을 바칩니다. 그리고 나의 어머니, 저에게 사람에게서 희망을 발견하고 더 큰 섭리를 따르려는 면모가 조금이라도 있다면, 그것은 모두 어머니께 배운 것입니다.

뱅뱅사거리에서, 2019
명 훤

이 책을 읽으시는 부모님께

지금부터 졸고를 따라 여정을 함께해주실 학부모님께 먼저 감사의 말씀을 드립니다. 현행 대학입시제도와 교육과정이 부모님 세대와는 상이하여, 내 자녀 공부를 어떻게 지도해야 할지 고민스러우실 것이라 생각합니다. 저는 7년 동안 거의 매일 멘티들을 만나오고, 학부모님들과 상담을 진행하여 왔습니다. 훌륭한 부모님들과 멘티 덕분에 저 역시 성장할 수 있었지만, 때론 패착敗着도 있었다고 인정하지 않을 수 없습니다.

여기에서는 학부모님들께서 어떻게 패착을 피하실 수 있을지 간략히 말씀드릴까 합니다.

첫째: 학습 또는 생활에서 문제가 발생했을 때, 흔히 부모님들께서 "내 아이가 문제 있다"고 하십니다. 그러나 자세히 들여다 보면 실상 이 꼭 그렇지만은 않은 경우가 많습니다. 쇠사슬의 가장 여린 부위가 끊어졌을 뿐, 문제는 쇠사슬 전체에 있는 경우이지요. 아이에게 부모님 세대의 불안과 우울을 투사하는 것만큼 독이 되는 것은 없습니다.

아이 탓과 아이 문제로 돌리기 전에 부부관계, 내 부모와의 관계에서 얽힌 부분이 없는지, 나는 내 인생을 온전히 살고 있는지 더 많은 시간을 할애하여 고민하고 바로잡기 위해 공부해야 합니다.

이런 과정 없이 휘어진 나무를 바로 잡으려 해봤자 나무만 부러지는 격입니다. "우리 애가 공부만 열심히 하면 좋겠는데 이거 속터져서." 이렇게 생각하면 그날은 결코 오지 않습니다. 관점을 바꿔서, 아이가 공부를 잘 해야만 행복해지는 부모님에 머물러 있지 마시고, 아이가 공부를 설령 안 해도 내 마음이 행복할 수 있도록 "단단해지시고 삶의 중심을 잡으십시오." 그러면 아이가 변하기 시작합니다. 멘토링이 성공적이었던 사례에서 부모님들이 이구동성으로 공감하신 부분입니다.

둘째: 동기부여에 대한 환상입니다. 물론 목표가 있고 동기가 있다면 전차처럼 앞으로 나아갈 수 있는 힘이 됩니다. 그러나 그런 동기와 목표는 멘토나 학부모님이 논밭에 씨뿌리듯 심을 수 있는 것이 아닙니다. 그렇게 쉽게 얻어진 동기라면, 또 얼마나 쉽게 사라질 수 있겠습니까. 삶의 소명은 아이 자신이 가장 잘 알고 있습니다. 아이가 충분히 공감을 받고, 에너지의 균형을 찾으면 소명은 스스로 찾아옵니다. 이렇게 아이가 발견한 소명과 꿈은, 그 누가 그 무엇으로 뜯어말리려 해도 막을 수 없습니다.

부모가 미래의 전망을 점치면서, 획일적으로 꿈을 심어주는 것이 되어서는 안 됩니다. 이루지 못한 부모의 꿈을 투사하는 것도 신중하게 생각해보셔야 합니다. 사춘기의 아이들과 부모의 사이는 이미 벌어져 있는 경우가 많습니다. 같이 시간을 보내는 것이 불편하고 어색할 수도 있습니다. 억지로 시간을 함께 보내려 하지 마시고, 그저 이야기를 들어주시고, 아이에게 말할 기회를 주십시오. 비난, 조롱, 공격보다 아이의 꿈에 공감해 주십시오. 얼토당토 않은 꿈일지라도 부딪치고 겪으면서 수위가 조절되기도 하고, 그 과정에서 배울 수 있는 교훈도 많습니다.

셋째: 사춘기 아이들에게 성숙한 어른의 행동 양식을 기대하지 마십시오. 사춘기 아이들의 뇌는 아직 성장 중이며, 이성보다는 감성을 주된 언어로 합니다. 정리정돈이 되어있지 않고, 불안을 매개로 하여 미래를 준비하지 않으면 안 된다는 말이 씨알도 먹혀들지 않습니다. 원래 그렇습니다. 이런 아이들의 이야기를 많이 듣고 공감해주시면서, 학원과 학교에서 수동적으로 앉아 있다 온 아이들에게 자기 생각을 이야기할 시간을 주십시오.

자녀가 자기 생각을 말하지 못하고, 공감받지 못하면 인생을 주도적으로 살아갈 수 없습니다. 이렇게 자기가 주도하는 연습을 충분히 못 해보고 자란 아이들에게 '앞가림도 못한다' 고 한다면 너무 무책임하고 잔인한 말이 될 것입니다. 먼저 경청해주시고, 공감해주신 다음, 바른 방향을 제시해주시는 것이 좋을 듯합니다.

넷째: 내가 못했던 것, 내가 할 수 없는 것을 아이에게 요구하지 마십시오. 가끔 아이의 생활계획표를 아침에 일어났을 때부터 저녁에 잠들 때까지 빽빽하게 손수 작성해주시는 분이 있습니다. 공평하게 부모님의 생활계획표도 작성해보시고, 아이와 실행 여부도 공정하게 체크해보십시오. 이것이 가능하다면 계획표를 강행해도 좋습니다. 아니, 그럴 필요도 없습니다. 아이는 부모의 모습을 흡수하게 됩니다. 가르침과 훈육에 다른 왕도는 없습니다.

다섯째: 아이의 작은 변화와 성장에도 기뻐해주시고 공감해주십시오. 결과에 기뻐하시기에 앞서, 노력한 과정, 투입한 시간을 충분히 이해해주시고 공감해주십시오. 아이가 점점 나아지고 있음에도 '한결 같은' 반응을 보이는 부모님들을 의외로 많이 보아왔습니다. 분명 풀지 않던 문제집도 풀고, 성적이 올랐음에도 부모님의 반응은 '하지만 아직 부족해요'가 먼저인 경우가 종종 있습니다.

물론 내 아이가 이보다 더 잘 해낼 수 있다는 믿음과 확신 때문이었을 겁니다. 성취와 진전에도 바람직한 보상과 반응이 주어지지 않는 경우 아이들은 무력감과 좌절을 느끼게 됩니다. 아이가 세 가지 면에서 성장하더라도, 다섯 가지의 부족한 점을 찾아내는 부모님이시라면 어떤 멘토로부터, 어떤 멘토링 수업을 받더라도 사실 큰 의미가 없습니다.

여섯째: 다른 아이들과 비교하지 마십시오. 비교하기에는 삶의 여건, 환경, 물려받은 형질이 너무나 다릅니다. 적절한 변인통제 없는 비교는 그저 공격에 불과합니다. 부모가 아이를 비교하게 된다면, 아이도 부모를 비교하게 됩니다. 근거 없는 비교는 벤치마킹은커녕 서로에게 상처만 주게 됩니다. 비교하기 보다 "괜찮다"라는 말을 조금 더 연습할 필요가 있겠습니다. 괜찮습니다.

일곱째: 부모 자녀 관계는 대물림된다는 점을 꼭 기억해주십시오. 부모님과 그 윗 세대의 관계는 언제나 현재 진행 중입니다. 부모님의 부모님(조부모님)이 아주 극단적이었던 케이스를 제외하고, '나는 내 부모처럼 살지 않겠어', '나는 다른 방식으로 애들을 키울 거야' 라는 생각은, 의도했던 것과 달리 뜻밖의 결과를 가져올 수 있습니다. 왜냐하면 이런 부정적인 평가는 부모님의 부모님(아이의 조부모님)에 대한 공정한 평가, 객관적인 평가하고는 다소 거리가 있을 수 있기 때문입니다. 그렇게 되면 아이에게 이렇게 저렇게 하겠다는 야심찬 생각은 투입input부터 단추를 잘못 끼우게 되는 것입니다.

부모 세대에게 아쉬움은 언제나 남는 법입니다. 그리고 그 아쉬움과 오해는 내 아이를 키우면서 이해하고 용서하는 과정을 거치게 됩니다. 인생의 기억들을 원망과 미움으로 인수분해할 것인가, 사랑과 감사의 언어로 해석할 것인가는 삶을 바라보는 지평과 귀착점을 다르게 할 것입니다.

사실 아이를 책상에 앉히고 공부하라고 '다그치는' 것보다, 아이가 명문대에 합격하는 것보다, 이러한 이해와 메타인지가 가능한 부모가 있는 집, 공감과 소통의 언어를 가진 가정이 훨씬 잠재력과 생존력이 높습니다. 아이들이 협상과 다툼에 소진할 에너지[1]를 자신의 성장에 이용할 수 있을 테니까요. 그리고 그것이 제가 멘토링 수업을 진행하면서 추구하는 지향점이기도 합니다.

가장 좋은 멘토는 부모님일 수 있고 부모님이어야 합니다. 이 책을 자녀에게 혼자 읽으라고만 하지 마시고 같이 읽어보신 다음, 아이가 처한 상황과 어려움을 이해하고 공감하실 수 있는 방편이 되기를 바라마지 않습니다. 감사합니다.

> 아이들에게 조언하는 가장 좋은 방법은 아이들이 무엇을 원하는지 알아내어, 그것을 하라고 조언하는 것임을 알게 되었다.
>
> I have found the best way to give advice to your children is to find out what they want and then advise them to do it.
> ―해리 트루먼(미국 제33대 대통령)

내 자녀를 불합격으로 인도하는 지름길

① 자녀를 방치한다.

② 끊임없이 불안해 하면서 계획하고 통제하려 한다.

③ 자신이 이루지 못한 꿈을 투사한다.

④ '이것만 되면 모든 것이 되리라, 이것을 얻지 못하면 아무런 의미가 없으리라' 하는 은밀한 인생의 만능키가 있고, 자녀가 그 만능키를 얻어야만 한다고 굳게 믿는다.

⑤ 배우자와 자녀를 다른 가정의 배우자나 자녀와 비교한다.

⑥ 자신의 부모(자녀의 조부모)를 원망하고 탓한다.

⑦ 자녀의 이야기를 듣기보다는 내가 주로 말한다.

⑧ 과도하게 자녀를 칭찬하고 자녀의 성취를 남에게 드러내고 싶다.

⑨ 사실 자녀도 자녀이지만 내 인생이 어디로 흘러가는지 모르겠다.

⑩ 감사하고 만족하기보다는 더 나은 것을 얻지 못했음에 늘 갈증이 있다.

⑪ 나는 하지 못하지만(못했지만), 너는 해야 한다고 생각한다.

⑫ 모든 것을 자녀의 탓으로 돌린다. (나는 문제가 없다.)

THE MENTOR Mentoring Lab

CONTENTS

"인간에게서 가장 아름다운 진실은
마음가짐을 바꾸면 현실을 바꿀 수 있다는 것이다."

— 플라톤(Plato, BC 427~347)

PART **ONE**
공부의 시작

배우는 사람이 반드시 지녀야 할 세 가지 덕목: "배우는 사람은 반드시 혜(慧), 근(勤), 적(寂), 이 세 가지를 갖추어야만 성취함이 있다. 지혜롭지 않으면 굳센 것을 뚫지 못한다. 부지런하지 않으면 힘을 쌓을 수가 없다. 고요하지 않으면 오로지 정밀하게 하지 못한다. 이 세 가지가 학문을 하는 요체다." —다산 정약용,
「배움의 마음가짐: 초의에게 준 공부의 바른 자세와 태도」 중에서

석파정 소나무: 종로구 부암동에 있는 석파정에는 흥선대원군이 벗으로 삼았다는 소나무가 있다. 흥선대원군은 정자의 앞산이 모두 바위라는 의미에서 '석파정(石坡亭)'이라 이름 지었다. 북악산을 배경으로 서 있는 소나무. 부챗살처럼 사방으로 뻗어 자란 바늘잎들이 만들어내는 그늘의 넓이가 무려 67㎡나 된다. (지정번호: 보호수 서1-16, 소재지: 종로구 자하문로 231) Illustration: 이장희 (『서울의 시간을 그리다』 저자), 2019.

배움의 자세

공부하는 사람의 세 가지 덕목

여러분, 공부란 무엇일까요? 표준국어대사전에는 "학문이나 기술 등을 배우고 익히는 것"이 공부라고 정의되어 있습니다. 그렇다면 학문이란 무엇입니까? 배우고 익힌다는 것은 어떤 의미이며, 또 우리는 어떻게 해야 제대로 배우고 익힐 수 있는 것일까요?

이 물음에 대해 앞선 시대 성현과 사상가들은 몇 가지 단서를 남기기도 하였습니다. 위대한 사상가이자 교육자였던 공자는 평생을 배우고 가르치는 일에 헌신하였습니다. 『논어』학이편(學而篇)에서 그는 배움의 자세로서 '배우고 수시로 익힐 것'(學而時習·학이시습)을 강조했습니다.

  "배우고 생각하지 않으면 어둡고, 생각만 하고 배우지 않으면
  위태하다." —위정편(爲政篇)

『논어』 위정편에서 공자가 언급한 '생각'이란 어떤 의미일까요? 이에 대해 다음과 같은 해석이 따릅니다.

> 『논어』에서 학문(學問)은 한자 표현 그대로 "배우고 물음"으로써 진정한 앎에 접근해간다는 의미라고 이해할 수 있다. (중략) 어떤 지식이든 항상 의문과 의심을 가지고 비판적으로 접근할 때에만 참된 나의 지식이 될 수 있다는 것이 "학문"의 의미라고 할 수 있다.
>
> ― 서울대학교 철학사상연구소, 〈학문〉

조선의 르네상스를 꿈꾼 정약용은 『경세유표』, 『목민심서』, 『여유당전서』를 비롯한 500여 권의 저술을 통해 전무후무한 공부의 성과를 남긴 사상가입니다. 그는 공부하는 사람은 무릇 다음과 같은 세 가지 덕목을 가져야 한다고 했습니다.

> "배우는 사람은 반드시 혜(慧), 근(勤), 적(寂), 이 세가지를 갖추어야만 성취함이 있다. 지혜롭지 않으면 굳센 것을 뚫지 못한다. 부지런하지 않으면 힘을 쌓을 수가 없다. 고요하지 않으면 오로지 정밀하게 하지 못한다. 이 세 가지가 학문을 하는 요체다." 2

공자와 정약용의 가르침을 정리하면 공부란 진정한 앎에 접근하는 과정으로서, 넓게는 인간의 삶에서 자신의 목표에 따라 스스로를 연마하고 승화시켜나가는 모든 활동을 의미한다고 할 수 있습니다. 책을 읽는 것뿐만 아니라 스포츠, 예술, 요리, 청소도 공부의 일종이라고 할 수 있겠습니다.

그들의 단서는 여기에서 멈춰 있습니다. 시험을 잘 보고 합격하기 위한 공부와 다르기 때문에 뭔가 심오한 것 같으면서도, 다음과 같은 질문으로 자연스럽게 이어지게 됩니다. 과연 우리는 어떻게 해야 잘 배우고, 잘 익힐 수 있는 것일까요? 평생 시험을 보고 공부를 해야 하는 오늘날 우리가 혜(慧), 근(勤), 적(寂)을 통해 학문의 세계에 도달할 수 있는 구체적인 방법은 무엇일까요?

이 책은 낙숫물이 댓돌을 뚫듯 그 질문들을 끝까지 물고 늘어지며, 답을 찾아가는 이야기입니다. 제가 직접 공부하고, 멘토링 수업을 하며 적용하고 검증한 방법들을 담아냈습니다. 앞으로 여러분은 동서고금을 거쳐 누구나 고민했던 공부 방법의 '핵심적인 의문들'에 대한 답과 함께 '지금, 여기서' 여러분이 준비하는 시험에 바로 적용할 수 있는 공부법의 최전선을 만나게 될 것입니다.

자, 그럼 이제 출발해볼까요?

압축 – 암기(입력과 출력) – 반복	→	문제의식 – 문제제기 – 문제해결
1차적 의미의 공부 (좁은 의미의 공부)		궁극적인 의미의 공부 (넓은 의미의 공부)

공부는 넓은 의미의 공부와 좁은 의미의 공부로 나누어 생각해 볼 수 있습니다. 넓은 의미의 공부란 궁극적 의미의 공부로서, 진정한 앎에 접근하는 '진리 탐구의 과정'이라고 할 수 있습니다. 진리 탐구를 위해서는 적절히 '문제를 제기'하고 그에 대한 답을 찾기 위해 '문제풀이 도구들을 장착'한 뒤, 자신만의 해답을 제시하는 멀고 긴 여정이 필요합니다. 바로 이 과정이 '학문의 길'입니다.

> "교육은 자유롭게 자신의 지향점을 탐구할 수 있는 개인의 육성을 목표로 해야 한다." —양창수 전 대법관(한양대학교 법학전문대학원 석좌교수)[3]

좁은 의미의 공부란 1차적 의미의 공부로서, 우리가 내신 시험에서 좋은 성적을 거두고 수능이라는 관문을 성공적으로 통과하기 위한 과정, 원하는 분야의 시험에 합격하기 위한 수단으로서의 공부를 말합니다. 좁은 의미의 공부를 성공적으로 해내야 넓은 의미의 공부로 나아갈 수 있습니다. 좁은 의미의 공부를 잘하기 위해서는 올바른 공부의 기술을 바탕으로 배우는 내용(지식)을 체계화, 구조화할 수 있어야 합니다. 이것이 바로 '공부의 기본기'입니다.

1차적 의미의 공부는 '압축—암기(입력과 출력)—반복'의 과정이라 할 수 있습니다. 여러분이 공부를 잘하려면 먼저 배운 내용을 제대로 압축해야 합니다. 압축을 하지 않으면 공부할 내용이 많아지고, 또 그 양에 질려 시작하기도 전에 포기하게 될 것입니다. 압축을 잘못하게 되면 필요한 부분은 생략하고 불필요한 부분을 공부하게 되는 일이 일어날 수도 있습니다. 즉, 지혜롭지(혜·慧) 않으면 굳센 것 (두꺼운 교재)을 독파해 낼 수 없습니다. 결국 공부를 잘하는 학생은 꼭 봐야 할 부분을 잘 추려 내는 학생이라고 할 수 있습니다. 압축을 잘하기 위해서 여러분은 비문학 지문을 통해 글을 요약하고 정리하는 연습을 충분히 해야만 합니다.

다음으로 압축한 내용을 외우는 과정이 필요합니다. 시험장에 책을 들고 갈 수는 없기 때문입니다. 암기는 투입input과 인출output로 이루어집니다. 암기는 어떻게 잘할 수 있을까요? 종이에 여러번 쓰기만 하면 될까요? 이 방법이 잘못된 것은 아니지만 암기를 단순하게 접근해서는 안 됩니다. 암기를 잘하기 위해서는 우리의 뇌가 정보를 기억하는 원리를 어느 정도 이해하고, 여러 가지 암기법을 연습해봐야 합니다. 암기법이 만능은 아니지만 암기법을 체험한 학생은 분명 그렇지 못한 학생들보다 효율적으로 공부를 해나갈 수 있기 때문입니다. 투입과 함께 외운 내용을 확인하는 인출에도 정성을 기울여야 합니다. 성적이 좋지 않은 학생들은 이 과정을 소홀히 합니다. 그러나 공부는 '입력부터 출력까지가 하나의 과정'이라고 할 수 있습니다.

끝으로 이렇게 배우고 익힌 내용을 부지런히(근 · 勤) 반복해서 확인해야 합니다. 반복에는 놀라운 힘이 있습니다. 정보는 반복을 통해 뇌의 해마를 거쳐 기억 저장소에 장기기억으로 저장됩니다. 나아가 이를 통해 앞의 정보와 뒤의 정보가 비교되기도 하고 연결 · 결합되기도 합니다. 이 과정에서 교재 전제에 흩어졌던 정보가 점점 온전한 형태를 드러내게 됩니다. 비로소 전체를 볼 수 있게 되었다고도 할 수 있습니다. 전체를 볼 수 있게 되면, 뜻밖의 문제가 나와도 맞힐 수 있는 예측과 응용의 가능성이 커집니다. 이것은 수백 개의 피스로 나뉜 퍼즐을 맞추어나가는 것과 같습니다. 처음에는 퍼즐을 어떻게 완성해야 할지 막막합니다. 그러나 퍼즐이 전체적인 형상을 갖추어감에 따라 우리는 빠져 있는 부분을 쉽게 예측할 수 있습니다. 이처럼 반복은 이해의 폭을 넓혀가는 적극적인 활동이지 단순히 책을 여러 번 읽는 것이 아닙니다. 고요해짐(적 · 寂)으로써 정밀하게 되는 단계라고 할 수 있습니다. 그리고 반복을 위해 필수적으로 거쳐야 할 작업이 바로 '단권화' 입니다.

어떻게 압축할 것인가?
어떻게 암기할 것인가?
어떻게 반복할 것인가?

바로 이 세 가지가 이 책에서 앞으로 답을 밝히려고 하는 핵심적인 물음들이라고 할 수 있습니다.

더멘토 공부 사용설명서

A. 공부를 어떻게 해야 할지 모르겠다면? '공부의 과정', '두 개의 타임라인' 챕터로

B. 내신과 수시를 노린다면? '단권화의 시작' 챕터로

C. 수능과 정시를 노린다면? '두 개의 타임라인', '오답노트 작성법' 챕터로

D. 자신만의 공부 틀이 확실하다면? '알아두면 쓸모있는 영역별 TIP' 챕터로

E. 오답노트 작성이 급하다면? '단권화의 시작', '오답노트 작성법' 챕터로

F. 좋은 인강을 소개받고 싶다면? '알아두면 쓸모있는 영역별 TIP' 챕터로

G. 공부를 하고 싶지만 몸이 아프다면? '컨디션 관리의 기술' 챕터로

H. 학부모님이시라면? '이 책을 읽으시는 부모님들께' 먼저!

I. 공부의 기본기를 착실하게 다지고 싶다면?
   처음은 대충 빠르게, 두 번째는 꼼꼼하게, 세 번째는 워크시트를 채워나가면서 읽어봅시다!

공부의 과정

어떻게 공부할 것인가

자, 여러분이 지금 공부를 하기 위해 책상에 앉아 있다고 생각해봅시다. 당장 어디서부터 시작해야 할까요?

1. 두 개의 타임라인과 위기의 순간 파악하기

먼저 공부할 과목을 정해야 합니다. 그러나 공부할 과목을 정하는 것도 만만치 않습니다. 아마 국어만 붙잡고 있으려니 영어도 해야 할 것 같고, 영어를 보고 있으려니 수학이 불안하기도 할 겁니다. 어떤 과목에 우선순위를 두고 공부해야 할까요? 해답을 얻기 위해서는 고등학교 3학년 동안 각 학년이 어떤 의미를 갖는지, 필수적으로 각 학년마다 무엇을 공부해야 하는지, 수능까지 내가 공부할 수 있는 시간이 실제로 얼마나 되는지 파악해야 합니다.

특히 고등학생의 경우 내신시험과 수능시험이라는 두 마리 토끼를 잡아야 하는 상황이므로, 두 개의 타임라인(알파 기간과 베타 기간)을 어떻게 교차시킬 것인지 파악해야 합니다. 알파기간(비시험 기간)과 베타기간(시험준비 기간)에 대해서는 앞으로 자세히 다루겠습니다. 실질적으로 공부할 수 있는 시간을 파악하려면 슬럼프 또는 위기의 순간에 대해서도 정확하게 이해해야 합니다. 슬럼프와 같은 위기의 순간은 고등학교 3년을 보내면서 누구에게나, 다양한 형태로 찾아옵니다. 그러나 언제, 어떻게 슬럼프가 오고, 극복할 수 있는 방법은 무엇인지 아무도 가르쳐주지 않습니다.

이와 같은 요소들을 고려해야, 오늘 당장 내가 해야 할 공부를 정할 수 있습니다. 그렇지 않고 다른 친구들이 공부하는 교재나 강의를 그대로 따라가게 되면 금쪽같은 시간을 낭비하게 될 수 있습니다. 따라서 여러분은 마치 집에서 학교까지 가는 길을 눈 감고도 떠올릴 수 있어야 엉뚱한 길로 가지 않는 것처럼, 고등학교 3년의 전체 과정과 의미, 위험요소 등을 정확하게 파악하고 있어야만 합니다.

국가고시나 각종 시험을 준비하는 일반 수험생 역시 마찬가지입니다. 주기적으로 치르는 모의고사를 기점으로 한 타임라인(시험준비 기간)과 실제 시험일을 향해 나아가는 또 다른 타임라인(비시험 기간)이 늘 병존하고 있다는 점을 염두에 두어야 합니다. 아울러 선배나 강사로부터 수험생들이 일반적으로 슬럼프에 빠지거나 진도가 밀리는 시점이 언제인지 미리 파악할 필요가 있습니다. '나는 아니겠지' 혹은

'어떻게든 되겠지' 하는 식의 안일한 생각은 수험의 장기화를 초래할 수 있습니다.

2. 기본강의 듣기

무엇을 공부할지 정하였다면 다음으로 어떤 교재를 볼 것인지, 혼자서 공부를 할 것인지, 학원이나 과외 등의 도움을 받아야 할 것인지 정해야 합니다. 하지만 시중에는 정말 많은 책과 강의가 나와 있고, 친구들이 다니는 학원이나 과외의 종류와 스타일도 천차만별이어서 마음을 정하기가 쉽지 않을 것입니다. 친구들에게 묻는 것도 한 방법이 될 수 있겠지만, 정보를 얻기 위해 부지런히 움직이는 것이 필요합니다. 어떤 교재가 좋은지 살펴보고, 또 어떤 인강(인터넷 강의)을 많이 듣는지도 미리 파악해야 합니다. 인터넷 검색을 활용할 수도 있을 테지만 가장 좋은 방법은 많은 학생들이 듣는 검증된 강의나 교재를 보는 것이라 할 수 있습니다. (제7장 '알아두면 쓸모있는 영역별 TIP'에서는 검증된 강의와 교재도 소개하겠습니다.)

3. 압축의 기술

하지만 고등학교 3년 전체 과정의 의미를 완벽하게 파악하고, 어떤 과목을 무슨 교재로 공부할지 결정했다고 해서 공부를 하고 있는 것은 아닙니다. 이것은 공부를 위한 준비일 뿐, 아직 여러분은 공부를 시작한 것이 아닙니다. 단순히 학원 강의를 듣거나 인강을 시청하기만 하는 것은 엄밀한 의미의 공부가 아닙니다. 그러나 실제로 많은 학생들이 학원에서 수업을 들은 시간과 인강을 시청한 시간을 하루 공부 시간에 자신 있게 반영하곤 합니다.

진정한 의미의 공부는 여러분이 교재를 읽고, 다시 보기 좋게 정리하고, 그것을 암기하고 인출하는 과정이 이루어져야 비로소 시작된다고 할 수 있습니다. 하지만 교재를 읽어나가는 것부터 여러분을 심란하게 만들 수가 있습니다. 첫째, 글을 읽는 것 자체가 미숙한 경우가 있습니다. 둘째, 글을 읽긴 하지만 단어의 정확한 의미를 몰라 읽어도 읽은 것이 아니게 된 경우가 있을 수 있습니다. 따라서 바로 어려운 글을 읽고 시험을 준비하는 데 서두르기보다 글을 읽기 위해 필요한 훈련들을 병행하는 것이 좋습니다. 이 책에서는 이러한 훈련에 필요한 방법을 소개할 것입니다.

여러분이 교재를 열심히 읽었다면, 그것을 다시 보기 좋게 정리할 수 있어야 할 것입니다. 읽은 내용을 정리하려면 무엇이 중요한 내용인지 파악하는 연습이 필요합니다. 그리고 필기구를 적절히 사용해서 그 내용들에 밑줄을 긋거나 정리하는 법도 알아야 합니다. 시험 직전 회독수를 높이기 위해 필기구를 종류와 색상에 따라 적절히 사용할 줄 알아야 한다는 점은 수험가의 정설이기도 합니다.

하지만 막상 공부를 하다보면 무엇이 중요한 내용인지 파악하는 것이 쉽지 않다는 것을 발견하게 될 것입니다. 교과서나 문제집 등에

잔뜩 '밑줄 잔치'를 하게 되는 것이 바로 그러한 현상이라고 할 수 있습니다. 그리고 필기구를 종류별로, 색상별로 어떻게 사용해서 교재에 표시를 해나가야 하는지를 배운 경험도 거의 없을 겁니다.

사실 이 연습에는 많은 시간을 투자해야 하고, 이 과정을 하나의 경건한 의식으로 만들어서 틈틈이 연습해야 합니다. 이러한 반복적인 기본기 훈련과정을 운동선수들은 루틴routine · 일상적 습관 이라고 부르기도 합니다. 여러분은 적어도 이 루틴이 무엇인지 정확하게 이해하고, 일주일에 1~2회 연습해야만 합니다. 이 연습은 여러분의 독해 실력과 교재를 압축하고 정리하는 능력을 향상시키면서 (고등학생의 경우 3년이라는) 공부의 긴 여정에서 길을 잃지 않게 해줄 것입니다. 앞으로 그 방법 또한 소개하고자 합니다.

지능, 시각, 청각이 모두 정상인의 범주에 있지만 글을 이해하는 데 어려움을 겪는 증세를 난독증難讀症 · dyslexia이라고 합니다. 난독증에 이르지 않더라도 충분한 독서 경험이 없어 활자화된 지문을 읽어나가는 데에 불편함을 겪는 경우도 많습니다. 국가고시 등을 준비하는 일반 수험생의 경우에도, 무턱대고 시험에 뛰어들어 시간을 허비하기보다 이러한 점에 대한 냉정한 자기분석과 평가를 거쳐 보완하는 과정이 필요합니다.

수험생활을 시작하기에 앞서 '속독법' 등을 익히고 훈련하는 학생도 간혹 있습니다. 그런데 이러한 속독법이 실용서적이나 아동용 문학 책, 혹은 가벼운 입문서 외에 (수험용) 전문서적에 적합한지에 대해서는 비판적인 견해들이 있습니다.[4] 배워서 나쁠 것은 없겠지만, 저 역시 속독법이 수험에 유용한 것인지에 대해서는 다소 회의적입니다. 수험서는 생소한 용어와 개념들이 복잡한 구조를 이루고 있습니다. 일상용어가 아닌 복잡한 수험 용어를 순간적으로 파악하고 다음 단계로 넘어간다는 게 쉽지 않은 일입니다.[5]

다만 속독법에서 다루는 여러 가지 안구 운동은 일종의 워밍업으로서 나름 긍정적인 의미가 있다고 생각합니다. 아울러 무의식중에 책을 손가락이나 펜으로 짚어가며 읽는다든지, 책을 읽으면서 입을 웅얼거리거나 속으로 소리 내어 읽는 경우에는 실제로 책을 읽는다기보다 눈이 글자를 따라가는 것에 불과한 경우가 있습니다. (이것은 비문학 연습에서 의도적으로 '낭독' 연습을 하는 것과는 목적이 다릅니다. 비문학 연습에서 낭독 훈련을 하는 것은 글을 의미 단위로 제대로 끊어 읽는지, 개념과 주요 어휘를 정확하게 파악하였는지 확인하기 위한 과정입니다.) 이러한 습관만 조심해도 책을 읽는 속도를 향상시킬 수 있습니다. 수험생에게 있어서 속독은 회독수를 늘려가면서 점진적으로, 자연스럽게 이루어지는 과정이라고 이해하는 게 더 좋을 것 같습니다.

4. 암기의 기술: 투입과 인출

이어서 여러분은 이렇게 읽고 정리한 내용을 암기하고 그것을 인출해내는 과정을 연습해야 합니다. 이것을 암기법Mnemonics이라고도 합니다. 암기를 하는 데 어떤 방법이 있을까요? 무작정 연습장에 쓰고 반복하며 외워야 할까요? 한 번 보고 외울 수 있는 초인적 능력을 가진 사람이 있을까요? 아니면 암기력은 타고나는 것이니 그렇지 못한 학생들은 차라리 빨리 포기하는 게 나을까요? 암기법에 대해서는 숱한 오해와, 공부를 잘하는 학생들에게 덧붙여진 과대포장에서 오는 잘못된 정보들이 많이 있습니다. 한번 본 내용을 사진처럼 외워버리는 포토그래픽 메모리를 가진 사람은 '사실상' 없습니다.

암기법에도 검증된 방법과 여러 가지 도구들(시스템)이 있습니다. 암기에 대한 환상과 잘못된 정보를 지워버리고, 여러분의 암기 실력을 꾸준히 향상시키기 위해, 정기적으로 암기 시스템을 만들고 암기력을 유지하는 연습을 해야 합니다. 이것은 프리미어리그 토트넘에서 뛰고 있는 손흥민 선수가 초등학교 4학년도 할 수 있는 볼 마스터리(ball mastery, 볼 감각기르기) 훈련을 지금도 계속하고 있는 것과 같은 이유입니다. (제4장 '기억의 궁전' 편에서 더 자세히 다루겠습니다.)

5. 반복의 기술: 단권화와 오답 노트 작성

여러분들이 고등학교 때 이렇게 공부를 하는 이유는 내신시험 또는 수능시험을 보기 위해서입니다. 즉 시험을 대비하기 위한 것입니다. 시험을 성공적으로 치르기 위해서는 시험에 임박해서, 여러분이 그동안 읽고 정리하고 외운 내용을 한 권에 모아 반복적으로, 강렬하게 학습해야 합니다. 이것이 바로 단권화입니다. 학생들은 보통 기본서 (주교재)와 오답 노트에 단권화를 합니다. 현행 입시제도 하에서 단권화와 오답 노트의 작성은 피할 수가 없습니다. 그리고 여러분은 내신이나 수능, 혹은 어떤 시험이든 직전에 오로지 기본서와 오답 노트만을 들고 절박한 심정으로 전장戰場에 뛰어들어야만 합니다.

그동안 여러분은 그 필요성에 대해서는 귀 따갑게 들었지만 아마도 어떻게 구체적으로 단권화를 해야 하고, 어떻게 오답 노트를 만들어야 하는지 자세한 방법을 들어본 적이 없을 겁니다. 단권화와 오답 노트 작성은 사실 굉장히 번거롭고 복잡합니다. 과목별로, 문제 유형별로 접근법이 다르기 때문에 두꺼운 노트 한 권을 준비한다고 해결될 수 있는 부분도 아닙니다. 하지만 이에 대한 구체적인 해결법에 대해서도 상세하게 다룰 것이니 걱정하지 않으셔도 됩니다. 국가고시 등을 준비하는 일반 수험생들 역시 기본서에 단권화하는 요령과 바인딩 노트 등을 이용해 오답 노트를 만드는 과정을 미리 익혀둔다면 시험 직전 회독수를 늘리는 데 큰 도움이 됩니다. 이 역시 앞으로 구체적으로 다루도록 하겠습니다.

6. 컨디션 관리의 기술

여기까지가 이 책의 주요 내용이라고 할 수 있지만 이것이 전부는 아
닙니다. 공부를 하는 학생들은 운동선수 못지않은 체력과 건강을 유
지해야 합니다. 3년 동안 열심히 공부하고도 수능 직전에 디스크나
두통 등 갑작스런 질병으로 실력을 발휘하지 못하는 경우도 매우 많
기 때문입니다. 수험생을 위한 보강 운동과 식단 관리, 그리고 수면
관리, 멘탈 관리 등도 반드시 숙지해야 될 내용입니다. 이러한 부분
을 소홀히 여기게 되면, 시험에 임박해서 돌이킬 수 없는 일이 생길
수도 있습니다.

공부의 기본기를 다지기 위한 마스터플랜

총론	시간 관리의 기술	두 개의 타임라인: 알파 기간과 베타 기간
		위기의 순간 파악하기: 나의 길을 가겠어!
		얼마나 공부해야 하는가: 수험 대비 마스터플랜
	압축의 기술	필기의 기술: 공부를 위한 기초 쌓기
		어떻게 요약할 것인가: 비문학 연습
	암기의 기술	암기법의 핵심 원리: 압축 - 자극 - 반복
	반복의 기술 (단권화와 오답노트)	단권화의 시작: 단권화 대비 체크리스트
		수험 대비 단권화: 버리고 비우고 줄이는 공부
		오답노트 작성법: 틀린 문제는 또 틀린다!
	컨디션 관리의 기술	운동 / 식단 / 수면 / 멘탈
각론	알아두면 쓸모있는 영역별 TIP	

▲

본격적으로 들어가기에 앞서 최근의 인지심리학이 밝힌 학습의 원리와 메커니즘을 간단히 알아보겠습니다.[6] 여러분이 준비하는 시험을 위해 어떻게 적용할 수 있는지 살펴봅시다.

노력을 많이 들여 배운 지식일수록 오래간다. 쉽고 빠르게 배운 지식은 금방 사라진다: 여러분들도 이런 경험은 한번씩 해봤을 것이라 생각합니다. 풀리지 않는 문제, 이해되지 않는 개념을 만나 며칠을 끙끙거리고 고민한 내용은 쉽게 사라지지 않습니다. 남에게 설명하기도 쉽고, 응용에도 대처하기 쉽습니다. 그렇죠? 아마 공부뿐만 아니라 취미나 관심 분야에 대해 알아보고 공부할 때 지식이 쌓여가는 느낌도 이 설명에 들어맞을 겁니다.

그러나 여러분이 준비하는 시험은 보통 그 범위가 방대하므로, 공부하는 모든 내용에 이 방법을 적용하는 것은 무리가 있습니다. (그렇기 때문에 많은 학생들이 전달력이 뛰어나고 가독성이 좋은 교재를 갖춘 인강 선생님을 찾는 것이기도 합니다.) 따라서 융통성 있게 하되 '주요 개념이나 연결 개념이 잘 이해되지 않을 때, 반복해서 틀릴 때, 수학의 증명 문제를 만났을 때' 는 충분히 시간을 들여 고민해 봅시다. 만약 핵심 개념을 대충 이해하고 넘어가게 되면 변별력을 유지하기 위한 고난도 문제의 관문을 돌파하기 어렵습니다.

인출 연습을 할 때는 다양한 변형을 주어야 한다: 학습 내용을 확인하기 위해 문제집만 풀면 안 되고, 구두테스트 및 다시 떠올리기 등 다양한 방법을 시도하라는 것입니다. 또는 진도별 모의고사만 반복해서 풀지 말고, 실전형 종합 모의고사를 풀어 보라는 얘기이기도 합니다. 진도별 모의고사는 패턴을 발견하고 모르는 부분을 반복 훈련하기에는 좋으나 단원을 연계하여 공부하려면 실전형 종합 모의고사와 균형을 맞춰야 합니다. 여러 문제집을 오가는 것이 다소 불편하고 귀찮을 수 있습니다. 그리고 실전형 문제집은 실력이 충분히 갖춰지면 풀겠다고 뒤로 미루고 싶을 수도 있을 것입니다. 공부한 내용을 내 것으로 소화하기 위해서는, 공부한 내용을 계속 낯설게 만들면서 확인하는 과정을 거쳐야 합니다. 이러한 변주variation 없이 단순히 반복해서 책을 읽기만 하는 공부는 우리가 배우고 익힌 내용을 망각의 창고에 가둘 수 있습니다. 단정하기는 어렵지만 지나치게 비효율적이지만 않다면, 공부할 때 다소 귀찮고 번거로운 확인 과정을 거치는 방법은 제대로 해나가고 있는 것입니다.

생소한 내용을 자신만의 언어로 표현하여 연결하는 과정(정교화)이 필요하다: 정교화elaboration를 거치지 않는 단순 반복읽기는 큰 의미가 없다고 말합니다. 내가 완벽하게 이해하지 못하고, 정확하게 알지 못하면 나의 언어로 표현할 수 없습니다. 공부한 내용의 요지를 한 문장으로 요약하는 것도 마찬가지의 원리를 응용하는 것이라 할 수 있습니다. 공부한 내용을 정리하면서 여러 가지 비유와 상황을 떠올려 보고, 친구들에게 쉽게 설명해주는 것도 공부한 내용을 깊게 자리 잡게 하는 데 아주 유용합니다. 공부뿐만 아니라 운동이든 예술이든 생각하지 않는 연습은 의미가 없습니다. 제가 악기와 여러 가지 운동을 배울 때 최고의 선생님들이 한결같이 강조하셨던 말씀도 '생각하는 연습'이었습니다. 정교화를 잘하려면 잘된 점, 아쉬운 점, 보완할 점, 궁금한 점이나 더 알아볼 점을 늘 머릿속에 생각하는 자세가 중요합니다. 이 과정을 통해서 나아갈 지점이 보이고, 이전에 공부한 내용들과 연결하는 과정도 이루어지게 됩니다.

즉각적인 피드백보다는 약간 시간 간격을 둔 지연된 피드백이 더 효과적이다: 답지를 바로바로 보면 안 된다는 의미이면서, 선생님들께서 학생들을 지도할 때, 즉시 바로잡아 주는 것이 '오히려' 학습에는 안 좋을 수 있다는 이야기이기도 합니다. 아무래도 학생 스스로 오류를 음미하고, 머릿속에서 정보를 재구성하여 답을 찾아낼 수 있는 가능성이 줄어들기 때문 아닐까요?

교재에 익숙한 것을 아는 것으로 착각해서는 안 된다: 여러분이 제일 명심해야 할 내용 중 하나입니다. 특히 인강과 학원 수업 듣는 것을 공부를 했다고 착각하는 학생들이 많습니다. (이것을 유창성 착각 fluency illusion이라고 합니다.) 그러나 나에게 익숙한 것과 내가 아는 것은 분명 다릅니다. 인강과 학원 수업을 들을 때는 분명 이해된 것 같았는데, 문제를 접했을 때 어디서부터 손을 대야 할지 모르는 막막한 기분, 느껴보셨죠? 공부한 내용을 정리하고, 암기하고, 반복하는 지루하고 험난한 과정이 '진짜' 공부입니다.

▲

그렇다면 이렇게 여러분이 공부한 내용을 처리하고 저장하고, 인출해내는 우리 몸의 핵심 중추는 어디일까요? 네, 잘 아시다시피 '뇌'입니다. 뇌에 대한 이해는 학습 역량에 대한 오해를 바로잡을 수 있으므로 알아둘 필요가 있습니다. (다만 학자들은 이러한 '뇌 기반 학습과학' 분야는 아직 연구 발전 단계에 있으므로, 지나친 확대 해석을 자제해야한다고 강조하고 있습니다.)[7]

먼저 새로운 지식을 배우고 기억할 때마다 뇌가 유연하게 적응하면서 변화가 일어난다고 합니다. 우리 뇌는 놀라울 정도로 가소성plasticity이 높고 평생에 걸쳐 변화하는 특성을 가지고 있습니다. 이처럼 스스로 형태를 바꾸거나 편성을 달리함으로써 다양한 명령을 수용하는 시스템을 컴퓨터 과학자들은 '오픈 아키텍처open architecture'라고 합니다.[8] 즉, 지능이라는 것이 타고난 것이 아니며 고정불변의 것은 더욱 아니라는 의미입니다.[9]

이러한 가소성은 인생 초기인 아동기와 청소년기에 집중되어 있습니다.[10] 공부를 통해 여러분의 지성을 더욱 성장시켜보시길 바랍니다. 연습을 반복할수록 뇌 신경의 시냅스를 연결시키는 미엘린수초(myelin · 뇌 속의 신경섬유를 감싸는 피막, 전선의 피복과 비슷하다)가 더많이 형성되어 전기 신호의 강도와 속도가 높아지고 수행의 수준도 높아진다고 합니다. 지능은 노력과 학습의 결과라는 것을 더욱 뒷받침해주고 있습니다. 올바른 방법으로 '생각하는' 연습을 반복해나가야 하는 이유이기도 합니다.

아래의 그림에서와 같이 인간의 두뇌는 각각 담당하는 그 기능에 따라 크게 네 개의 엽(전두엽, 측두엽, 두정엽, 후두엽)으로 나눌 수 있습니다. 특히 뇌의 해마hippocampus는 장기기억과 공간 개념, 감정적인 행동을 조절하는데, 단기기억 정보를 분류한 다음 뇌의 다른 부위로 신호를 전달하는 역할을 한다고 합니다. 즉, 해마는 인간의 뇌에서 학습과 기억에 관여하는 중요한 기관이라고 할 수 있습니다. 뇌의 맨 윗부분인 전두엽은 생각, 판단, 계획, 충동 조절, 감정 조절 등을 관장하는데, 사춘기 때 리모델링되고 확장된다고 합니다. 평균 27살 즈음에 그 성장이 완성됩니다.

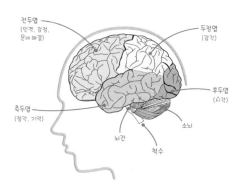

전두엽의 더딘 성장과 더불어, 청소년기는 뉴런과 연결되는 시냅스가 과잉 생산되고, 감정 조절제라고 불리는 세로토닌이 적게 분비되어 충동적이고 감정의 기복이 심해진다고 합니다. 리모델링을 위해 청소년들이 밤늦게 자고 아침에 늦게 일어나는 것을 더 선호하게 되는 경향도 있습니다. 한편, 이러한 확장 덕분에 성인기보다 무언가를 기억하기 쉽고, 일단 기억하면 그 기억이 더 오래 가게 됩니다. 따라서 이때가 바로 자신의 장점을 확인하고 떠오르는 재능에 집중적으로 투자해야 할 시간이라고 전문가들은 이야기 합니다.[11] 이렇게 자기 자신에 대해서 알아나가는 것을 메타인지라고 합니다. 청소년 여러분이 이상하고 특이한 것이 결코 아닙니다.

좌반구는 언어와 논리적 기능을 담당하는 반면 우반구는 언어보다는 심상과 관련이 있는 직관과 창의성을 주관하는 영역이라는 것이 '좌우반구 편재성laterality'에 대한 논의입니다. 이러한 좌우반구의 특성은 주로 분할 뇌 환자의 연구를 통해 밝혀졌으나, 인간의 뇌 기능은 좌우반구 한쪽으로 치우친 것이 아니라 고르게 분산되어 있고 통합적으로 기능한다고 합니다. 따라서 정상인의 경우에는 대부분의 과제 수행에서 좌우반구가 모두 활성화되므로 이러한 구분은 지나친 단순화란 지적도 있습니다.[12] 여러분도 자신이 좌뇌형인지 우뇌형인지 너무 고민하지 마시길!

또한 운동을 하게 되면 지각능력뿐만 아니라 IQ와 성취도, 수학, 언어 능력 등에 긍정적인 효과가 있다는 연구 결과는 이미 오래 전부터

학계에서 꾸준히 보고되고 있습니다.[13] 유산소 운동은 중추신경시스템의 신경활성물질을 활성화시킨다고 합니다.[14] 특히 산책이나 걷기 운동은 최적의 두뇌 컨디션을 만들어주는 호르몬인 세로토닌 분비를 촉진한다고도 합니다.[15] 나한테 맞는 즐거운 운동을 찾고 자신만의 루틴을 만드는 것은 성공적인 수험생활로 가는 지름길입니다. (제6장 '수험생을 위한 보강 운동' 편에서 자세히 다루도록 하겠습니다.)

프로들의 기본기

자신만의 루틴을 만들어라

앞서 살핀 것처럼 공부는 인간의 삶에서 '자신의 목표에 따라 스스로를 연마하고 승화시켜나가는 모든 활동'을 의미하기도 합니다. 이렇게 보면 스포츠, 예술을 비롯하여 사실 모든 직업 영역이 엄밀히 말해 하나의 공부라고 할 수 있습니다. 그렇다면 각자의 영역에서 일가一家를 이룬 최고의 프로들이 '공부'를 잘하기 위해 제일 강조했던 것은 무엇일까요? 그것은 바로 기본기입니다. 프로들은 "기본기를 일상적으로 꾸준히 반복하는 것(루틴) 이상의 왕도는 없다"고 이야기합니다.

기본기란 무엇일까요? 그리고 루틴은 어느 정도로 연습해야 할까요? 프로들의 세계를 엿보면서 그 단서를 찾아보고, 우리의 마음가짐을 다시 한번 점검해보도록 합시다.

1. 국가대표 축구선수 손흥민

손흥민 선수는 2018-2019시즌 토트넘 '올해의 선수'로 선정되는 등 잉글랜드 프리미어리그에서 현재 뛰어난 활약을 보여주고 있습니다. 손흥민 선수의 옆에는 그를 월드클래스(세계 수준의 선수)로 도약시킨 아버지 손웅정이 있습니다. 손흥민 선수에게 아버지(손웅정 축구아카데미 감독)는 최고의 코치이자 멘토입니다.

축구아카데미에서 꿈나무를 육성하고 있는 손웅정 감독의 훈련 프로그램을 살펴보면 그가 아들 손흥민 선수를 어떻게 관리하고 훈련시켰는지 그 일면을 엿볼 수 있습니다. 이처럼 자녀의 소명과 재능, 그리고 부성애의 방향이 일치한다면 긍정적인 결과를 가져올 수 있습니다. 여기서 주목할 것은 기본기 훈련에 대한 손웅정 감독의 접근 방식입니다.

손웅정 감독은 손흥민 선수를 경기에 내보내기에 앞서, 무려 6년 동안이나 줄넘기를 비롯한 풋워크 훈련과 여러 기본기 훈련을 철저하게 시킨 것으로 알려져 있습니다. 자신만의 축구철학으로 아들을 혹독하게 훈련시켜 세계 최고 수준의 선수로 우뚝 서게 만든 그는 한 방송에서 이 지루한 수련의 시간을 두고 '대나무가 자라는 과정'에 비유하기도 하였습니다. 손웅정 감독은 기본기의 중요성을 대나무에 빗대어 이렇게 말했습니다.

"대나무가 땅 위에 싹을 틔우기 위해서 5년 동안 땅속에서 뿌리를 내려야 한다. 뿌리를 뻗을 수 있는 거리를 다 확보하고, 뿌리 뻗는 기간이 5년이다. 그런데 그 대나무가 지상에 딱 올라오면, 하루에 70cm씩 큰다."[16]

2. 피겨스케이팅선수 김연아

기본기에 대한 진지함과 성실성에 있어서는, 세계 최고의 피겨 스케이터였던 김연아 선수 또한 빼놓을 수 없습니다. 오서 코치와 함께 김연아를 지도한 적이 있는 트레이시 윌슨은 김연아의 훈련에 대해 이런 의견을 남긴 바 있습니다.

"김연아의 훈련 방식에 가장 인상적인 점은 스케이팅을 가다듬기 위한 모든 훈련 요소에 집중하고 있었던 점이었어요. 그리고 세계 최정상급의 선수가 기본기에 대해 그토록 열정을 가지고 임하는 모습은 참으로 인상적이었습니다."[17]

김연아 선수의 어머니 박미희 씨 역시 "점프를 수월하게 하기 위해 선수들이 각도를 줄이는 편법을 사용하기 마련인데, 연아의 경우 회전수를 정확하게 채우기 위해 정석적으로 훈련을 시켰다. 한창 사춘기 때 회전을 이십 번, 삼십 번씩 채우고 들어가다가 싸우는 일이 태반이었다. 기본에 충실하면 언젠가는 그 보답을 받는다."고 밝힌 바 있습니다.[18]

▲

기본기는 철저한 반복을 전제로 합니다. 가령, 소설가가 되기 위해 갈고 닦아야 할 기본기는 읽기, 쓰기, 퇴고라고 할 수 있습니다. 작가 무라카미 하루키는 소설가가 되기 위해 필요한 훈련이 무엇이냐는 물음에 대해, 젊었을 때 한 권의 책이라도 더 읽어야 한다고 말하며 이렇게 답했습니다.

> "컨디션이 좋든 안 좋든 매일 200자 원고지 20매를 쓰는 것을 규칙으로 삼고 있다." —무라카미 하루키, 『직업으로서의 소설가』

대한민국 '민법학의 대가'인 양창수 전 대법관(서울대학교 명예교수, 한양대학교 법학전문대학원 석좌교수) 역시 반복의 중요성에 대해 다음과 같은 견해를 밝힌 바 있습니다.

> 공부에서는 반복처럼 효율적인 것이 없다. (중략) 매일 반복하면 가속도가 붙는다. (중략) 그러나 중간에 맥을 놓고 아예 공부를 하지 않았으면 페이스를 다시 찾는 데 흔히 시간이 걸린다. 그러므로 조금씩이라도 매일 계속해서 하는 것이 좋다. (중략) 그리고 삶은 그렇게 무미건조한 수련을 통하지 않으면 종국에는 메마른 것이 되고 만다는 것도 덧붙이고 싶다. —양창수, 『민법입문』

기본기의 반복 훈련은 어떻게 '성장'으로 이어질까요?

자신의 분야에서 정점에 선 이들의 성취로 미루어 보건데, 이와 같은 기본기의 반복 훈련은 1차적으로 균형감각(밸런스)과 꾸준한 기량을 유지시켜줌과 동시에, 부상과 슬럼프를 극복할 수 있도록 도움을 주는 것 같습니다. 나아가 일정 단계에 오르면 새로운 지식과 기술을 익히는 탄탄한 기반이 되어, 갈매기 조나단(리처드 바크의 우화소설, 『갈매기의 꿈』 주인공)이 다다른 것과 같은 새로운 경계境界를 열어준다고 생각합니다.

여기서 역으로 추론해보면 기본기는 ① 실전에 사용되는 기술의 여러 요소를 부분적으로 담고 있으면서, ② 그러한 요소의 사용이 한쪽으로 치우치지 않게 대칭적으로 프로그램 구성이 가능해야 하며, ③ 고난도의 연습을 고안하여 수준을 올려갈 수 있는 레고블록 같은 변형가능성 내지 호환가능성을 가져야 하는 것이 아닌가 생각해볼 수 있을 것 같습니다. 축구를 예로 들면 인스텝킥(무회전킥)을 차기 위한 가장 중요한 연습이 양발로 공을 통통 튕겨 올리는 볼리프팅 연습입니다. 이 연습은 ① 실전 기술의 구성요소이면서 ② 양발을 사용하여 연습함으로써 대칭적으로 프로그램 구성이 가능하고 ③ 점프 리프팅이나 한발 리프팅 등으로 다양한 변형과 호환이 가능하므로 '기본기'라고 할 수 있는 것입니다.

공부의 기본기인 '압축, 암기, 반복의 기술' 역시 이와 같은 기본기 개념에 부합한다고 할 수 있습니다. 특히 실전에 사용되는 기술을 여러 요소로 나누었다는 점에서 더욱 그렇습니다. 공부의 기본기는 꾸준히, 반복적으로 훈련하여 한 편의 글을 가지고 놀 수 있게끔 연습이 되어야 합니다. 공부의 기본기를 모른다는 것은 운동선수가 기본기 훈련 없이 시합에 바로 나가는 것과 같습니다. 유감스럽게도 학교에서는 기본기에 대한 교육이 충분히 이루어지지 않고 있습니다.

다음의 체크리스트(65페이지 참조)를 토대로 설문 조사를 해보면 80% 이상의 학생이 '아니오'라고 답하는 실정입니다. 시합을 뛰면서 기본기를 익히는 다소 역설적인 상황이라고 할 수 있습니다. 운 좋게 기본기를 먼저 배우거나 타고난 실력을 갖춘 학생들만 결국 학교에서 두각을 나타낼 수 있고, 그렇지 못한 학생들은 "공부를 하지 못한다"는 오명을 쓰게 되는 것입니다.

그렇다면 기본기는 얼마나 연습해야 하는 걸까요?

저는 고등학교 때 브라스밴드(금관악단) 활동을 계기로 클래식 트럼펫을 접하게 되었고, 최근에는 대금도 연주하고 있습니다. 저의 은사님이신 임영일 전 서울시향 트럼펫 부수석의 말씀이 기억납니다.

"기본기는 가장 쉽기 때문에 기본기가 아니라, 가장 어렵고 '평생 수련해야 할 부분' 이어서 기본기이다."

대한민국 최고의 트럼페터 성재창 교수(서울대학교 음악대학)의 루틴에도 이러한 요소가 드러나 있습니다. 그는 컨디션 안정을 위해 매일 40분간 필수 기본기를 연습한다고 합니다. 그의 화려하고 기교 넘치는 연주에 비해 루틴은 의외로 단순해 보입니다. 그러나 이 40분간의 연습에 연주의 모든 고려 요소를 담아 내고 있다는 점에서 최정상급 연주자의 노련함을 엿볼 수 있습니다.

트럼펫 연주자인 성재창 교수의 데일리 루틴
제42회 동아음악콩쿠르 트럼펫 부문 1위. 서울대학교 음악대학(사사 이찬형, 안희찬), 스웨덴 말뫼음악원(사사 호칸 하덴베르그), 독일 뮌헨음악대학(사사 하네스 로이빈)을 거쳐 핀란드 국립오페라 오케스트라 부수석을 역임했다. 현재 서울대학교 음악대학 교수로 재직하며 제자 양성과 함께 활발한 연주 활동을 이어가고 있다.

현존하는 세계 최고의 트럼펫연주가 윈튼 마살리스(Wynton Marsalis, 미국의 재즈 아티스트이자 클래식 연주자. 그래미상을 아홉 차례 이상 받았으며, 재즈 아티스트로는 처음으로 음악 부문의 퓰리처상을 수상하는 영광을 누렸다. 현재 '링컨센터 재즈 오케스트라' 음악감독으로 활동하고 있다)는 레슨 선생님을 따로 두고 호흡과 주법의 루틴을 만들어 계속 연습하는 것으로 유명합니다. 저도 이 장면을 윈튼의 다큐멘터리에서 직접 보고 감명을 받았습니다. 세계 No.1이 선생님을 두고 기본기 훈련을 하다니요!

기본기는 여러분의 꿈을 성취시켜 줄 마법의 양탄자입니다. 쉽고 단순해 보일지라도, 공부를 하는 한 자신만의 루틴을 만들어 꾸준히 반복 훈련해야 할 것입니다.

다음 체크리스트를 잘 읽고 답해봅시다

① 시험 기간이 아닌 때에 무엇을 해야 하는지 정확히 알고 있다.	예	아니오
② 과목별 예습·복습 방법을 알고 있다.	예	아니오
③ 필기구를 종류별·색상별로 사용할 줄 알고 있으며, 나만의 필기 규칙이 있다.	예	아니오
④ '단권화'가 무엇인지 알고 있으며, 어떻게 해야 하는지 알고 있다.	예	아니오
⑤ '오답노트'의 활용법을 알고 있으며, 어떻게 해야 하는지 알고 있다.	예	아니오
⑥ '7회독 공부법'을 실천해 본 적이 있다.	예	아니오
⑦ '암기법' 훈련을 해본 적이 있다.	예	아니오
⑧ 과목별 최고 인강 강사와 인강을 시청해야 하는 적절한 시기를 알고 있다.	예	아니오
⑨ 모의고사 및 수능시험 당일 컨디션 조절법과 준비법을 잘 알고 있다.	예	아니오
⑩ 수능 한 달 전에 볼 자료(단권화)를 지금부터 준비하고 있다.	예	아니오
⑪ 슬럼프가 무엇인지, 어느 시기에 찾아오는지, 극복방법은 무엇인지 알고 있다.	예	아니오
⑫ 거북목처럼 수험생이 걸리기 쉬운 질병의 예방법과 치료법을 알고 있다.	예	아니오
⑬ 하고 싶은 일과 희망하는 대학·학과가 있으며, 지금도 늦지 않았다고 생각한다.	예	아니오
⑭ 동기 부여가 되면, 그때부터 공부가 잘 되리라고 생각한다.	예	아니오
⑮ 언제든지 조언을 구할 수 있는 나만의 멘토가 있다.	예	아니오

• 아니오 8개 이상 → '더멘토' 특강이 기다리고 있습니다.
• 아니오 8개 미만 → 당신은 준비된 수험생!

"나는 중요한 일을 이루려 노력할 때, 사람들의 말에 너무 신경 쓰지 않는 것이 바람직하다는 사실을 깨달았다. 예외 없이 이들은 '할 수 없다'고 공언한다. 하지만 바로 이 때가 노력할 절호의 시기이다."

I have found it advisable not to give too much heed to what people say when I am trying to accomplish something of consequence. Invariably they proclaim it can't be done. I deem that the very best time to make the effort. ──캘빈 쿨리지, 제30대 미국 대통령

PART **TWO**
시간 관리의 기술

정독도서관 회화나무: 도서관 입구 학자수. 정독도서관 내부에는 전통이 오래된 만큼 보호수가 어우러진 멋진 정원이 있고, 그늘 아래 편하게 쉴 수 있는 잔디밭과 의자들이 여기저기 놓여 있다. 그곳에 회화나무 한 그루가 근사한 수형으로 가지를 뻗고 있다. 회화나무는 쭉쭉 뻗어나가는 가지의 모양새가 학자의 기개를 상징한다 하여 '학자수'라 불렸으며, 서양에서도 같은 의미로 스콜라 트리(Schola Tree)라고 불린다. (지정번호: 보호수 서1-20, 소재지: 종로구 북촌로5길 48) **Illustration:** 이장희(『서울의 시간을 그리다』 저자), 2019.

두 개의 타임라인

알파 기간과 베타 기간

페이스북을 하는 친구라면 타임라인^{time line}이라는 말이 익숙할 겁니다. 페이스북의 타임라인은 '최근 순서로 업데이트한 내용들을 보기 좋게 배열한 페이지'를 의미합니다. 여러분들이 고등학생이라면 학습 목표를 세우고, 목표 달성을 위해 바로 지금 꼭 해야 할 일들을 '보기 좋게' 배열하기 위해서 두 종류의 타임라인이 존재한다는 점을 머릿속에 잘 숙지하고 있어야 합니다. 고등학교 3년은 안타깝게도 결국 이 두 개의 타임라인 속에서 숨 가쁘게, 정신없이 진행되는 과정이라고 할 수 있기 때문입니다.

1. 타임라인 1: 알파 기간과 베타 기간

타임라인 1은 알파 기간과 베타 기간으로 구성된 타임라인입니다. 알파 기간이란 '1년 중 내신시험을 준비하지 않는 모든 기간'을 의미합니다. 베타 기간은 '시험을 준비하고 치르는 모든 기간'입니다. 결국 1년은 알파 기간과 베타 기간이 주기적으로 반복되는 것이라고 할 수 있습니다. 예를 들어 3월에 새 학기가 시작하게 되면 알파 기간이 시작됩니다. 그러나 4월 초쯤이 되면 베타 기간이 시작되는 것이죠. 그리고 중간시험이 끝나면 다시 '비시험 기간'이 시작되게 됩니다. 결국 한 학년은 4번의 알파 기간과 4번의 베타 기간으로 이루어졌다고 할 수 있습니다. 대부분의 학생들에게는 시험 기간만이 중요하고, 비시험 기간은 사실 의미 있게 다가오지 않습니다. (비시험 기간을 단순히 시험 기간이 오기 직전의 텀과 같은 시기, 시험 준비를 하지 않아도 되는 시기, 집에서 좀 더 여유를 부릴 수 있는 시기로 여기는 학생들이 많습니다.)

1년 365일 = (α기간 + β기간) + (α기간 + β기간) + (α기간 + β기간) + (α기간 + β기간)

알파 기간인 비시험 기간의 의미를 막연하게 생각하다 보면, 놀지도 못하면서 그렇다고 공부를 열심히 하는 것도 아닌, 어중간한 시간을 보내게 됩니다. 하지만 여러분이 수능시험을 준비하고, 내신 공부 외에 부족한 실력을 보충하고 선행학습을 할 수 있는 유일한 시간은 바로 비시험 기간(알파 기간)뿐입니다. 물론 수능시험도 내신 교과과정을 출제범위로 하고 있기 때문에, 내신 공부와 수능 공부가 완전히 별개의 것은 아닙니다. 그러나 내신 공부와 수능 공부의 방향, 문제의 유형, 교재가 똑같지 않습니다. 나아가 이 알파 기간은 1년 전체를 놓고 보면 매우 짧습니다. 내신준비 기간, 동아리 등 학교 활동, 소풍과 수학여행, 수행평가 등을 빼고 보면, 약간 과장해서 1년 중 약 4개월 정도밖에 되지 않습니다. 3년을 놓고 보면 어떻게 될까요? 알파 기간은 대략 1년 정도에 불과합니다. 즉, 여러분이 내신 공부 외에 수능시험을 준비하면서 선행학습을 통해 부족한 부분을 보충할 수 있는 기간이 고등학교 3년을 통틀어 약 1년 정도라는 겁니다. 이 1년 동안 선행학습을 완료하고 수능시험을 위한 기본 공부를 끝내야 합니다. 알파 기간이라는 이름을 붙인 것은 여러분이 이 시간에 의미를 부여하고, 이 시기를 가치 있게 썼으면 하는 바람 때문입니다. 자, 우리 이제 비시험 기간을 잉여 시간으로 생각하지 말고, 알파 기간이라 이름 붙여주고 소중하게 써야 한다는 생각을 갖도록 합시다.

찰리 채플린의 〈모던 타임스〉, 1936.

두 개의 타임라인

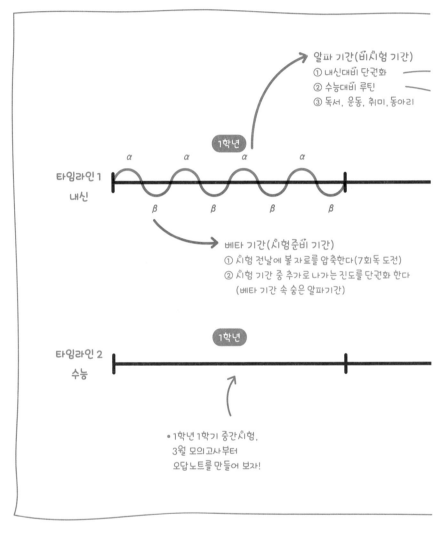

알파 기간(비시험 기간)
① 내신대비 단권화
② 수능대비 루틴
③ 독서, 운동, 취미, 동아리

1학년

α   α   α   α

타임라인 1
내신

β   β   β   β

베타 기간(시험준비 기간)
① 시험 전날에 볼 자료를 압축한다(7회독 도전)
② 시험 기간 중 추가로 나가는 진도를 단권화 한다
   (베타 기간 속 숨은 알파기간)

1학년

타임라인 2
수능

• 1학년 1학기 중간시험,
  3월 모의고사부터
  오답노트를 만들어 보자!

• 고등학교 3년은 두 개의 타임라인 사이에 맞물려 있다. 늘 이 두 개의 타임라인을 염두에 두어야 한다.

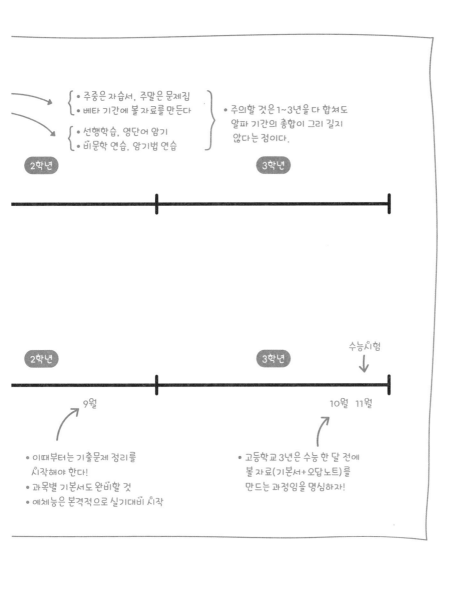

- 주중은 자습서, 주말은 문제집
- 베타 기간에 볼 자료를 만든다

- 선행학습, 영단어 암기
- 비문학 연습, 암기법 연습

- 주의할 것은 1~3년을 다 합쳐도 알파 기간의 총합이 그리 길지 않다는 점이다.

2학년

3학년

2학년

3학년

수능시험

9월

10월 11월

- 이때부터는 기출문제 정리를 시작해야 한다!
- 과목별 기본서도 완비할 것
- 예체능은 본격적으로 실기대비 시작

- 고등학교 3년은 수능 한 달 전에 볼 자료(기본서+오답노트)를 만드는 과정임을 명심하자!

반면 베타 기간은 시험준비 기간입니다. 베타 기간에는 시험공부를 해야 합니다. 간단하죠? 그러나 알파 기간과 베타 기간은 아주 은밀하고 밀접한 관계를 가지고 있습니다. 알파 기간에는 선행학습과 부족한 부분에 대한 공부를 하지만, 동시에 베타 기간에 볼 내신 대비 자료들을 미리미리 공부하고 준비해놓아야 합니다. 즉 알파 기간의 목적은 첫 번째가 선행 및 보충학습이고, 두 번째는 내신 예습·복습을 통해 베타 기간에 볼 자료를 만드는 것입니다.

베타 기간에는 알파 기간에 만들어놓은 자료를 한 번 더 정리하면서 시험공부를 하고, 시험 직전에 볼 상태로 더욱 압축해야 합니다. 알파 기간 때 놀고 베타 기간에 시험공부를 시작하게 되면, 충분히 공부를 하지 못하고 시험을 치르게 되는 대참사가 발생할 수도 있습니다. 그리고 일선 학교에서는 알파 기간보다 베타 기간 중에 오히려 진도를 더 많이 나가기도 합니다. 따라서 알파 기간에 미리 준비를 하지 않으면 베타 기간 중 새로 배우는 부분에 대한 정리까지 해야 하므로 시험에 필요한 공부를 모두 소화하지 못할 수 있습니다. 거기에 7~8과목을 동시에 공부하면서 시험 직전 학원 보강 수업까지 들어야 한다면 현실적으로 시험공부가 더욱 어렵게 됩니다.

- 알파기간: 비시험기간
- 베타기간: 시험준비기간 (보통 3주~4주)
- 1년 = [알파(α)기간 + 베타(β)기간]의 반복
- 베타기간이 길어지면 알파기간이 상대적으로 짧아진다!

이제 머릿속에 알파 기간과 베타 기간이라는 타임라인의 구조를 확실히 새기고 그 의미를 잊지 않도록 합시다. 지금이 알파 기간인지 베타 기간인지, 또 지금이 알파 기간이라면 베타 기간은 언제쯤으로 잡아야 하는지 늘 생각하고 있어야 합니다.

2. 타임라인 2: 수능시험

타임라인 2는 수능시험과 대입이라는 최종 목적지를 향해 나아가고 있는 과정을 말합니다. '수능 한 달 전에 무엇을 볼 것인가?' '수능 한 달 전까지 어떤 준비를 끝마쳐야 하는가?'를 고민하지 않으면 수능까지 남아 있는 기간을 전혀 고려하지 않게 되고, 오늘 공부할 내용의 우선순위조차 정할 수 없게 됩니다. 수능시험 한 달 전에 학교, 학원, 인강, 과외 등을 통해 내용정리가 끝난 기본서와 오답 노트를 준비하고 5개년 정도의 기출문제 풀이를 완료한 뒤, 마무리 실전 문제를 풀 수 있는 상태가 되어야 합니다.

현행 EBS 연계교재 체제 아래에서는 『수능특강』과 『수능완성』 대부분의 문제도 정리를 끝내놓아야 함은 물론입니다. 그런데 국어, 영어, 수학과 탐구영역별로 기본서를 준비하고 오답 노트를 만드는 과정은 '타임라인 1'의 알파 기간 동안 이루어지는 것이며, 고등학교 1, 2학년의 시간을 사실상 빈틈없이 사용해야 가능합니다. 1, 2학년 때 낭비하는 시간이 발생하게 되면 과목별로 위와 같은 준비를 끝마치는 것이 물리적으로 도저히 불가능합니다. 많은 학생들이 시기별로 학습해야 할 내용을 놓쳐서 고3에 임박하여 허겁지겁 정리를 하거나, 고3 시기에 정신없이 인강을 들으며 위 기본 내용을 보충하는 경우가 많습니다. 이렇게 되면 『수능특강』과 『수능완성』의 충실한 정리가 어렵게 되어 연계교재에 대한 정리 없이 고3을 부실하게 보내세 되는 경우도 발생할 수 있습니다. 결국 만족할만한 점수를 받지 못하게 되면 재수를 해야 하는데, 재수 시기에 정작 고3 때 정리했어야 할 연계교재를 처음으로 제대로 보는 일이 벌어지기도 합니다. 이렇게 되면 재수도 큰 의미를 갖기 어렵습니다.

3. '더멘토 워크북' 으로 타임라인 구상해보기

먼저 1년을 전반기와 후반기로 나누어 학습, 기타 부분에서 달성하고 싶은 목표를 정해 봅시다. 연간학습 부분에는 내신과 루틴을 통해서 종합적으로 달성하고 싶은 목표를 적어봅니다. 내신 등급이나 수능 등급, 학급석차, 나의 기분이나 마음가짐 상태 등도 좋습니다. 기타 부분에는 이 외에 달성하고 싶은 건강, 외모, 취미 부분의 사항을 적어봅시다. 이 내용을 1학기와 2학기로 나누어 보다 상세하게 적어봅시다. 매일 반복하는 데일리 학습, 알파 기간에 수행하는 선행학습과 보충학습 등 다양한 자신만의 루틴을 만들고 반영하십시오. 예를 들어 비문학 연습과 국어 어휘 공부, 독서, 영어단어 암기, 학원이나 인강 등을 활용한 수학 기본서 학습 등이 여러분의 루틴이 될 수 있습니다.

매일 공부할 루틴 학습량은, 보통 목표 학습량(1년 기준)을 실제 공부할 수 있는 일수로 나누어 정하는 것이 일반적입니다. 베타 기간과 명절 연휴, 학교 행사, 가족행사, 질병과 여러 가지 사정 등을 충분히 고려했을 때 의외로 확보 가능한 알파 기간은 연간 100~150일 정도밖에 되지 않습니다. 짧은 알파 기간을 잘 활용하는 것이야말로 목표 달성을 위한 지름길입니다. 다음 〈기간별 일일생활계획표〉에 하루 중 자유롭게 쓸 수 있는 시간인 '가용 총시간'을 정확하게 도출해봅시다. 가용 총시간으로부터 자신이 목표로 하는 '목표학습 시간'도 설정하도록 합니다. 이렇게 나온 목표학습 시간과 루틴 학습에 대한 계획을 결합하여 〈주간생활계획표〉와 〈월간생활계획표〉도 작성해봅시다. (제7장 '더멘토 워크북, 이렇게 활용해보세요' 편에 양식을 수록하였으니 직접 작성해보시기 바랍니다.)

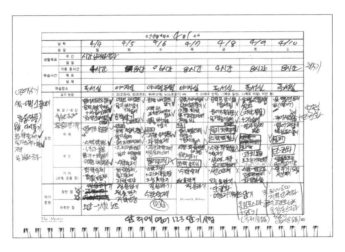

주간생활계획표: 임성원 멘티 제공

위기의 순간 파악하기

나의 길을 가겠어!

두 개의 타임라인에 대한 이해를 통해, 고등학교 3년과 매 학년의 시기를 어떻게 보내야 하는지에 대한 대략적인 얼개는 파악이 되었을 것이라고 생각합니다. 타임라인 1과 타임라인 2를 유기적으로 활용해 나가야 합니다. 〈한국교육과정평가원〉의 표면적인 출제 방침상으로는, 수능시험의 출제범위가 결국 고등학교 3년 동안의 학습 내용이 될 것이기 때문에 학교 수업에 충실하면서 타임라인 1과 타임라인 2의 학습 내용이 겹칠 수 있게 학습계획을 짜는 것이 가장 이상적이라고 할 수 있습니다.

자, 여러분이 이렇게 두 개의 타임라인을 숙지하였다 해도, 고등학교 3년 과정에는 피하고 싶지만 피하기 어려운, 여러분 앞의 선배들도 거쳐갔고, 여러분 역시 거쳐 갈 가능성이 매우 높은 위기의 순간이 존재하고 있습니다. 슬럼프라고 할 수도 있고, 공부의 공백기라고도

할 수 있을 것입니다. 여기에서는 꼭 언제나 그러한 것은 아니지만, 많은 멘티들이 슬럼프를 겪고 방황하는 시기에 대해서 간략히 얘기해볼까 합니다.

1. 1학년 4월: 벚꽃 엔딩

학생들이 흔히 겪는 첫 번째 공부의 공백기는 1학년 4월 중간시험 이후입니다. 고등학교에 입학할 때 느꼈던 긴장감은 봄볕의 따스함, 벚꽃 향기와 함께 온데간데없이 사라져버리고 학교에서도 동아리 활동과 각종 행사가 많습니다. 처음에 경계하고 거리를 뒀던 친구들과도 어느새 친해져 함께 하는 패밀리가 생기게 되고, 피시방 투어 및 나들이 계획이 속속 생기게 됩니다. 거기에 5월 가정의 달이 맞물려 각종 행사가 이어지면서 학교에서도 생각보다 진도를 많이 나가지 않아 마음속에 여유가 자리 잡게 됩니다. 이때가 루틴을 잡고 학습량을 확실히 끌어올릴 수 있는 시기이지만, 많은 학생들이 공부를 손에서 놓습니다. 아주 확실히 놓는 경우도 있습니다. 이때 놓게 되면, 영화 〈그래비티〉 속 끈을 놓쳐버린 우주비행사처럼 다시 책상으로 돌아오지 않습니다. 그리고 정신을 차려보면 3학년.

2. 1학년 겨울방학부터 2학년 1학기까지: 나의 길을 가겠어

두 번째 공백기는 1학년 겨울방학 때부터 2학년 1학기까지의 기간입니다. 이때 공백기가 발생하는 가장 큰 이유는 자만심 때문입니다.

많은 학생들이 1학년을 마치면, 고등학교 생활의 리듬을 자신이 파악했다고 착각합니다. 그러나 겨우 3분의 1지점을 막 통과한 것에 불과합니다. 이때 학원이나 과외 학습에 변화를 주거나, 아무런 계획 없이 인강으로 독학을 하겠다는 결심을 하는 경우도 있습니다. 자신 있게 이러저러한 도전을 해보는 것입니다. 물론 도전도 좋지만, 방향을 잃지 않기 위한 로드맵이나 조언을 구할 수 있는 멘토가 필요합니다. 이러한 이정표 없이 여행을 떠났다가 학원을 여기저기 옮기기만 하고, 인강은 듣지 않고 컴퓨터 앞에서 게임만 하거나 웹툰에 빠져 지내는 경우가 비일비재 합니다.

타임라인을 숙지하고 로드맵을 마련했다면 시간의 빠듯함을 알 수 있겠지만, 대부분은 아직 시간이 많다는 착각 속에서 시간을 허비하게 됩니다. 그렇게 반 학기 내지 한 학기를 날려버리고 정신을 차리는 시기가 2학년 2학기입니다. 그런데 기본강의를 제대로 들어서 기본서를 만들어 놓은 것도 없고, 심지어 영단어 교재 한 권을 끝낸 것도 아닙니다. 앞서가는 친구들은 이 시기에 기출문제를 풀어보기도 합니다. 친구들을 따라 기출문제를 풀어보려 하지만 아는 게 없어서 풀만한 문제도 없습니다. 이렇다 보면, 오답 노트를 만들며 정리하는 것은 더욱 어렵습니다. 틀리는 게 반이라 오답 노트를 만드는 데 일주일 이상이 걸려 지치고 맙니다.

이때라도 정신을 차리고 우선순위를 잡아 기본강의를 듣고 오답 노트를 만들고, 기출문제를 풀면 다행인데, 우왕좌왕하면서 친구 따라 학원만 다니고 혼자 공부하고 정리하는 시간은 거의 없게 됩니다. 그렇게 별로 해놓은 것도 없이 고3을 맞이하게 됩니다. 불안하고 두렵습니다. 이른 시기에 재수를 생각하지만, 그렇게 재수 생활로 이어지면 EBS 연계교재조차 제대로 보지 못한 고3의 연장이 될 뿐입니다.

3. 고3, 6월 모의평가 이후: 우리 사랑하게 해주세요

마지막 위기의 순간은 고3, 6월 모의평가 이후 시기입니다. 6월부터 8월까지의 시기에 자리를 지키는 학생은 입시에 성공할 확률이 매우 높습니다. 이때 많은 학생들이 더위에 지치고 성적에 실망하면서 쉬고 싶다는 생각을 가장 많이 합니다. 여러 가지 대안을 궁리하고, 수시모집을 생각하고, 휴식 좀 해도 괜찮다고 합리화도 하면서 피씨방을 드나들기도 하고 심지어 연애를 시작하기도 합니다. 이 시기에 연애를 시작하는 학생들이 생각보다 많습니다. 다 된 밥에 재를 뿌리는 일입니다. 이때가 지나면 9월부터는 일주일이, 3일이, 하루하루가 정말 소중합니다. 일주일이면, 3일이면 한 과목을 빠르게 정리하는 힘이 생기기도 합니다. '나에게 한 달만 더 주어졌다면…' 하는 마음이 들면서 재수를 고민하는 것도 9월입니다. 그러나 재수를 해도 크게 달라지지 않습니다. 6월이면 또 정신을 잃고 방황하게 되고 9월에는 간절해지고 시간의 소중함을 깨닫게 되는 악순환이 반복됩니다. 저는 이 과정을 정말 많이 봐왔기에 '팩트'라고 신신당부하고 싶습니다. 이 공백기를 계획과 시스템 속에서, 수단과 방법을 가리지 말고 지혜롭게 버텨내야 합니다.

4. 일반 수험생의 경우

일반 수험생들의 경우 기본강의를 처음 들을 때 첫 번째 위기의 순간이 찾아옵니다. 생소한 내용을 처음 공부하는 데다가 수험가의 낯선 느낌과 경쟁적인 주위 분위기가 맞물리다 보면 남들보다 더 잘하겠다는 생각에 힘이 들어가게 됩니다. 이때 자칫 공부의 방향이 엉뚱하게 틀어질 수 있습니다. 완벽하게 이해하겠다는 생각에 지엽적인 부분에 연연하거나 기출문제 풀이를 뒤로 미루면서 수험 목적과는 전혀 다른 공부를 하게 되기도 합니다.

처음 수험생활에 입문한 경우에는 '수석합격' 따위를 하겠다는 마음을 버리고 공부의 큰 줄기를 놓치지 않으면서 최소량만 공부하겠다는 마음으로 준비하는 게 좋습니다. 다만 우선순위를 정한 최소량만큼은 빠른 시일 안에 보겠다는 각오를 하는 것이 가장 중요합니다. 절대 1회독이 늘어져서는 안 됩니다. 그리고 반드시 기출문제 풀이를 병행하면서 시험이 요구하는 내용과 흐름을 놓치지 않도록 해야 합니다.

2차 위기는 강의 등을 수강하면서 기본서 1회독이 끝났을 때 찾아올 수 있습니다. 1회독이 끝나면 안도감이 듭니다. 그러나 아직 배운 내용을 충분히 익히지 못한 상황입니다. 따라서 이후에 2회독으로 넘어가면서, 단권화나 문제풀이에 시간이 생각보다 많이 걸리게 되면 당황스러울 수 있습니다. 이미 한번 봤지만 아무 것도 기억에 남지 않은듯한 느낌 때문에 혼란스럽기도 합니다. 이때 다시 처음부터 읽어 나가면서 회독수를 올려나가겠다고 욕심을 부리다 보면 진도가 잘 나가지 않고 정체기가 찾아올 수 있습니다. 이런 상황에서는 이해가 안 되거나 빈출 되는 영역을 선정해 우선순위를 정하고, 최소한 그 부분이라도 반복해서 보겠다는 단순한 접근을 하는 것도 지혜라고 하겠습니다.

그리고 이 시기에 정체 상태 혹은 무료한 수험생활을 벗어나고자 생활스터디나 문제풀이 스터디를 하는 경우가 많은데 이때 도원결의를 맺고 뜻이 맞는 사람들끼리 유흥을 즐기기도 하고, 다른 스터디 구성원과 연애를 시작하기도 합니다. 수험의 세계에서는 오직 합격자와 불합격자만이 존재하므로, 여러분들은 마음을 독하게 먹고 눈을 다른 곳으로 돌려서는 안 됩니다(이 책이 공부에 대한 책이 아니라면 저도 이렇게까지 모진 소리를 하진 않을 것입니다).

마지막 위기의 순간은 시험에 임박한 1~3개월 사이의 기간입니다. 이쯤 되면 일반 수험생들에게 위기의 순간은 상존하는 것이라고 볼 수도 있겠습니다. 이 시기에 자신이 충분히 준비되어 있다고 생각하는 수험생은 아마 거의 없을 것입니다. 심지어 시험을 한 번 치러본 N수생도 마찬가지입니다(N수생들에게는 N수생 나름의 고충과 사연들이 항상 있게 마련입니다). 따라서 이때 수험생의 보편적인 심리는 뭔가 준비가 충분히 안 되어 있는 것 같고, 계속 공부하여 그 해에 시험을 보는 것이 의미가 있을까 고민스럽고, 한 해 더 준비해서 다음 시험을 노려볼까 갈팡질팡하는 상태라고 할 수 있습니다. 그런데 이 즈음에 국가고시 등의 시험은 모의고사 체제로 전환을 하게 되는데 모의고사를 보지 않고 차라리 기본서를 보겠다는 마음으로 기본서 공부만 하거나 내년 시험에 도전하겠다고 반포기 상태가 되는 수험생들도 많습니다.

그러나 유감스럽게도 그 다음 해의 비슷한 시기가 되었을 때, 상황이 극적으로 달라지지 않는 것이 수험생의 유쾌하지 않은 숙명입니다. 이렇게 되면 수험의 장기화를 초래할 수 있습니다. 두렵고 걱정되고 준비가 덜 되었다는 마음이 들겠지만 끝까지, 어떻게든 완주를 해야 합니다. 여러분의 불안한 예측과 달리 합격이라는 운명은 생각보다 가까운 곳에 있었을 수 있습니다.

그리고 설령 그 해 시험에 합격하지 못하더라도, 기본서의 외형을 대강 만들어 놓고 모의고사로 이어지는 수험의 흐름을 피부로 체득하여야만 전열을 가다듬어 마지막이라는 심정으로 다시 도전할 수 있는 힘이 생기게 됩니다. 완벽하기 전에는 시험을 보지 않겠다는 생각은 경계해야 합니다. 준비하는 시험마다 준비기간과 공부해야 할 과목 수가 다르기 때문에 일률적으로 이야기하기는 어렵겠습니다만, 이 큰 위기의 마디를 주의하시기 바랍니다.

불합격으로 가는 상위일체

학습	기본서를 보기보다 기출 등 문제풀이 위주로 양치기를 한다.
	기출 문제를 시험에 임박해서야 비로소 풀어본다.
	단권화가 무엇인지 모르거나, 알아도 하지 않고 있다.
	학원 수업과 인강 시청이 전체 학습 시간의 대부분을 차지한다. (혼자 공부하는 시간이 적다)
	전체 기본서나 시험 범위를 한번 빨리 보고 다시 보기보다는 꼼꼼하게 하나씩 확인하려 하는 완벽주의자.
	'어떻게 되겠지'라고 막연히 생각하며 계획 세우기를 주저한다.
	다수의 수험생이 선호하는 책이나 강의, 커리큘럼보다 특이한 코스를 선택한다.
	틀린 문제를 정리하지 않는다.
	객관적인 비교나 측정 없이 자신이 공부를 많이 하고 있다고 생각한다.
	인생은 노빠꾸. 강의나 인강을 들을 뿐 복습은 없다.
	맞힌 문제는 답안지를 볼 필요가 없다고 생각한다.
	친구가 다니는 학원, 친구가 보는 교재가 더 좋아 보여서 학원과 교재를 끊임없이 바꾼다.
	몇 개월만 준비하면 충분하다는 소리에 귀가 솔깃해지고 아직 여유가 있다고 생각한다.
	틀린 문제를 '실력'이라 생각하지 않고 '실수'로 합리화 한다.
생활	늦게 자고 늦게 일어나거나 수면 패턴이 불규칙하다.
	야식은 내 영혼의 피로 회복제.
환경	연애를 하면서 공부를 하면 서로 의지할 수 있기 때문에 괜찮다고 생각한다.
	자신이 스마트폰을 충분히 컨트롤 할 수 있기 때문에 비록 수험생이지만 스마트폰을 사용해도 괜찮다고 생각한다.
	방 정리, 가방 정리, 교재와 프린트 등 자료 정리가 안 되어 있어 어디에 어떤 자료가 있는지 불명확하다.
	공부하는 장소와 시간이 일정하지 않다.
	자신은 위의 내용에 해당사항이 많지만 고칠 의사가 없거나, 신의 보살핌이나 부모님이 쌓은 공덕으로 시험에 합격할 수 있을 것이라 생각한다.

▲

「더멘토」를 찾는 학생들은 대부분 언제 '탈주' 했다가 돌아오게 된 것일까요? 열에 아홉은 1학년 겨울방학에서 2학년 초에 '나의 길을 찾아 떠난' 학생들입니다. 1학년 때 학원도 다녀보고, 이것저것 해보다가 1학년 겨울방학 때 학생들이나 학부모님이 색다른 선택을 하게 되는 경우가 많습니다. 학원이나 과외를 바꾸고, 혼자 인강을 듣겠다는 야심찬 시도도 해보고, 겨울방학 때 스파르타식 기숙학원에서 한 달을 고생해보기도 하는 것입니다.

이러한 시도가 성공하면 좋겠으나, 우리 삶에는 변수가 너무나 많습니다. 바꾼 학원이나 과외가 마음에 안 들기도 합니다. 마음에 들긴했는데 선생님의 사정으로 선생님이 갑자기 바뀌면서 교재도 따라바뀌는 경우도 있습니다. 기숙학원에서는 어떻게 해봤는데, 개학이되면서 조였던 긴장이 계속, 쭈욱 풀리는 경우도 있습니다. 이렇게되면 2학년 1년이, 그야말로 통째로 날아가게 됩니다.

그런데 잘 아시다시피 2학년은 정말 중요한 시기입니다. 오답 노트를 작성하는 습관은 이미 안정적으로 자리 잡고 있어야 하고, 주요 기본 강의를 듣고 기본서 준비를 끝내야 하며, 서서히 3학년 기출문제 풀이에 들어가야 하기 때문입니다. 이 시기를 날려버리고 2학년 겨울방학에 랩을 찾는 학생들을 상담하면, 심폐소생술을 하는 절박한 느낌을 받습니다. 약간 막막한 상황인데요, 물론 방법이 없지는 않습니다. 인강, 교재, 학원 선정에 있어서 시행착오를 최대한 줄이고 줄기를 확실하게 잡는다면 기회는 있습니다.

강북의 일반고에 다녔던 J군이 그런 전형적인 경우였습니다. J군은 문과였는데요, 3학년이 되는 2017년 1월에 처음 만났을 때 정말 '아무 것도' 준비되어 있지 않았습니다. 심지어 영단어 교재를 한 번도 본 적이 없었습니다. 일단 저와 멘티는 『마더텅 1등급 어휘력』과 『경선식 영단어』를 데일리 루틴으로 잡고, 탐구영역 인강을 정하여 여름방학 전까지 개념강의를 끝내는 것을 목표로 하였습니다. 학원, 과외 수업의 방향도 함께 고민하고 계획했습니다.

기출문제의 경우 우선순위를 두어 일정 분량을 풀도록 하였습니다. 오답 노트도 작성했습니다. 연계교재인 EBS 『수능특강』은 필요한 경우에만 풀 수 있도록 진도와 단원을 정해주었습니다. J군은 이 과정을 아무런 이의제기 없이, 힘을 빼고 묵묵히 따라와주었습니다. 그리고 놀랍게도 원하던 K대 독문과에 수시모집으로 합격하는 기쁨을 누릴 수 있었습니다. 고등학교 3학년, 1년은 짧은 기간이지만 루즈해지고 낭비하는 시간이 은근히 많습니다. 이 시간들을 최소화한다면 짜임새 있게 공부할 수도 있습니다. 힘을 빼고, 욕심을 버리고, 올바른 방법으로 자리를 지키는 인내와 지혜가 요구됩니다. 이 과정에서 경험이 풍부한 멘토나 선생님, 부모님의 도움이 절실히 필요하다고 하겠습니다.

위기의 순간

1학년

2학년

안정무정기

3학년

4월~5월
'넘볼에요!' 시기
중간쯤에서 이후 탈주
안드로메다로 가버리는 수가 있다.

12월
2월
'나의 길을 가게어' 시기.
제일 위험한 때다
학원, 과외를 바꾸고
인강을 들으며 혼자 공부하겠다고
아우저 경우다.

12월
2월

4월
6월
'우리 사랑하게 해주세요!' 시기
마음 잡거니
6월~8월에 자리만 지켜도
대박간다.

넘이 풀리면서
마음도 풀리고…
이때 재수를
조심스레 권구기도 한다.

얼마나 공부해야 하는가

수험 대비 마스터플랜

수능을 준비하기 위해 학년별로 어떤 공부를 해야 할까요? 많은 학생들이 고등학교 2학년이 되기까지, 심지어는 고3 초까지 수능시험 과목이 구체적으로 무엇이고 시험 시간은 어떻게 되는지 정확하게 숙지하지 못하고 있는 경우가 많습니다. 앞에서 얘기한 것과 같이 두 개의 타임라인이 갖는 의미와 관계, 대학수학능력시험 개요, 많이 보는 수능 교재와 인강에 대한 사전 정보는 반드시 숙지해야 합니다. 현실을 부정하지 말고 눈을 크게 떠봅시다.

1. 대학수학능력시험 시간 및 영역별 배정·문항수(2020학년도)

교시	시험 영역	시험 시간	배정	문항 수	비고
1	국어	08:40~10:00 (80분)	100	45	
2	수학	10:30~12.10 (100분)	100	30	• 가형, 나형 중 택1 • 단답형 30% 포함
3	영어	13:10~14:20 (70분)	100	45	• 듣기평가 문항 17개 포함 (13:10부터 25분 이내)
4	한국사, 사회/과학/직업탐구	14:50~16:32 (102분)			
	한국사	14:50~15:20 (30분)	50	20	• 필수 영역
	한국사 영역 문제지 회수 탐구 영역 문제지 배부	15:20~15:30 (10분)			• 문제지 회수·배부 및 탐구 영역 미선택자 대기실 이동
	사회/과학/직업탐구 시험: 2과목 선택자	15:30~16:00 (30분)	50	20	• 선택과목 응시 순서는 응시원서 에 명기된 탐구 영역별 과목의 순서에 따라야 함
	시험 본 과목 문제지 회수	16:00~16:02 (2분)			
	사회/과학/직업탐구 시험: 1~2과목 선택자	16:02~16:32 (30분)	50	20	• 문제지 회수 시간은 2분임
5	제2외국어/한문	17:00~17:40 (40분)	50	30	

2. 출제 범위: 2020학년도

영역	구분	문항 수	출제 범위(선택 과목)
국어		45	화법과 작문, 독서와 문법, 문학을 바탕으로 다양한 소재의 지문과 자료를 활용하여 출제
수학 (택1)	가형	30	미적분II, 확률과 통계, 기하와 벡터
	나형		수학II, 미적분I, 확률과 통계
영어		45	영어I, 영어II를 바탕으로 다양한 소재의 지문과 자료를 활용하여 출제
한국사(필수)		20	한국사에 대한 기본 소양을 평가하기 위해 핵심 내용 위주로 출제
탐구 (택1)	사회 탐구	과목당 20	생활과 윤리, 윤리와 사상, 한국 지리, 세계 지리, 동아시아사, 세계사, 법과 정치, 경제, 사회 · 문화 9개 과목 중 최대 택 2
	과학 탐구	과목당 20	물리I, 화학I, 생명 과학I, 지구 과학I, 물리II, 화학II, 생명 과학II, 지구 과학II 8개 과목 중 최대 택 2
	직업 탐구	과목당 20	농업 이해, 농업 기초 기술, 공업 일반, 기초 제도, 상업 경제, 회계 원리, 해양의 이해, 수산 · 해운 산업 기초, 인간 발달, 생활 서비스 산업의 이해 10개 과목 중 최대 택 2
제2외국어 / 한문		과목당 30	독일어I, 프랑스어I, 스페인어I, 중국어I, 일본어I, 러시아어I, 아랍어I, 베트남어I, 한문I 9개 과목 중 택 1

(출처 : 한국교육과정평가원)

수험생 입실 완료 시간
- 1교시 → 08:10까지(1교시를 선택하지 않은 수험생 포함)
- 2, 3, 4, 5교시 → 매 교시 시험 시작 10분 전까지

문항의 형태: 5지선다형으로 하며, 수학 영역에서는 단답형 문항을 30% 포함하되 정답은 답안지에 표기

문항당 배점: 국어, 영어, 한국사, 사회/과학/직업탐구 영역은 2, 3점, 수학 영역은 2, 3, 4점, 제2외국어/한문 영역은 1, 2점으로 차등 배점

수능 등급별 퍼센티지	
등급	퍼센트
1등급	4%(백분위 100 ~ 96)
2등급	11%(백분위 95 ~ 89)
3등급	23%(백분위 88 ~ 77)
4등급	40%(백분위 76 ~ 60)
5등급	60%(백분위 59 ~ 40)
6등급	77%(백분위 39 ~ 23)
7등급	89%(백분위 22 ~ 11)
8등급	96%(백분위 10 ~ 4)
9등급	100%(백분위 3~ 0)

3. 수능 준비를 위한 공부의 총량

그렇다면 하루에 몇 시간을 공부해야 할까요? 지금은 조금 놀아도 되는 여유로운 시기일까요? 답을 찾기 위해서는 수능까지 공부해야만 하는 학습의 총량을 파악해야 합니다. 전체의 지도를 보지 않으면 세부 단계를 파악하기 쉽지 않습니다. 과목별로 살펴보도록 합시다.

국어 영역: 화법 · 작문 · 문법, 독서(비문학), 문학으로 구성됩니다. (개정 교육과정은 331페이지 참조) 2학년 여름방학이 끝날 때까지 화법 · 작문 · 문법의 기본교재를 한번 공부해야 합니다. 이때 학원이나 과외, 인강의 도움을 받을 수도 있고 혼자 공부할 수도 있습니다. 문학은 고전과 현대문학으로 나뉘는데 각각 운문과 산문이 있습니다. 출제가 예상되는 작품뿐만 아니라 연관성 있는 작품까지 모두 정

리해야 하기 때문에 분량이 상당합니다. 학교에서 다루는 문학 작품만으로는 양이 충분하지 않습니다. 따라서 역시 강의의 지원을 받거나 독학으로 모두 정리해야 합니다.

독서(비문학)는 모든 공부의 기초가 됩니다. 비문학 지문은 학년이 올라갈수록 어려워지므로 비문학 지문을 모아놓은 교재를 1, 2학년 때 반복하여 꾸준히 공부해야 합니다. 이와 함께 모의고사 기출문제를 정기적으로 풀어야 하며, 고등학교 2학년 가을부터는 3학년 모의고사 기출문제와 수능 기출문제를 풀어나가기 시작해야 합니다. 해를 거듭할수록 수능시험에서 생소한 주제를 다룬 복잡한 지문들이 출제되고 있습니다. 우리말 어휘를 틈틈이 익히면서 글의 구조를 분석하는 연습도 소홀히 해서는 안 될 것입니다.

영어 영역: 1학년 때 문법 정리를 할 필요가 있습니다. 문법을 정리할 수 있는 좋은 인강들이 많이 나와 있으므로 인강을 통해 문법을 빠르게 정리할 것을 권유합니다. 학원을 다닐 경우에는 중간중간 내신 준비로 흐름이 끊어질 수도 있습니다. 그리고 1학년 때는 친구들이 많이 보는 영단어 책을 엄선하여 반드시 1회독을 끝내야 합니다. 눈으로 한번 훑어보는 것은 큰 의미가 없습니다. 유의어와 반의어, 정확한 용례와 의미를 파악해야 하는데 여러분들이 혼자서 보는 것은 힘들 수 있습니다. 강의 지원을 받거나 과외를 받을 것을 추천합니다.

영단어를 익히는 것은 영어영역 준비의 시작이자 끝이라 할 수 있습니다. 문법 실력이 다소 부족하더라도 어휘로 답을 찾아나가는 것은 가능하지만 어휘가 준비되어 있지 않은 상태에서 문법만으로 정답을 찾기는 어렵습니다. 물론 둘 다 구비되어 있는 것이 좋습니다. 많은 학생들이 2학년 말까지도 영단어 책 한 번을 제대로 보지 않습니다. 학원을 바꾸면서 교재가 바뀌고 내신준비로 중간중간 흐름이 끊기기 때문입니다. 수능 때까지 10회독을 공부한다는 각오로 1학년 때는 1회독을 반드시 끝마쳐야 합니다. 3학년 때 어휘 책을 공부한다는 것은 굉장히 많은 에너지를 소모하게 할 겁니다.

수학 영역: 『개념원리』, 『수학의 샘』과 같이 문제가 많으면서 비교적 쉬운 문제집을 골라, 정확한 계산 과정을 익힐 수 있도록 연습장에 차분히 반복해서 풀 필요가 있습니다. 연습장에 풀지 않으면 계산 과정에서의 실수를 찾아내기 힘들고, 더 쉽고 간단한 풀이 과정과 비교하기도 어렵습니다. 늦어도 2학년 1학기나 2학년 9월까지 이러한 방식으로 기본서를 완료해야 합니다. 상위권 대학 진학을 희망하는 학생의 경우, 이맘 때 기본서를 5회~10회독 이상 달성하기도 합니다. 그 후 기출문제 풀이에 본격적으로 들어가는데 고2 겨울방학부터 시작하면 늦습니다. 3학년 때 기출문제 정리에 많은 시간을 할애하게 된다면 EBS 연계교재를 내실 있게 보기 어려울 수 있습니다.

탐구 영역: 인문계열은 생활과 윤리 · 윤리와 사상 · 한국지리 · 세계 지리 · 동아시아사 · 세계사 · 정치와 법 · 경제 · 사회문화의 총 9

개 과목, 인문계열은 물리학Ⅰ·물리학Ⅱ·화학Ⅰ·화학Ⅱ·생명과학Ⅰ·생명과학Ⅱ·지구과학Ⅰ·지구과학Ⅱ의 총 8개 과목으로 구성됩니다. 마찬가지로 2학년 2학기가 시작되기 전까지는 자신에게 맞는 과목을 선정하여 기본강의를 듣고 기본서를 준비해야 합니다. 1학년 때 선택과목 하나, 2학년 때 나머지 선택과목 하나를 마저 듣고 커리큘럼을 끝내기를 권유합니다. 학원도 좋고 인강도 좋습니다. 학원의 경우에는 내신 기간에는 흐름이 끊긴다는 단점이 있고 선생님이 바뀌거나 중간에 학원을 바꿔야 할 경우에 교재까지 바꿔야 한다는 문제점이 있습니다. 인강은 1타강사의 강의를 잘 정리된 교재로 공부할 수 있다는 장점이 있지만 혼자서 진도를 계속 공부해나가기가 쉽지 않습니다.

공통 필수 과목인 한국사의 경우, 보통 2학년 1학기 여름방학을 활용해서 정리할 것을 권유합니다. 다만 1학년 교과 과정에 한국사가 있다면 1학년 때 미리 인강 등을 통해 정리하면서 내신과 수능을 동시에 준비하는 것도 효율적인 방법입니다. 한편 한국사를 1~2학년 때 미리 공부하지 않고 뒤로 미루다가 결국 수능시험에 임박해서 단기 특강으로 간신히 정리하는 학생들도 있습니다. 용케 좋은 성적을 받기도 하지만, 시험에서 모험하는 일은 가급적 피하도록 합시다.

3학년 때는 EBS『수능특강』과『수능완성』위주로 공부하면서 1학년 때부터 만들어 온 기본서와 오답 노트에 계속 단권화 작업을 해야 합니다. 앞서 언급한 것처럼 알파 기간은 그렇게 길지 않습니다. 짧은 알파 기간 속에서 효율을 높이는 방법은 내신 공부와 수능 공부를 최대한 겹치게 만드는 것입니다. 학교 수업이 수능과 직결되지 않는다는 착각을 할 수 있지만, 학교 수업에 충실한 학생들이 수험에 실패하는 경우는 거의 없습니다.

학교 수업을 최대한 성실하게 듣고 꼭 기억해야 할 내용, 선생님의 꿀팁, 그리고 내신시험에서 수능으로 이어질만한 문제들을 바로바로 추려 기본서와 오답 노트에 미리 단권화하도록 합니다. 여기에 학원이나 과외, 인강에서 제공하는 문제풀이 노하우, 그리고 모의고사 기출문제를 풀고 틀린 문제 등을 정리하면서 새로 알게 된 사실을 추가합시다. 그러면 수능 한 달 전 여러분 앞에 손때 묻은 기본서 한 권과 오답 노트가 놓이게 될 것입니다. 이 두 권을 반복해 익히면서 수능을 준비해야 합니다.

다음의 표는 「더멘토」와 함께 공부하고 있는 3학년 이과 학생의 1학기 '수능 대비 마스터플랜' 입니다. (추천 인강 강사 및 과목별 세부적인 공부 방법은 제7장 '알아두면 쓸모있는 영역별 TIP' 편을 참고하시기 바랍니다.)

JW 수능 대비 마스터플랜

영역	항목	대일리(루틴)	역계교재	인강+학원	단권화	비고
국어영역	마더텅 기출	문제로 국어(2)	수특 독서	김봉소 이감 모의고사 / 매주		연계 분석노트
		마더텅 1등급 어휘	수특 문학	21클래스(수특변형)		
		화작문 평가원	수특 화작문(2)			
		비문학 평가원	수특 국어			
수학영역	마더텅 기출					
영어영역	마더텅 기출	절대어휘	수특 영어영역	사설, EBS 등 모의고사	수특 / 수완, EBS 봉투, 메시지, 마더	사설?
		경선식 영단어	수특 영어독해	마더 3권(기출)		
		연계교재의 보기	수완 영어	메시지(중3 난이도 문제집)	경선식, 연계	
생명과학	마더텅 기출 (주1회)		수특 생명(9월 중순: 3, 4단원)	all about 개념강의	수특 / 수완, EBS 봉투, 메시지, 마더	D-30일에 플 자료 추리기
			수완 생명	KICE analysis 평가원 문돌		
				Ultimate Technique 사설 문돌		
				Absolute Finish 심화강의		
				The Great Final 사설 문돌		
지구과학	마더텅 기출 (주1회)		수특 지구+최선력(특강)	OZ MAGIC 개념강의		
			수완 지구	OZ 기출 430제 평가원 문돌		
				유형별 자료분석 개념문돌		
				실전문제풀이		
				FINAL 특강		
한국사				권용기 한국사		

99

학습계획의 원칙

공부의 여러 쟁점들

알파 기간과 베타 기간, 위기의 순간, 그리고 학습의 총량에 대한 개요가 잡혔다면 구체적인 학습량을 산출하는 큰 틀을 마련한 셈입니다. 이제 본격적으로 학습계획을 수립해나가야 합니다. 얼마나 구체적으로 짜야 하는지, 실천이 가능한 계획인지, 또 실천하지 못한 경우 어떤 자세와 태도를 취해야 하는지가 수험생에게는 큰 고민거리로 따라 붙습니다. 이러한 이유로 선뜻 계획을 세우지 못하는 경우가 많습니다. '학습계획의 원칙'과 제7장 '더멘토 워크북' 양식을 참고하여 자기만의 방식으로 과감하게 계획을 만들어나가 봅시다.

> 통제하기를 그칠 때, 삶은 예기치 못한 선물의 홍수가 된다. 달리 말해 최선의 시나리오는, 계획을 세우되 매 순간 벌어지는 예기치 못한 일들과 더불어 춤을 추는 것이다. 여행이 여행 그 자체로서의 생명력을 잃지 않도록. —디 월리스(Dee Wallace, 1948~), 『인생극장 연기수업』

1. 학습계획의 원칙

목표로부터 거슬러 내려오기: 시간이 현재에서 미래로 나아가므로 '계획' 역시 그래야 한다고 생각하기 쉽지만 계획은 '목표'로부터 거꾸로 짜야 합니다. 가령 수능시험이 목표라고 한다면 막연히 오늘 무엇을 해야 할까 고민하기보다, 수능시험 한 달 전에 무엇을 할 것인지부터 생각해야 합니다. 수능시험 한 달 전에 이미 정리된 기본서와 오답 노트를 봐야 한다면 지금 해야 할 일이 분명해진다고 할 수 있겠지요. 목표에서부터 거슬러 내려오면 '할 공부는 많은데 시간이 넉넉하지는 않다'는 경각심이 생기면서 우선순위를 세우는 것이 조금 수월해집니다.

"먼 미래에서 내일을 거쳐 오늘로!" —바버라 셔, 『위시크래프트』

시험까지 남아 있는 시간은 최대한 현실적으로: 시험까지 달력상으로는 1년이 남았더라도, 여러분 '마음속의 달력'이 결코 365일이 되어서는 안 됩니다. 그러나 자기 위안의 차원에서 시간이 넉넉하게 남아있다고 믿고 싶은 것이 수험생의 마음입니다. 작은 계산실수가 우주비행의 성패를 좌우하듯, 마음속 달력의 왜곡은 시험의 당락과 여러분 인생의 궤도를 바꿀 수 있습니다. 명절 연휴, 휴식과 요양을 위한 날, 가사 등을 위해 필요한 날들을 모두 고려하십시오. 긴 수험생활에서 언제나 돌발상황이 생길 수 있으므로 15일~30일 정도를 미리 마음속 달력에서 제외하는 것도 지혜입니다.

우선순위를 정하고 기한을 설정한다: 당장 어떤 과목을 먼저 공부해야 할지 우선순위를 정하고, 해당 과목의 단원별로 우선순위를 정하십시오. 우선순위를 정하는 것은 재수, 삼수를 방지하고 공부의 방향을 놓치지 않는 지름길입니다. 가장 공부가 시급한 과목 혹은 가장 공부하기 싫은 과목이 1순위의 후보가 될 수 있습니다. 우선순위를 짰다면 거기서 멈추지 말고, 언제까지 마치겠다는 구체적인 기한을 마련해야 합니다. '구체적인 기한'을 정하는 것은 우선순위에 생명을 불어넣는 것과도 같습니다. 기한이 있어야 선순위 공부를 빠르게 마치고, 차질 없이 후순위 공부로 넘어갈 수 있습니다.

1년 단위, 학기별, 월별, 주간, 일일계획을 구상한다: 초등학교 때 짰던 생활계획표가 계획표의 전부가 아니라는 점을 명심하십시오. 1년, 한 학기, 한 달, 한 주, 하루 계획을 가급적 모두 마련하도록 합니다. 완벽하거나 너무 디테일할 필요는 없습니다. 지나치게 구체적이면 스스로에게 상처만 주게 됩니다. 거대한 벽화를 그리는 화가의 심정으로 1년 혹은 한 학기 계획을 마련하고 그 틀 안에서 한 달, 한 주 계획을 구상하도록 합니다. 공부를 하다보면 여러 가지 변수가 잇따르기 마련입니다. 이런 상황은 하루나 한 주, 혹은 경우에 따라 한 달의 학습계획을 일그러뜨리기도 합니다. 이때 여러분은 한 걸음 물러서서 전체 구도를 보는 화가의 마음으로 1년 또는 한 학기 단위의 계획을 살펴보면서 올바른 좌표를 확인하면 됩니다.

시간 단위 학습계획보다는 단원별 학습계획으로: "2시간 동안 국어 공부를 하겠다"는 식의 계획보다 "2시간 동안 음운의 변동 파트를 끝내겠다"고 계획을 짜는 편이 낫습니다. 2시간 동안 국어 공부를 하다가 시간이 지나면 국어책을 탁 덮어버리는 것은 부자연스럽습니다. 게다가 특정 단원의 중간에서 흐름이 끊겨버려 찝찝함이 남을 수도 있습니다. 계획했던 시간을 과도하게 초과하지 않는 선에서 단원별로 학습계획을 세우고, 해당 공부를 마친 뒤 다음 일정을 소화하는 게 바람직합니다. 이러한 맥락에서 루틴과 같이 짧은 단위로 매일 반복해야 하는 공부는 주중이나 학기 중 공부에 반영하고, 분량이 많아 몰아들어야 하는 인강처럼 긴 호흡을 갖는 공부는 주말이나 방학 때 집중적으로 할 수 있도록 배치하는 것도 좋은 요령입니다.

보상과 휴식도 학습계획의 일부이다: 보상과 휴식이 반영되지 않은 학습계획은 최악이라고 할 수 있습니다. 보상과 휴식을 특정 요일, 특정 시간에 콕 박아둔 계획표 역시 다시 한번 생각해봐야 합니다. 자유롭게 쉴 수 있는 순간을 생각하며 최선을 다할 수 있는 것이 인간이기도 하지만, 휴식이 필요한 순간이 느닷없이 찾아올 수 있는 것도 인간성의 일면이기 때문입니다. 따라서 게임이 끝나기 직전의 테트리스처럼 앞뒤 좌우로 움직일 수 없게 학습계획과 생활계획을 짜기보다는 약간의 스페어 타임을 배치하는 것이 현명합니다. 보상과 휴식은 공부의 한 부분이지 공부가 베푸는 선심이 아니라는 점을 명심하십시오. 물론 놀다가 머리 좀 식힐 겸 공부하는 주객전도가 있어서는 안 되겠습니다.

자투리 시간을 철저하게 고려한다: 구소련의 과학자인 알렉산드르 알렉산드로비치 류비셰프는 철저한 시간 관리로 생전에 70권의 학술 서적을 발표하고, 총 12,500여 장에 달하는 논문과 연구자료를 남겼습니다. 그는 자신이 계발한 '시간통계 방법'을 고안해서 시간을 질서정연하게 분배하고 특히 '자투리 시간'을 효과적으로 사용하기 위해 매우 세세한 계획을 세웠다고 합니다.[19] 여러분이 공부할 수 있는 총시간(가용 총시간)을 따져볼 때에 자투리 시간까지 충분히 고려해서 반영하고, 어떻게 활용할지 진지하게 고민하십시오. 자투리 시간에는 투입해야 할 에너지는 적지만, 매일 반복하지 않을 수 없는 가벼운 루틴을 넣는 것이 좋습니다. 목차나 영단어 암기, 짧은 단위의 글 읽기나 외국어 음원 파일 청취 등이 그 예가 될 수 있습니다.

계획은 통제가 아니라 유연하게 대처하기 위한 것: 학습계획을 수립하면서 계획 속으로 자신을 우겨넣는다는 인상을 주는 경우를 종종 보곤 합니다. 우리가 학습계획을 위해 존재하는 것이 아니라, 학습계획이 우리를 좀 더 자유롭게 해주기 위해 존재하는 것입니다. 계획 자체를 유명무실하게 만들지 않는 범위에서, 상황의 변화에 유연하게 대처하는 것 또한 실력과 돌파력이라고 할 수 있습니다. 작심 3일 또한 비관적인 것만은 아닙니다. 자책하기보다는 3일마다 계획을 짜보면서 부실한 부분을 밝혀내고 보완하려고 하는 것도 자신을 이해하는 과정입니다. 계획이 생각대로 돌아가지 않을 때, 무조건 참아내고 견디겠다고 생각하기보다 스터디를 활용하거나 교재, 학원, 학습 장소와 같은 외부적인 환경을 변화시키는 것도 좋습니다.

합격생과 수험생의 차이

질문	합격생	수험생
하루에 얼마나 공부해야 하나요? 기출문제는 몇 회독 해야 하나요? 모의고사는 얼마나 풀어야 하나요?	최대한 많이 하려고 한다.	이 질문을 한다.
수험생활 기간에 흔들리지 않고 초심, 마음가짐, 열정을 유지하는 방법은 무엇인가요?	생활 패턴을 단순화한다.	다양한 방법을 시도한다.
기출문제가 가장 중요하다고 하는데 어떻게 활용하나요?	모든 선지를 외울 때까지 본다.	답을 외우면 더 이상 풀지 않는다.
특정 과목 성적이 정체된 경우에는 어떻게 해야하나요?	그 과목을 집중적 으로 공부한다.	그 과목은 공부하지 않는다.
특정과목이 암기가 너무 안 되는데 어떻게 해야 암기할 수 있을까요?	암기가 될 때까지 몇 회독이고 본다.	왜 암기가 안 되는지 고민한다.
시험을 앞두고 떨어질 것 같아 불안할 때?	불안해서 더 많이 본다.	불안해서 공부가 안 된다.
합격 수기에서 합격생의 공부방법을 봤는데 그 많은 것을 어떻게 다 보나요?	질문 자체가 이해가 안 됨!	다른 방법을 찾는다.
체력유지를 위해 운동을 해야 하나요?	• 공부를 더 많이 하기 위해 운동을 해서 체력을 기른다. • 공부를 더 많이 하기 위해 운동을 안 했다.	• 운동을 하고 힘들어서 공부를 안 한다. • 운동도 안 하고 체력이 없어서 공부를 안 한다.
공부하다 보면 너무 힘들고 우울할 때가 있는데 어떻게 해야 하나요?	울면서 공부한다.	운다.

스마트 행정학 수업자료 중(김덕관 선생님)

2. 힘주는 공부 VS 힘 빼는 공부

미국 메이저리그 LA 다저스 팀에서 류현진 선수가 활약하고 있습니다. 류현진 선수는 뛰어난 제구력과 위기관리 능력으로 세계적인 선수로 거듭나고 있는데요, 팬들에게는 성실한 모습보다 장난기 많고 엉뚱한 모습으로도 많이 각인되어 있습니다. 류현진은 선발 등판 사이에 불펜 피칭을 하지 않아, 미국에서 '류현진의 루틴'에 대해 다시 새롭게 주목하고 있습니다. (무거운 기구를 드는 웨이트 트레이닝도 하지 않고, 심지어 캐치볼도 전력으로 하지 않아서) 팀 동료들이 "류현진은 대단히 흥미로운 루틴을 가지고 있다"며 남들 다 하는 것을 안 하는데도 잘 던지는 것이 놀랍다는 반응입니다. 이에 대해 류현진 선수는 이렇게 말합니다.

> "등판 사이에 불펜 피칭을 하지 않는 것이 문제라고 생각하지 않는
> 다. 나는 회복에 더 많은 시간을 쓴다."

류현진 선수는 게으른 천재인 것일까요? 아니면 의도적으로 힘을 뺄 줄 아는 지혜로운 선수일까요?

> "류현진은 자신의 무기를 아끼는 법을 안다. 조절 능력에 동료들이
> 질투를 가질 정도이다. 또한 마운드에서 보이는 침착함에 경탄하고
> 있다. 류현진은 올 시즌 가장 효율적이고, 정확한 투수다."
> – 〈LA 타임즈〉, 2019, 05, 30.

공부의 세계에도 '힘주어 노력하는 공부'와 '힘을 적절히 빼는 공부'가 있습니다. 힘주는 공부는 우리가 흔히 정석적이고 모범적이라고 생각하는 성실한 공부를 떠올리면 좋을 것 같습니다. 반면 힘 빼는 공부는 '헉, 저래도 돼?' 싶은, 부모님이나 선생님들께서 말리실만한 변칙적인 스타일의 공부 방법입니다. 그런데 주변의 우려와 달리 힘 빼는 공부를 통해 짧은 준비 기간으로 원하는 시험에 합격한 경우가 종종 있어 수험생들을 당혹스럽게 합니다. 학생들을 가르치다 보면 "선생님, 제 친구는 저보다 공부를 열심히 하는 것 같지 않은데 훨씬 시험을 잘 봐요." 하는 말을 종종 듣곤 합니다. 구분하기 애매한 부분이 있지만 '힘주는 공부'와 '힘 빼는 공부'에 관련된 공부 방법, 그리고 사고 유형을 보면 다음과 같습니다.

힘 빼는 공부 유형을 보다 보면 어이가 없어서 웃음이 피식 새어 나오기도 하고, 어딘가 모르게 공감이 되면서 속이 후련해지는 부분도 있습니다. 여기서 우리 사회가 힘 빼는 공부 유형에 대해 그동안 과도하게 금기시하고 있었던 것은 아닌지 한번 생각해보게 됩니다. 근본적으로는 공부법 자체에 대해서 깊이 있는 고민과 논의가 부족했던 것도 사실입니다.

이렇게 되면 그로 인한 혼란은 학생들이 고스란히 떠안게 되고 사회적으로 비용이 발생하게 됩니다. 특히 합격 수기에 소개된 여러 가지 '힘 빼는 공부' 스타일은 합격 수기를 쓴 그 수험생에게만 특화된 방법일 수 있으므로 무턱대고 따라 해서는 안 됩니다.

힘주는 공부	힘 빼는 공부
• 공부에 왕도는 없다고 생각한다.	• 공부에 왕도는 없지만, 지름길은 있다고 생각한다.
• 최대한 공부하려고 한다.	• 필요한 최소한만 공부하려고 한다.
• 만점을 노린다.	• 합격에 필요한 점수만 받으려고 한다.
• 책상에서 최대한 버틴다.	• 공부가 안 되면 일어난다.
• 최대한 학교에서 깨어있으려고 한다.	• 졸릴 때는 조금 엎드려 잔다.
• 기본서와 교과서를 최대한 꼼꼼하게 본다.	• 안 나올 것 같은 부분은 과감하게 건너 뛴다.
• 필기를 체계적이고 깔끔하게 한다.	• 내가 보는 필기니까 의식의 흐름대로 자유롭게, 구어체도 사용하며!
• 책은 신성한 것, 밑줄도 자를 대고 긋는다. • 책을 구기지 않는 것이 학생의 바람직한 자세라 생각한다.	• 책은 진리의 세계로 나아가는 뗏목일 뿐, 진리의 세계에 도달했으면 배를 버려야 하는 법. (금강경에 나오는 비유이다) • 무거우면 적절히 찢고, 나누고 쪼개서 단권화도 한다.
• 교과서와 기본서를 읽고 문제집을 푼다.	• 기본 강의나 수업을 들었으므로 교과서나 기본서를 다시 읽기보다 문제집을 먼저 풀면서 그때그때 기본서 등을 참고한다.
• 욕망을 극복하고 이겨내야 한다고 생각한다.	• 자신의 욕망과 한계를 과감히 인정한다.
• 포기하지 않는다.	• 포기하는 것도 용기라고 생각한다.
• 할 수 있다고 생각한다.	• 할 수 없는 부분이 있다면 포기하고 잘할 수 있는 부분을 찾는다. (어떻게 다 할 수 있겠는가)
• 내 사전에 실패란 없다. • 성공의 장면을 상상하고 이미지화한다.	• 시험이나 대학 입시에서 떨어진 경우를 가끔 떠올려 본다. (경각심 때문에 책상에 돌아오게 된다.)

'힘 빼는 공부'에 대한 입장 차이로 '꼼수 공부법'[20], '나쁜 공부'[21]와 같은 공부법의 다양한 변주가 생기게 됩니다. 이 장에서는 힘 빼는 공부와 관련된 몇 가지 쟁점들을 추려 정리하면서 원칙적으로 바람직한 방법은 무엇인지, '힘 빼는 공부'에서 참고하여 활용할 부분이 있는지 살펴보도록 하겠습니다. 잘 읽어보시고 여러분 것으로 만드십시오!

이해냐 암기냐: 이해냐 암기냐 만큼 공부 방법에 있어서 해묵은 논쟁도 없을 것입니다. 이해 없이 암기만 하는 것은 무식하고 단순하며 불가능해 보입니다. 한편 공부의 대상을 하나하나 이해해야 한다고 하는 것은 시간이 오래 걸릴 뿐만 아니라, 단기간에 끝마쳐야 할 수험에는 맞지 않는 방법처럼 보이기도 합니다.

지식은 레고블록과 유사합니다. 기본개념에 대한 암기 없이 추상화된 상위 개념을 이해하기는 어렵다고 할 수 있습니다. '방사성 동위원소'라는 단어를 예로 들어 보겠습니다. 방사성 동위원소에 대해 사전에서는 보통 '어떤 원소의 동위원소 중에서 방사능을 지니고 있는 원소'를 뜻한다고 규정하고 있습니다. 이 하나의 개념을 이해하기 위해서는 결국 '원소, 동위원소, 방사능'에 대한 개념을 모두 알고 있어야 합니다. 동위원소는 다시 '원자번호는 같지만 질량수가 다른 원소'라고 정의되어 있으므로, '방사성 동위원소'라는 개념을 '이해하기' 위해서는 '원자번호와 질량수'에 대한 개념까지 정확히 '암기하고' 있어야 합니다. 즉, 암기 없는 이해라는 것은 불가능합니다.

반면 이해라는 것은 '여러 개념을 결합시키는 이유가 일반적인 논리 법칙과 상식에 어긋나지 않아서 우리가 그것을 지식으로 자연스럽게 받아들일 수 있는 상태 혹은 과정'이라고 할 수 있습니다. 우리가 방사성 동위원소라는 개념을 외울 수 있었다는 것은 하위 개념인 '원소, 동위원소, 방사능, 원자번호와 질량수'에 대한 개념이 상충되지 않고 자연스럽게 결합되었다는 것을 의미합니다. 이러한 이해가 없다면 '방사성 동위원소'라는 용어를 암기했다기보다 머릿속에 우겨 넣은 것에 불과하다고 할 수 있을 것입니다. 다시 말해 이해 없는 암기 역시 불가능합니다.

따라서 이해가 먼저냐 암기가 먼저냐 혹은 이해를 요하는 과목은 자신 있는데 암기 과목은 자신이 없다는 식의 이분법이 큰 의미가 있는지는 의문입니다. 가령 수학 같은 경우 응용과 이해를 기반으로 하지만 수학만큼 기본개념과 공식을 외워야 하는 과목도 없습니다. 핵심적인 개념에 해당하거나 공부하는 데 충분한 시간적 여유가 있는 상황이라면 이해하고 검증하는 과정을 거치는 것이 좋겠습니다. 가령 근의 공식의 도출과정을 증명해보고 이해하는 것은 도움이 될 수 있습니다. 그러나 시간이 촉박하고, 이해하는 데 많은 시간을 필요로 한다면 이해하기를 미루고 과감하게 그냥 외우는 것도 수험에 있어서는 어쩔 수 없는 전략입니다. 특히 공무원 시험이나 여러 국가고시의 경우 외워야 할 범위가 방대하다 보니 시험 직전까지 이해도, 암기도 충분히 이루어지지 못해 공부한 내용을 눈에 '바르고' 들어가는 경우가 있습니다. 자음 초성이나 글자 수의 느낌만 대략 간직하고 시험을 보는 것입니다. 학습 성향을 암기형이냐 이해형이냐 형식적으로 구분하면서 소모적인 논쟁을 하는 것보다는 상황에 맞게 유연하게 대처하는 것이 옳다고 생각합니다.

아침형이냐 올빼미형이냐: 일찍 자고 일찍 일어나서 공부하는 것이 좋을까요, 아니면 새벽 1~2시까지 잠을 아껴가며 공부하는 것이 좋을까요? 이것 역시 기본적으로 스타일의 문제라고 할 수 있습니다. 밤 12시가 지나면 집중하기 어려워서 무조건 잠드는 사람이 있는가 하면 새벽 늦게 공부하는 게 몸에 맞는 사람이 있습니다. 결론부터 말씀드리면 특정 시간대에 고도로 집중력을 발휘할 수 있다면 자유롭게 그 시간대를 택해서 공부하면 됩니다.

사법시험, 행정고시, 외무고시를 모두 합격한 고승덕 변호사의 경우 국가고시를 준비할 때, 밤 새워 공부하고 아침이 밝아오기 직전 잠자리에 들었다는 전설적인 일화가 있습니다.[22] 그러나 이 방법 역시 몸에 맞지 않으면 아무나 따라 하기 힘든 방법입니다. 성공한 합격 수기를 보고 이것저것 따라 해보는 것은 좋습니다. 그러나 몸에 맞지 않는 방식을 억지로 따라 해서는 안 되겠습니다. 자연스럽게 하되, 학교생활과 대부분의 시험이 오전 시간에 시작되므로 어느 정도 몸의 바이오리듬을 오전에 맞추는 편이 좋습니다.

자신이 올빼미형이라면 주말이나 수험 초기에는 늦게까지 공부하고 충분히 휴식이 될 수 있도록 늦게 일어나도 괜찮습니다. 그러나 이 경우 낮 시간에 생활하는 사람들과 생활패턴이 달라 식사나 강의, 스터디 시간을 맞추는 데에 어려움이 있을 수 있습니다. 따라서 올빼미형으로 생활 전반이 무질서해지지 않도록 각별히 신경 써야 합니다. 나아가 오전에 시작되는 시험에 적응할 수 있도록 적어도 3개월 이전에는 오전 시간에 깨어있을 수 있게 조절하는 것이 바람직합니다. 습관을 바꾸고 적응하는 과정이 쉽지 않다는 점에서 올빼미형 방식이 부담스러운 면이 있는 것도 사실입니다. 자신이 가장 집중할 수 있는 시간과 집중력이 현저히 떨어지는 시간을 먼저 파악하는 것이 핵심이라 하겠습니다. 다만, 낮 시간을 제대로 활용하지 못해 야간에 공부할 수밖에 없는 경우라면 아침형이냐, 올빼미형이냐의 문제가 아니라 시간 관리 능력을 조금 더 고민해 봐야 할 것입니다.

기본서를 먼저 읽을 것이냐 문제를 먼저 풀어볼 것이냐: 원칙적으로 기본서를 익힌 후에 혹은 기본서를 보면서 동시에 단원별 기출문제나 문제풀이 위주의 공부를 하는 것이 바람직합니다. 그러나 기본서를 볼 시간이 충분하지 않은 경우에는 기본서를 버리고 기출문제집을 보면서 혹은 기출문제집을 기본서보다 우위에 두고 공부하는 경우가 있습니다. 단순 암기를 요하는 시험의 경우에는 기출문제만 훑어봐도 빈출 유형과 출제의 범위를 알 수 있기에 간편하면서도 공부를 많이 했다는 느낌을 줄 수 있습니다. 하지만 급박한 상황이 아니라면 기출문제집 위주로 공부하는 것은 바람직하지 않습니다. 왜냐하면 이 책을 읽고 있는 여러분들이 준비하는 시험은 대부분 단순 암기에 더하여 변별력을 높이기 위해 전체 체계에 대한 이해를 요구합니다. 따라서 문제가 어디서 어떤 형태로 나올지 예측하는 것이 쉽지 않으며, 그러한 변형은 기본서에서 다룬 다양한 내용을 변환하는 것이기에 기본서 위주로 공부하는 것이 안전합니다. 기출문제만 풀면서 그에 관련된 내용만 이론 정리하게 되면 개념이 연결되는 여러 지점을 놓치게 되고 예측하지 못한 문제나 논점(속칭 '불의타')에는 속수무책으로 당할 수밖에 없습니다. 따라서 이 부분은 시험의 성격과 난이도, 출제자의 경향, 그리고 시험까지 남아 있는 기간을 고려하여 신중하게 판단해야 합니다.

충분히 고민할 것이냐 정답을 보며 익힐 것이냐: 시험장에서 정답을 찾는 것은 우거진 정글에서 목적지를 찾아가는 과정과 같습니다. 여러분들이 정글에 가야 하는 상황이라면 여러 단서들을 조합하여 길을 찾아보기도 하고, 길을 만들어 내는 연습도 해야 합니다. 길을 찾고 만들면서 지치지 않도록 지구력도 길러야 합니다. 사전에 충분한 훈련이 없다면 위험한 정글에서 길을 잃기 십상일 것입니다. 마찬가지로 답지를 보기 전에 충분히 고민해보는 연습 없이 시험을 치르게 되면, 정답에 이르는 길을 찾거나 만들지 못해 복잡한 개념과 뉘앙스의 세계에서 혼란에 빠질 수 있습니다.

따라서 원칙적으로 정답지를 가급적 멀리하고 충분히 고민할 것을 권합니다. 과목별로 다르지만 수학 문제의 경우 안 풀리는 문제를 20분 정도는 고민해 보는 것이 좋습니다. 이 경우 단서를 찾지 못했다 하더라도 바로 답지를 참고하기보다 일단 덮어두고 의식 표면으로 단서가 떠오를 때까지 고민해보는 것도 좋습니다. 어떤 학생은 잠의 세계에 빠져들기 직전까지, 심지어 잠의 세계에서도 그 문제를 고민하기도 합니다. 잠들기 전에 의문점이나 안 풀리는 문제를 잠깐 상기하고 문제해결에 도움이 되는 정보를 유연하게 받아들이겠다고 다짐하는 것이 잠에서 깨어났을 때 문제해결에 실마리를 줄 수도 있습니다. 잠자는 동안 우리의 뇌가 여러 가지 정보를 종합하고 처리하면서 이해를 촉진시키기 때문입니다.

그러나 시험 문제가 복잡한 사고를 요구하지 않는 단답형 위주의 유형이라면 문제마다 정답이 떠오를 때까지 기다리고 고민하는 것은 비효율적일 수 있습니다. 이 경우 문제를 일단 풀어보고 막히면 답지를 바로 확인하면서 외우거나, 기본서를 펼쳐 정답을 찾아보고 해당 부분에 체크하는 방식이 유용할 것입니다. 선생님이나 학부모님 중에서 정답을 먼저 찾아보는 방식에 대해 기겁을 하시는 경우가 종종 있습니다. 하지만 수험 목적의 공부라면 시험의 유형과 난이도, 시험까지 남아있는 시간적 여유를 고려하여 방법을 유연하게 취사선택하는 판단력 또한 실력의 일부가 된다고 생각합니다.

한 과목을 오래 볼 것이냐 여러 과목을 돌릴 것이냐: 이 문제 또한 스타일의 문제라고 생각합니다. 합격 수기나 공부 방법을 다룬 책들에서 절대적인 명제처럼 선언하고 있는 방법론을 너무 고심하지 말고 자기에게 맞는 방법을 유연하게 찾아 가십시오. 국어가 발목을 잡고 있고, 당장 정리가 안 되어 시급한 과목이라면 하루 종일 국어만 공부하는 것도 진도를 확실하게 나갈 수 있다는 점에서는 유리합니다. 이때 꼭 다른 과목으로 전환할 필요는 없습니다. 국어 다음에는 수학이나 물리처럼 수리적인 느낌을 주는 과목을 공부하라는 견해가 있는데 항상 타당하지는 않다고 생각합니다. 이러한 입장은 뇌가 새로운 정보를 신호한다는 것을 전제로 하고 있습니다. 국어는 인문적인 공부이므로 수리적인 접근으로 뇌의 흥미를 일깨워야 한다는 것입니다. 그런데 국어 다음에 사회를 공부한다고 해도, 얼마든지 수리적인 내용이 있을 수 있습니다. 그리고 어떤 학생들은 과목을 자주 바꾸는 것이 몰입을 방해한다고 말하기도 합니다. 따라서 특정 과목의 공부가 잘되면 그날은 같은 공부를 계속하고, 금방 싫증나고 질리는 날이 있으면, 적당히 변화를 주면서 다른 느낌을 주는 과목을 공부하는 것도 좋겠습니다.

한 장소에서 공부할 것이냐 다양한 장소에서 공부할 것이냐: 일정한 장소에서 공부하는 것은 효율과 안정의 측면에서 긍정적입니다. 그러나 변화가 없는 단조로운 환경은 지루함과 나태한 분위기로 이어질 수 있습니다. 한 장소를 고집하여 책상에 앉고 싶은 마음이 들지 않아 공부 자체를 떠나게 만드는 것보다 약간의 변화를 주어 한 글자라도 더 보게 하는 쪽이 차라리 나은 선택입니다.

상황과 컨디션에 따라 선택할 수 있는 학습 장소를 미리 몇 군데 골라두도록 합시다. 집중이 잘되고 몰입해서 많은 분량을 학습하기에 좋은 장소가 주된 학습 공간이 될 것입니다. 다소 시끄럽고 소란스러울지라도 '나를 일단 책상에 앉게 하고 공부할 수 있게 하는' 곳과 싫증나거나 슬럼프가 왔을 때 의욕을 생기게 할 수 있는 곳 정도는 늘 염두에 두어야 합니다. 스터디카페나 개방형 테이블의 도서관에서 공부를 할 때 주변 사람을 의식하게 되어 어쨌든 공부하게 된다는 학생도 있었습니다. 실제 시험 역시 어디서 보게 될지 모르므로, 고요한 장소만 고집하는 것은 적응력을 떨어뜨릴 수도 있습니다. 사실 "언제 어디서든 공부할 수 있는 상태와 마음가짐"이 가장 바람직하긴 합니다.

음악, 들을 것이냐 말 것이냐: 역시 과목과 컨디션에 따라 다른 문제입니다. 원칙적으론 고요 속에서 최고도로 집중력을 발휘하며 한 글자도 놓치지 않겠다는 마음으로 공부하는 것이 이상적입니다. 그러나 이렇게 할 수 있는 사람은 이미 공부에 도가 튼, 공부에 자신을 헌신하고 공부에 충분히 몰입한 사람들입니다. 대부분의 사람들은 이렇게 공부하기 쉽지 않습니다(저 또한 마찬가지입니다). 단순 계산형 문제나 머리보다 손이 풀고 암기해야 하는 경우에는 다소 집중력을 느슨하게 해도 좋겠습니다. 이럴 때 음악을 들으면서 기분 전환을 하고 책상에 앉아 있을 수 있다면 차라리 듣는 편이 낫습니다. 음악을 들을 후 마음이 조금 여유를 찾고 촉촉해졌다면 그때 이어폰을 빼고 다시 공부에 집중하십시오. 음악 없는 수험생활은 정말 갑갑하고 끔찍합니다. 반면 복잡한 사고가 필요한 공부를 할 때 음악은 분명 방해가 될 수 있습니다. 이럴 때에는 일단 음악을 끄고 공부에 몰입한 뒤, 휴식을 취할 때 음악을 들으며 기분을 전환하도록 합시다.

계획적인 공부냐 무계획적인 공부냐: 수험은 결국 시간과의 싸움입니다. 하루에 얼마만큼의 분량을 공부할 것이냐의 문제에서부터 문제당 몇 분의 시간을 두고 풀 것이냐에 이르기까지 모두 계획이라고 할 수 있습니다. 학습계획을 페이지 단위로 꼼꼼하게 세우는 학생이 있는가 하면 전체적인 큰 덩어리만 세워두고 그때그때 탄력적으로 조정해가는 학생이 있습니다. 꼼꼼하게 세우게 되면 매일 매일 해야 할 분량이 가시적으로 보여서 좋습니다. 다만, 계획에 차질이 생기면 그것을 다시 반영하여 새롭게 계획을 짜야 하므로 번거롭습니다. 반면 전체적인 큰 덩어리나 우선순위만 생각하고 공부하는 경우 계획을 탄력 있게 조절할 수 있다는 것이 장점입니다. 그러나 상세하게 학습 분량을 정해 공부하는 사람들의 학습 속도에 비해 다소 더디고 계획과 실천 사이에 오차가 빈번히 발생할 수 있다는 문제가 있습니다. 원칙적으로 꼼꼼하게 가급적 하루, 일주일 혹은 한 달 동안 학습할 단원이나 페이지 등으로 계획하되 전체적인 틀 안에서 끊임없이 수정해가는 과정이 계획의 본질이라는 점을 명심하십시오.

오답 노트를 만들 것이냐 말 것이냐: 오답 노트를 만드는 학생도 있고 그렇지 않은 학생도 있습니다. 오답 노트를 만들지 않더라도 내가 공부한 내용과 이해가 부족한 부분이 정확히 기본서와 프린트, 문제집 어디에 위치해 있는지 아는 학생이라면 오답 노트를 만들지 않아도 됩니다. 그러나 그렇지 않은 경우라면 오답 노트는 가급적 만드는 것이 좋습니다. 여러분들이 맞힌 내용은 이미 잘 알고 있는 부분으로서 시간이 지나 같은 문제를 다시 풀어도 틀릴 가능성이 낮습니다. 그러나 틀린 문제는 또 틀리게 됩니다. 특히 단순 암기형이 아닌 심화형 문제가 그렇습니다. 왜냐하면 심화형 문제들은 생각하는 과정을 필요로 하는데, 이러한 사고의 구조, 생각의 길을 바꾸는 것이 쉽지 않기 때문입니다. 생각의 길을 교정하고 바로잡아 새 길을 내어주는 것이 오답 노트의 기능이라고 할 수 있습니다. 틀린 문제 유형과 틀린 이유를 체계적으로 분류하는 것이 상당히 어렵기 때문에 오답 노트를 만드는 데에 정성이 많이 들어가야 합니다. 오답 노트를 만드는 것 자체가 공부라 해도 과언이 아닙니다. 그러나 오답 노트를 작성하는 데에 지나치게 시간을 낭비해서는 '절대' 안 됩니다. 오답 노트의 양식에 대해서는 제5장 '오답 노트 작성법' 편을 참고하기 바랍니다.

정리 노트를 만들 것이냐 기본서의 여백에 필기할 것이냐: 별도의 정리 노트(서브 노트)를 만들 것이냐, 아니면 기본서의 여백에 필기할 것(marginalia · 마지널리아: 교재의 여백에 메모하거나 주요문장, 핵심단어, 정의, 표 등에 형광펜으로 강조 표시를 하는 필기방법—올라브 슈에베의 『북유럽 공부법』, 2016)이냐에 대해서도 견해가 나뉩니다. 정리노트를 만들게 되면 자기만의 스타일로 수험에 필요한 정보들을 한데 모을 수 있다는 장점이 있습니다. 그러나 정리 노트는 교재를 읽고, 다시 압축 및 요약하는 과정에서 시간이 오래 걸린다는 단점이 있습니다. 반면 교재 여백에 필기하는(마지널리아) 경우 시간을 줄일수 있다는 장점이 있지만 가독성이 떨어지고, 교과서에 서술된 문장속에서 키워드를 뽑아내고 정리해야 한다는 단점이 있습니다. 대부분의 학생은 두 방법을 절충하여 사용하고 있습니다. 과목이나 단원에 따라 부분적으로 정리 노트를 만들거나 포스트잇에 정리하여 교과서나 단권화 교재에 붙여놓는 것도 좋은 아이디어입니다.

책상에 앉아 있는 최소 시간을 정해놓을 것이냐 유연하게 공부할 것이냐: 자리를 지키는 최소 시간은 정해두되, 지나치게 연연할 필요는 없습니다. 3분마다 이러저러한 이유로 자리를 떴다 앉았다 하는 것도 문제이지만 공부가 잘된다고 3~4시간씩 자리를 뜨지 않고 공부하는 것도 그렇게 바람직하지는 않습니다. 하루 공부에 쓸 에너지가 방전될 수도 있기 때문입니다.

마라톤 선수가 코스에 맞춰 체력 안배를 하는 것처럼 집중력도 적절하게 안배하는 지혜가 필요합니다. 억지로 참고 공부를 하는 것은 더더욱 바람직하지 않습니다. 안 될 때는 일어나서 걷거나 가볍게 운동을 하고 음악을 몇 곡 들으면서 기분을 전환하는 것도 좋습니다. 일반적으로 사람은 갇혀있는 공간과 구속을 유쾌하게 생각하지 않습니다. 답답하고 집중이 되지 않으면 내 몸의 느낌을 존중하고 부드럽게 맞춰줄 수 있는 지혜와 유연성이 필요합니다. 어떤 것이든 지나친 것은 좋지 않습니다.

"힘주는 데 10년, 힘 빼는 데 10년"

지금까지 힘주는 공부와 힘 빼는 공부에 대해 살펴보았습니다. 힘주는 공부만 하게 되면 맞지 않는 방법을 고수하거나 페이스 조절에 실패하여 에너지가 고갈될 수 있습니다. 반면 공부의 탄탄한 기본기 없이 힘 빼는 공부만 하게 되면, 수험생활의 장기화로 이어질 수도 있습니다. 따라서 힘을 빼는 목적이 불필요한 힘을 유용한 방향으로 전환하는 데에 있다는 점을 명심하면서 힘을 줘야할 때 주고, 빼야 할 때 빼는 지혜가 필요합니다.

탄탄한 기본기를 쌓는 것을 원칙으로 하되 힘 빼는 공부의 지혜를 융통성 있게 참고하십시오. 이러한 맥락에서 의도적으로 힘을 빼는 것은 요령이 아니라 진정성 있는 노력의 일종이라 할 수 있겠습니다. 류현진 선수가 "자신의 루틴을 한 번도 깨지 않고 철저하게 지키는" 기본기에 충실한 선수라는 것 또한 잊어서는 안 됩니다.[23]

PART **THREE**
압축의 기술

책 읽는 방법을 여쭙습니다. 책을 통째로 외워야 하나요? "그 많은 책을 어찌 다 외우겠는가? 예전 책이 몇 권 안 되고 귀할 때야 외우는 것 외에 방법이 없었지만, 지금은 그럴 수가 없고 그럴 필요도 없다네. 하지만 '사서삼경'의 기본 경전만큼은 꼼꼼히 읽어 완전히 자기 것으로 소화하지 않으면 안 될 걸세. 그저 읽어서는 안 되고, 따져보고 견줘보고 찾아보며 읽어야 하네. 그때그때 떠오른 생각을 메모하여 정리해가며 읽어야 하네. 그저 소리 높여 읽기만 하고, 읽은 횟수나 따지는 것은 아무 소용이 없지. 그건 안 읽은 것과 한가지일세. 통째 외울 생각도 말고, 여러번 읽어 늘릴 생각도 말고, 제대로 읽고 똑바로 읽고 나름대로 읽어야 하네." — 다산 정약용, 「공부의 과정과 절차: 정수칠에게 준 공부법과 독서법」 중에서

방학동 은행나무: 서울의 첫번째 보호수. 830년을 살아 온 방학동 은행나무에는 오래된 은행나무에서만 볼 수 있는 '유주'라는 것이 혹처럼 거꾸로 매달려 있다. 유주란 나뭇가지에 돋아난 일종의 뿌리로, 흙 속에 묻힌 뿌리의 호흡만으로는 모자란 숨을 보충하기 위해 허공에 드러난다고 한다. 지상 1.5m에서 4개의 큰 가지로 갈라졌으며 다시 중상층부에서 여러 개의 가지로 갈라져 웅장한 수형을 이루고 있다. (지정 번호: 보호수 서10-1, 소재지: 도봉구 방학로 17길) Illustration: 이장희 (『서울의 시간을 그리다』 저자), 2019.

필기의 기술

공부를 위한 기초 쌓기

필기는 수업 내용을 자기화自己化하는 시작점으로서 중요한 의미가 있습니다. 필기한 내용이 교재text의 일부가 되고, 그 교재를 공부함으로써 시험의 당락이 좌우되기 때문입니다. 그런데 간혹 필기법에 대해 별다른 고민이 없거나, 필기를 으레 당연히 잘할 수 있는 것으로 생각하는 경우가 많습니다. 수험생마다 다양한 필기 방법이 있으며, 필기법은 그저 자유롭게 각자의 스타일을 만들어가면 될 뿐이라는 말은 한편으로 정립된 필기 방법론이 딱히 없다는 점을 보여주기도 합니다.

필기구를 적절하게 사용할 줄 알아야 한다는 것은 두 가지 측면을 내포하고 있습니다. 첫째는 필기구 자체의 종류와 그에 맞는 정확한 용도를 알아야 한다는 점입니다. 예를 들어, 수정테이프는 테이프형과 액체형이 있는데, 테이프형은 넓은 범위를 신속하게 수정할 때 사용하고 액체형은 좁은 영역을 미세하게 수정할 때 사용한다는 점을 알아야 합니다. 둘째는 필기구를 이용해 수업 내용을 교재에 적고, 정보를 분류하고 강약을 표시할 때 일정한 질서와 원칙을 가지고 적어야 한다는 점입니다. 색상에 각기 의미를 부여하여 교재 내용에 구분해서 표시하는 것이 이에 해당한다고 할 수 있습니다. 이 두 가지 측면이 잘 훈련되어 있어야 합니다. 이는 마치 노련한 등반가가 각각의 장비들을 잘 관리하고 다룰 줄 알면서, 동시에 등반의 어느 시점에 그 장비들을 사용해야 하는지 아는 것과 같다고 할 수 있습니다.

등반가가 도구를 어떻게 정리하고 다루는가:
윤재학 코오롱등산학교장 제공

여러분, 필기를 그저 받아적고 옮기는 일로 여기지 마시고 내가 공부할 자료를 만들어가는 능동적인 과정이라는 점을 명심하십시오. 필기를 할 때, 중요한 내용이 누락되지 않도록 주의하면서 다양한 펜을 질서 있게 사용하여 정보를 분류하는 것은 선생님의 설명과 내 의식이 끊임없이 상호작용하면서 이루어지는 굉장히 역동적인 작업입니다. 필기의 기술과 관련된 두 측면이 충분히 연습되어 있지 않으면, 교재와 노트, 프린트와 같은 '공부의 소스'에 정보가 질서 정연하게 체계화되기 어렵다고 할 수 있습니다.

1. 필기구를 적절히 사용해야 하는 이유

교재의 가독성이 높아진다: 필기구를 적절하게 사용하여 넘버링(번호 붙이기), 밑줄긋기(언더라인)를 하면 교재의 가독성(읽기에 쉽고 편한 정도)을 높여 효율적으로 읽어나갈 수 있게 됩니다. 또한 교재에 적절한 기호를 사용하여 마킹을 하게 되면 학습할 내용에 생동감 있게 강약을 주어 보다 효과적으로 복습하고 암기할 수 있습니다. 특히 문장식으로 서술된 교재는 구성이 좋고 나쁨을 떠나 불필요한 요소들이 많이 있습니다. 이러한 부분을 과감하게 소거하는 것이 또 하나의 목적이라 하겠습니다.

회독수를 높이기 위한 지름길이다: 하나의 교재나 기본서를 여러 번 반복해서 읽으려면 많은 시간을 할애해야 합니다. 성실성과 함께 효과적인 공부법을 체득하지 못했다면 결코 해낼 수 없습니다. 따라서 중요 부분에 필기구를 사용하여 적절히 강약을 주어야 회독수를 높일 수 있습니다. 앞으로 다룰 '비문학 연습'과 함께 필기구 사용법 및 필기 방법을 올바르게 숙지하는 것이야말로 공부의 기초이자 핵심이라고 할 수 있겠습니다.

2. 기본적인 필기 방법 세 가지

넘버링(numbering) : 넘버링(번호 붙이기)이란 교재를 읽어나가며 단락과 키워드별로 번호를 매기는 것입니다. 넘버링을 하지 않을 경우에는 전체 구성이 몇 파트로 구성되는지 망각하기 쉬울 뿐만 아니라, 서술형 문제에서 중요 키워드를 누락함으로써 감점이 될 수도 있습니다. 따라서 넘버링을 중요하게 생각하기 바랍니다. 넘버링 기호 간에는 다음 단계를 가급적 준수하는 것이 좋겠습니다.

1 ⇨ (1) ⇨ ① ⇨ 1. ⇨ a

(이 순서는 예시일 뿐이며 각자의 편의에 맞게 사용하면 됩니다)

밑줄긋기(underline) : 언더라인은 교재의 주요 내용에 밑줄을 긋는 것을 말합니다. 중요한 부분을 특별히 드러내 보일 때에도 가급적 규칙을 준수하면서 아래 분류표를 참고하도록 합니다. 언더라인의 관건은 무엇보다도 지나친 밑줄긋기를 자제하면서, 핵심 정보에 밑줄을 그어 나가는 것이라고 할 수 있습니다. 결국 공부란 압축된 내용을 암기하는 과정이기 때문에, 지나치게 많은 내용에 또는 엉뚱한 내용에 밑줄을 긋게 되면 암기하는 것이 불가능하거나 시험에 불필요한 내용을 암기하게 되는 꼴이 될 수 있습니다. 핵심 정보를 요약하고 압축하는 것은 곧 공부의 시작입니다. 중요한 부분인지 판단하는 연습과 밑줄 긋는 규칙을 익히는 것은 비문학 지문을 통해서 숙달될 때까지 반복 훈련해야 합니다. 지나친 밑줄긋기를 하지 않기 위해 가급적 교재를 2회독 이상 한 후 시작하는 것도 좋은 방법입니다.

밑줄을 '가급적' 자제해야 하는 경우
① 상식적으로 너와 내가 모두 아는 내용
② 조사(을, 를, 이, 가 등)와 서술어(한다, 이다, 되다 등)
③ 앞문장이 반복되는 경우나 키워드가 반복되는 경우
④ 상투적인 표현(클리셰)

마킹(marking) : 마킹은 교재를 읽어나가면서 기호들을 적절하게 사용하는 것으로서 시간을 절약할 수 있게 해줍니다. 수업 도중, 또는 학습 도중에 필요한 사항이나 반복적으로 기재하는 문구를 되풀이해서 적으면 시간이 많이 낭비될 수 있습니다. 이러한 부분을 기호화해서 적절히 사용하면 시간과 힘을 아낄 수 있습니다. 또한 누락되는 부분이나 교재 내용 상호 간의 관계를 보다 효과적으로 표현할 수 있습니다.

3. 필기의 원칙

어떻게 해야 할까 : 필기는 자기 자신이 보는 것이므로 암호나 구어체를 사용해도 상관없으며, 맹목적으로 다른 친구의 필기 방식이나 선생님의 말투(화법), 정리 내용을 따라갈 필요도 없습니다. 필기하고 있는 교재를(수행평가 등을 이유로) 선생님께 제출하지 않아도 된다는 전제에서, 교재에 "이해 안 감. 다시 봐야 할 듯. 대충 이해됨." 등과 같은 표현을 적어넣어도 괜찮습니다.

국어나 영어, 탐구영역뿐만 아니라 수학을 공부할 때도, 수식과 수식이 이어지는 부분에서 흐름이 자연스럽도록 구어체를 사용해 연결해도 좋습니다. 자신만의 스타일을 만드는 것이 중요합니다. 필기를 손으로만 할 필요는 없고 노트북이나 각종 멀티미디어 기구를 활용하는 것도 좋은 방법이 될 수 있습니다. 필기를 할 때 불필요한 조사와 어미를 생략하는 등 가급적 간결하게 하십시오. 가령 화학 선생님께서 다음과 같이 칠판에 판서를 하셨다고 가정해 봅시다.

반응을 빠르게 할 수 있는 방법
- 정촉매 사용
- 촉매: 반응에서 소모되지 않으면서, 반응의 에너지 장벽인 활성화 에너지를 낮추어주거나 높여서 반응의 속도를 조절하는 물질

정촉매: 소모 X but 활성화 E ↑ or ↓ ⇒ 반·속 ↑

필기는 이렇게!

나아가 내용에 따라 펜의 종류와 색상을 '가급적' 지정하여 사용하는 것이 좋습니다. 펜의 종류와 각종 기호들을 규칙에 맞게 사용하는 것은 단권화 과정에서 매우 중요합니다. 그러나 많은 학생들이 이 점을 놓치고 무분별하게 펜을 사용합니다. 학교에서 이러한 부분을 가르쳐주는 경우도 거의 없습니다. 단권화와 회독수를 높이기 위해서는 펜을 용도와 의미에 따라 사용해야 한다는 점을 기억하십시오.

얼마만큼 적어야 할까 : 여기에는 '선생님의 농담까지 적어라 vs 내용에 대한 이해 없이 필기의 양과 형식에 집착할 필요 없다'는 주장이 양립하고 있습니다. 공부를 잘하는 친구들이 선생님 농담까지 적더라는 얘기가 어딜 가든 전설처럼 전해져 내려오기도 합니다. 물론 선생님의 농담 속에 핵심 정보가 담겨져 있기도 하고, 때론 공부의 맥락을 떠올리는 데에 농담이 도움이 될 수도 있습니다. 이런 차원에서 농담까지 적으라는 말을 이해하고 융통성 있게 필기하는 것이 좋겠습니다.

가끔 필기를 아무 생각 없이, 아무 판단 없이 그저 선생님이 불러주시는대로 또는 칠판에 적힌 그대로 옮기는 친구들이 있습니다. 물론 아무 것도 적지 않는 것보다는 분명 낫습니다. 하지만 이렇게 필기를 할 경우 왜 그런 내용이 들어갔는지 떠올리기 쉽지 않습니다. 정확성도 떨어집니다. 이런 학생들은 정작 필기를 활용하지 못하면서 필기에 집착하는 경우가 많습니다. 차라리 수업 내용을 따라가는 것이 어렵다면, 그래서 필기의 맥락을 따라잡기가 어렵다면 필기의 양은 조금 줄이고, 수업 내용이나 교재의 흐름에 집중하면서 친구의 필기를 복사하거나 핸드폰을 사용해(폰을 반납하지 않았다면) 칠판의 필기 내용을 촬영하는 방법이 나을 수도 있습니다. 때론 다시 보지 않을 것 같은 내용은 과감히 필기를 생략하는 용기 있는 결단도 필요합니다. 그럴 바에야 수업에 집중하면서 선생님 말씀을 조금이라도 더 듣는 게 좋습니다.

필기의 중요성은 절대 간과하지 말자 : 필기한 내용은 시험문제와 직결됩니다. 따라서 필기를 제대로 하지 못한 경우에는 친구의 필기를 복사하는 등의 방법으로 필기 자료를 확보할 수 있어야 합니다. (물론 친구의 동의가 필요합니다.) 한 학년에 여러 반이 있는 경우나 분반 수업의 경우에 하나의 과목을 여러 선생님께서 가르치시기도 합니다. 이때 몇몇 최상위권 학생들은 다른 반 선생님이 필기해주신 내용을 구해 정리하는 열정을 보여주기도 합니다. 필기를 따라갈 수 없을 때는 엠피쓰리나 핸드폰으로 수업 내용을 녹음하여 추후에 보완하는 방법을 쓸 수도 있습니다. 선생님의 허락이나 동의를 받아야 하는 것은 물론입니다. 다만 이 경우 많은 학생들이 정작 수업에는 집중하지 못하는 경우가 있습니다. 이렇게 되면 배보다 배꼽이 더 커지는 꼴입니다. 오히려 시간 손실이 엄청 발생하게 됩니다. 따라서 필기를 놓친 부분을 녹음기를 활용하여 녹음하였다면, 듣지못한 부분을 체크하여 그 부분만 짧게 참고할 수 있도록 조정하도록 합시다.

4. 어디에 넘버링과 밑줄긋기, 마킹을 하는가

출제 포인트(개념, 원칙과 예외, 비교) : 어떤 공부가 되었건 개념을 정확히 파악하고, 개념을 구성하는 핵심적인 표지들을 찾아내는 것은 매우 중요합니다. 일상에서 일어나는 많은 다툼들이 사실은 개념을 서로 달리 파악했기 때문에 일어나는 경우도 많습니다. 마찬가지로 개념을 잘못 파악하면 공부를 하다가 엉뚱하고 끔찍한 결론에 도달할 수 있습니다. 어려운 문제는 처음 보는 개념을 묻기보다 여러 개념을 결합시키는 경우가 많습니다. 수학영역에서 4점짜리 문제가 대표적으로 그렇다고 할 수 있습니다. 따라서 평소에 개념 중심으로 학습하면서 개념을 활용한 쉬운 문제는 모두 맞히겠다는 각오로 공부하는 것이 좋습니다.

"개념을 대략적으로 알고 자만하는 것은
언제나 끔찍한 불행을 초래한다." —괴테

출제 포인트와 문제 유형: 개념 혹은 개념 요소를 설명하고 그에 해당하지 않는 선지를 골라내야 하는 '개념 제시형', 원칙과 예외에서 예외에 해당하는 내용을 묻는 '원칙과 예외형', 비교 대상의 내용을 뒤섞어 묻는 '비교형' 등이 가장 기본적인 형태라고 할 수 있습니다. 그리고 이 큰 줄기에서 시작하여 원인과 결과형, 조건·분류 기준형, 사건의 순서형, 사실관계 파악형 등 다양한 형태로의 변형이 이루어지게 됩니다.

1. 개념 제시형	ex) 연필이란 〈나무로 흑연을 둘러싼 필기구〉이다. → 다음 중 연필이 아닌 것은? ⑦ 플라스틱으로 흑연을 둘러싼 필기구
2. 원칙과 예외형	ex) 철수는 외박을 할 수 없다. 다만, 부모님 허락이 있거나 버스가 끊긴 경우에는 가능하다. → 다음 중 철수의 외박이 허용되는 경우는?
3. 비교형	ex) 메시는 바르셀로나에서 뛰는 아르헨티나 선수이고, 호날두는 유벤투스에서 뛰는 포르투갈 선수이다. → 메시와 호날두에 대한 설명으로 틀린 것은? ⑦ 호날두는 아르헨티나 출신이다.
4. 원인과 결과형	• 원인을 제시하고 결과를 묻는다. • 결과를 제시하고 원인을 묻는다. • 원인과 결과를 뒤바꾼 선지를 제시하고 이를 구별 할 수 있는지 묻는다. • 잘못된 원인과 결과를 연결하고 이를 구별 할 수 있는지 묻는다.
5. 조건/분류 기준형	• 실험이나 연구의 조건을 묻는다. • 교과서에서 사물이나 하위개념을 나열하고 그렇게 분류한 기준을 묻는다.
6. 사건의 순서형	• 역사적 사건 등의 순서를 묻는다. • 실험, 재판 등의 절차나 진행 과정을 묻는다.
7. 사실관계 파악형	• 일치 여부(지명, 인명, 숫자, 온도 등) • 사실관계 또는 교과서의 서술과 비교하여 지나치게 넓거나(too general) 지나치게 지엽적인(too specific) 선지로 유혹한 다음 이를 구별 할 수 있는지 묻는다. • 쉼표로 연결된 선지에서 한쪽만 맞고, 다른 한쪽은 틀린 경우 이를 구별 할 수 있는지 묻는다. ex) 갑신정변은 급진개화파가 주도했으며, 민중의 지지를 받았다= (X) (O) (X)

이러한 출제 포인트는 교과서상의 단원목표에 압축되어 있는 경우가 많습니다. 이러한 점을 항상 염두에 두고 큰 그림을 그리는 것에서부터 넘버링, 밑줄긋기, 마킹이 시작된다고 할 수 있습니다.

객관식 문제에 대처하는 자세: 첫째, '항상, 모두, 전혀' 등의 말이 선지에 들어가 있으면 틀린 진술일 가능성이 높습니다. 하나라도 예외가 있으면 그 진술은 오답이 되기 때문입니다.[24] 둘째, 선지가 길수록 정답이 될 가능성이 높습니다.[25] 셋째, 선지를 읽기 전에 문제부터 잘 읽어봅시다. 특히 "~하지 '않은' 것은?" 그리고 "~한 것을 '모두' 고르시오." 등의 유형을 잘 살펴봅시다.

키워드, 개념어, 볼드 처리된 어휘: 개념, 원칙과 예외, 비교, 키워드에 해당하는 내용은 대부분은 눈에 띄는 곳에 있습니다. 하지만 경우에 따라 '교재 측면 해설'이나 '교재 하단 읽기 자료 형태로 박스 처리되어 있는 부분'에 중요 내용이 서술되어 있는 경우도 있습니다. 변별력 있는 문제들은 이러한 지점에서 출제되므로 고득점을 노리는 수험생이라면 특히 눈여겨 봐야 합니다.

5. 필기구의 종류별 · 색상별 사용 방법

넘버링, 라이닝 인덱스	
필기 내용	필기구 종류
노트 필기	검정색 볼펜 또는 샤프
교재 여백 등 메모와 필기	파란색 볼펜 또는 플러스펜
부정, 배제, 소극, 감소의 내용	빨간색 사용(어느 펜이든 무방)
핵심어(키워드)	초록색 형광펜으로 마킹, 문단 당 최대 2개 이하 표시
원칙	'원칙'이라 쓰고 초록 형광펜으로 마킹
예외	'예외'라 쓰고 주황 형광펜으로 마킹
비교	분홍색 펜이나 형광펜으로 라이닝 또는 마킹
암기 키워드 나열	초록펜으로 라이닝 후 넘버링 ⇒ 두문자 / 가나다순, 알파벳 순 등 암기법으로 정리
Boxing과 괄호 묶기	어느 펜을 사용해도 무방 / 중괄호 { } 등 활용
자기만의 넘버링, 라이닝 인덱스		

6. 마킹 방법

기호 인덱스	
내 용	마킹 방법
〈 〉 or def.	개념 꺾쇠와 약어. 개념의 사전적 의미가 서술되는 부분에 표시한 후 핵심 개념 표지 2단어(각 단어는 3어절 이내)에 밑줄. 혹은 개념이 서술된 부분에 약어(def.) 기재.
Ⓧ	수업 시간에 졸거나 다른 생각을 해서 미처 못 보고 지나친 부분에 표기. 보충해놓거나 예습 우선순위. 녹음을 하는 경우도 있다.
Ⓝ	주의하지 않으면 착각하거나 오해하기 쉬운 부분에 검정펜이나 빨간펜으로 표기
★ (최대 3개까지만)	선생님이 강조하신 중요 내용에 표시: ★(이해할 것), ★★(이해+암기할 것), ★★★(이해+암기+출제 예고)
→ / ↔	인과관계 표시 / 대조.
R → Ⓡ	다시보기(R) → 완료하면 동그라미 표시할 것(Ⓡ)
Q → Ⓠ	질문(Q) → 해결하면 동그라미 표시할 것(Ⓠ). 추가적으로 기호 옆에 모르는 내용의 핵심을 메모하면 좋다. 교재 맨 앞장의 여백을 질문 메모장으로 활용하는 것도 좋은 방법이다. (질문 내용이 있는 페이지 수와 질문의 핵심을 교재 맨 앞 여백에 메모하자.) 선생님께서 답해주실 때 핵심을 놓치거나 흘리는 경우가 많으니 주의하고 최대한 받아 적을 수 있도록 한다. 녹음도 방법이 된다.
[ ]	페이지 상단에 해당 페이지의 주제나 제목을 요약해 놓으면 가독성이 높아진다
" "	문제의 소재나 조건에 큰따옴표를 표시하자.
△(순접) / ▽(역접)	숫자와 접속사에는 세모 표시를 한다. 숫자의 시옷을 떠올릴 것!
= / ≠ / ≒	같다(=) / 같지 않다(≠) / 유사하다(≒)
∴ / ∵	결과-따라서(∴) / 이유-왜냐하면(∵)
○	교과서나 텍스트의 인물에는 동그라미 표시를 한다. 인물은 얼굴이 둥그니까 동그라미!
□	개념어나 키워드, 연대별 분류 등에는 네모 표시를 하자.
날짜 / ㄴ	수업의 시작 부분에 '날짜' 표시를, 수업이 끝나는 지점에 표시(ㄴ)를!
예 / (예)	예시의 부분에는 초록색 펜으로 '예'라고, 동그라미(예) / 양괄호(예) / ex)
VS	대립되는 관계나 개념.
⊃ / ⊅	포함 / 포함 안 됨.
ㅋㅋㅋ	웃기다(나중에 분위기 상기됨)
대박!	인상적이었음.

7. 노트필기 방법

필기법에 대해 별다른 고민이 없거나, 필기를 으레 당연히 잘할 수 있는 것으로 생각하는 경우가 많습니다. 그러나 노트 필기 방식에도 기본적인 양식과 규칙이 있습니다. 코넬대학교 월터 포크 교수가 학생들의 학습 효과를 높이기 위해 고안한 '코넬식 노트 필기 시스템'이 대표적이라 할 수 있습니다.

노트 필기는 굳이 어떤 틀에 맞추기보다 각자의 스타일과 템포에 맞게 자연스레 써 나가면 됩니다. 다음과 같은 방법을 사용하면 편리합니다. Just Do it!

- 노트 필기의 시작 지점과 종료 지점에 날짜를 기재한다.
- 기호와 약어를 적절히 사용하여 단순화한다.
- 목차 순서에 따라 들여쓰기를 달리한다.
- 들여쓰기를 편하게 하기 위해 기준선을 긋는다.
- 추가적인 필기나 보완을 위해 약간의 여백을 둔다.
- 형식에 얽매이지 말고 '나중에 자기 자신이 이해할 수 있을지, 다시 보기 편한지'가 가장 중요한 기준이 되어야 한다.

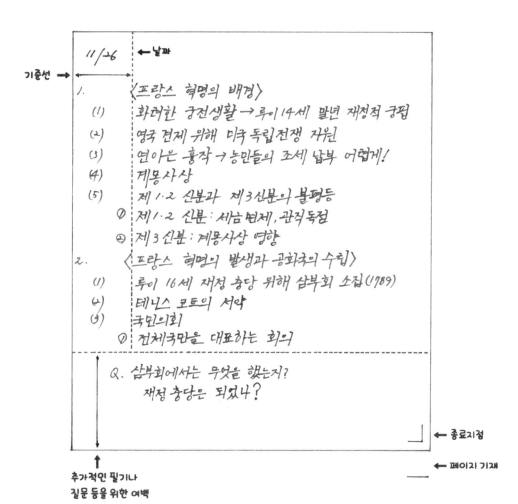

기준선 →

11/26 ← 날짜

1.　〈프랑스 혁명의 배경〉
　(1)　화려한 궁전생활 → 루이 14세 말년 재정적 궁핍
　(2)　영국 견제 위해 미국 독립전쟁 지원
　(3)　연이은 흉작 → 농민들의 조세 납부 어렵게!
　(4)　계몽사상
　(5)　제 1·2 신분과 제 3신분의 불평등
　　①　제 1·2 신분 : 세금 면제, 관직 독점
　　②　제 3 신분 : 계몽사상 영향
2.　〈프랑스 혁명의 발생과 공화국의 수립〉
　(1)　루이 16세 재정 충당 위해 삼부회 소집 (1789)
　(2)　테니스 코트의 서약
　(3)　국민의회
　　①　전체국민을 대표하는 회의

Q. 삼부회에서는 무엇을 했는지?
　　재정 충당은 되었나?

← 종료지점

← 페이지 기재

↑
추가적인 필기나
질문 등을 위한 여백

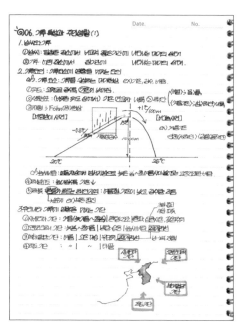

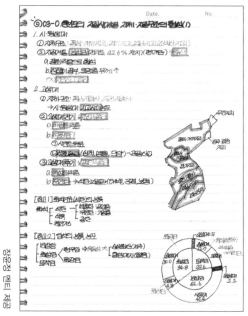

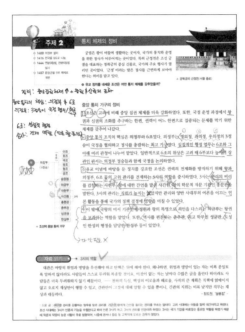

주제 2 통치 체제의 정비

- 1400 제2차 왕자의 난이 일어남
- 1416 전국을 8도로 나눔
- 1444 전분6등법, 연분9등법 실시
- 1457 유향소를 다시 설치함

군림은 왕이 머물며 생활하는 곳이자, 국가의 통치와 운영을 위한 정사가 이루어지는 곳이었다. 특히 근정전은 조선 궁궐을 대표하는 정전으로, 국가의 주요 행사가 열리던 곳이었다. '근정'이라는 말은 정사를 근면하게 보아야 한다는 의미를 담고 있다.

경복궁의 근정전(서울 종로)

◆ 유교 정치를 내세운 조선은 어떤 통치 체제를 갖추었을까?

중앙 통치 기구의 정비

조선은 고려에 비해 중앙 집권 체제를 더욱 강화하였다. 또한, 국정 운영 과정에서 왕권과 신권의 조화를 추구하는 한편, 권력이 어느 한편으로 집중되는 문제를 막기 위한 체제를 갖추어 나간다.

중앙 통치 조직의 핵심은 의정부와 6조였다. 의정부는 영의정, 좌의정, 우의정의 3정승이 국정을 협의하고 정사를 총괄하는 최고 기구였다. 실질적인 행정 업무는 6조와 그 아래 여러 관청이 나누어 맡았다. 일반적으로 6조의 위상은 고려 때보다 높아져 왕과 함께 정책을 논의하였다.

유교 이념에 바탕을 둔 정치를 강조한 조선은 권력의 전제화를 방지하기 위해 왕과 의정부, 6조 등의 고위 관리를 견제하는 3사의 역할을 중시하였다. 3사는 관리의 비리를 감찰하는 사헌부, 국왕에 대한 간언을 맡은 사간원, 왕의 학문적 자문 기구인 홍문관을 말한다. 3사의 관리는 지위가 높지는 않았지만 관리와 양반 사대부의 여론을 이끄는 언론 활동을 통해 국가의 정책 결정에 영향을 미칠 수 있었다.

이 밖에 국왕의 비서 기관으로 승정원과 왕의 특명으로 죄인을 다스리는 최고부인 의금부가 있었다. 또한, 역사를 편찬하는 춘추관, 한성의 행정을 담당하는 한성부 등이 있었다.

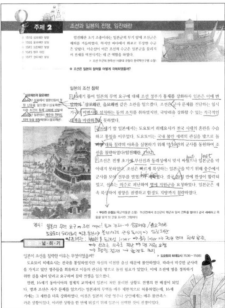

◆ 조선의 중앙 통치 기구

자료 읽기 ▶ 3사의 역할

대관은 마땅히 위엄과 명망을 우선해야 하고 탄핵은 다음에 해야 한다. 왜냐하면, 위엄과 명망이 있는 자는 비록 종일토록 말하지 않더라도 사람들이 스스로 두려워 복종할 것이다. 이것이 맑은 날씨가 수많은 금을 움직이 하더라도, 사람들은 더욱 두려워하지 않기 때문이다. —— 헌관의 직임, 백성의 이로움과 해로움, 사회의 큰 계획은 직책에 얽매이지 않고 오로지 제실만이 행할 수 있고, 간관이나 그것에 대해 말할 수 있을 뿐이니, 간관의 직위는 비록 낮지만 직무는 재상과 대등하다. — 정도전, '삼봉집'

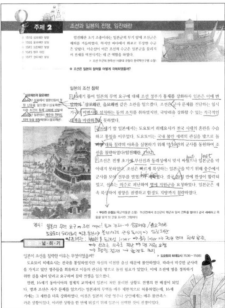

주제 2 조선과 일본의 전쟁, 임진왜란

- 1510 삼포왜란 일어남
- 1555 을묘왜변 일어남
- 1592 임진왜란 발발
- 1593 한성 수복
- 1597 정유재란 발발

임진왜란 당시 조총이라는 일본군의 무기 앞에 조선군은 속수무책하였다. 하지만 바다에서 화포로 무장한 수군은 달랐다. 이순신이 이끈 조선의 수군은 일본군을 물리치며 전세를 역전시키는 데 큰 역할을 하였다.

조선 수군의 화포(서울대학교 규장각한국학연구원 소장)

◆ 조선은 일본의 침략을 어떻게 극복하였을까?

일본의 조선 침략

16세기 들어 일본의 무역 요구에 대해 조선 정부가 통제를 강화하자 일본은 이에 반발하여 삼포왜란, 을묘왜변 같은 소란을 일으켰다. 조선은 군사 문제를 전담하는 임시 기구로 비변사를 설치하는 등의 조치를 취하였지만, 국방력을 강화할 수 있는 근본적인 대책을 마련하지는 못하였다.

16세기 말 일본에서는 도요토미 히데요시가 전국 시대의 혼란을 수습하고 통일을 이루었다. 도요토미는 국내 불안 세력의 관심을 밖으로 돌리고 대륙 침략의 야욕을 실현하기 위해 10만의 군사를 동원하여 조선을 침략하였다(1592).

조선은 전쟁 초기에 부산진과 동래성에서 맞서 싸웠으나 일본군은 밀어낼 수 없었다. 조선은 빠르게 수복하는 일본군을 막기 위해 군사를 모아 전투를 벌였으나, 결국 20여 일 만에 한성이 함락되었고, 선조는 의주로 피난하여 명에 지원군을 요청하였다. 일본군은 계속 북상하여 평양을 점령하고 함경도 지방까지 침략하였다.

부산진 순절도(육군박물관 소장) 부산진에서 조선군이 적군과 맞서 싸우는 장면을 그린 것으로 왜군과 싸운 것은 1592년 5월 23일 (음력 4월 13일)이다.

▶ 도요토미 히데요시(1536~1598)

탐·구·활·동
일본이 조선을 침략한 이유는 무엇이었을까?

도요토미 히데요시는 전국을 통일하였지만 여전히 여러 불안 요소 때문에 불안하였다. 따라서 막강한 군사력을 가지고 있던 영주들을 회유하고 이들의 관심을 밖으로 돌릴 필요가 있었다. 이에 조선과 명을 정복하기 위한 길을 내어 달라고 요구하자 막부 전쟁을 일으켰다.

한편, 16세기 동아시아의 경제적 교역에서 일본이 차지하는 상황도 전쟁의 한 배경이 되었다. 명과 조선은 자주 문제를 일으키는 일본과의 무역을 매우 제한하였으나 허용하였는데, 16세기 가에는 그 제한을 더욱 강화하였다. 이러한 일본의 사정 앞에서 상인들에게 매우 불만스러운 상황이었다. 이러한 상황을 한 번에 뒤집기 위해 일본이 선택한 것이 전쟁이었다.

청운장 멘토 제공

8. 짧은 글 연습: 다음 문장을 읽고 넘버링과 밑줄긋기를 연습해
봅시다.

[예제]

① 1. 열기관은 높은 온도의 열원에서 열을 흡수하고 낮은 온도의 대
기와 같은 열기관 외부에 열을 방출하며 일을 하는 기관을 말하는데,
열효율은 열기관이 흡수한 열의 양 대비 한 일의 양으로 정의된다.
(2017학년도 9월 고3 잔국연합학력평가 국어영역)

2. 제2차 세계대전이 끝나고 나서 미국과 소련 및 그 동맹국들 사이
에서 공공연하게 전개된 제한적 대결 상태를 냉전이라고 한다.
(2014학년도 6월 전국연합학력평가 국어영역 A형)

② 상대방에게 불법 행위의 책임이 있다고 주장하는 피해자는 소송
에서 원고가 되어, 앞의 민법 조문에서 규정하는 요건들이 이루어졌
다고 입증해야 한다. 공해 소송에서도 인과 관계에 대한 입증 책임은
여전히 피해자인 원고에 있다. 판례도 이 원칙을 바꾸지는 않는다.
다만 공해소송에서는 예외적으로 인과 관계의 입증에 관하여 의심
없는 확신의 단계까지 요구하지 않고, 다소 낮은 정도의 규명으로도
입증되었다고 인정하는 판례가 등장하고 있다.
(2014학년도 6월 고3 전국연합학력평가 국어영역 A형 변형)

③ 논리실증주의자와 포퍼는 지식을 수학적 지식이나 논리학 지식처
럼 경험과 무관한 것과 과학적 지식처럼 경험에 의존하는 것으로 구
분한다. 논리실증주의자는 예측이 맞을 경우에, 포퍼는 예측이 틀리

지 않는 한, 그 예측을 도출한 가설이 하나씩 새로운 지식으로 추가 된다고 주장한다. 하지만 콰인은 가설만 가지고서 예측을 논리적으로 도출할 수 없다고 본다. (2017학년도 수능 국어영역 변형)

④ 옳음과 옳지 않음을 감정과 동일시하는 정서주의에도 몇 가지 문제점이 제기될 수 있다. 첫째 감정이 변할 때마다 도덕적 판단도 변한다고 해야 하지만, 도덕적 판단은 수시로 바뀌지 않는다. 둘째, 감정은 아무 이유 없이 변할 수 있지만 도덕적 판단은 뚜렷한 근거 없이 바뀔 수 없다. 셋째, 감정이 없다면 '도덕적으로 옳음'과 '도덕적으로 옳지 않음'도 없다고 해야 하지만, '도덕적으로 옳음'과 '도덕적으로 옳지 않음'이 없다는 것은 보편적 인식과 배치된다.
(2016학년도 6월 고3 전국연합학력평가 국어영역 A형)

⑤ 계약 당시에 보험사가 고지 의무 위반에 대한 사실을 알았거나 중대한 과실로 인해 알지 못한 경우에는 보험 가입자가 고지 의무를 위반했어도 보험사의 해지권은 배제된다. (2017학년도 수능 국어영역)

⑥ 의무론적 관점은 행위에 대한 도덕적 판단이 도덕 법칙에 따라 이루어져야 한다고 보았다. 이 관점은 도덕 법칙을 지키려는 의지를 의무로 보았으며 결과와 무관하게 행위 자체의 옳고 그름에 주목하였다. (중략) 한편, 목적론적 관점은 행복이나 쾌락을 인간이 추구해야할 목적으로 보았다. 이 관점은 오로지 최선의 결과를 가져오는 행위가 옳은 행위이며, 경험을 통하여 도덕을 얻을 수 있다고 생각하였다. (2016학년도 6월 고1 전국연합학력평가 국어영역 변형)

⑦ 1. 「온달전」을 중국인 도경산은 '천하의 기문(奇文)'이라고 찬탄하였고, 한말의 문장가 김택영은 우리나라 오천 년 이래 최고의 명문장으로 꼽았다. 김부식이 「온달전」에서 사용한 문장 작법은 무엇이고, 그가 정성을 다해 온달을 입전한 이유는 무엇일까?

(2012학년도 9월 고1 전국연합학력평가 국어영역)

2. 조나단 스위프트의 「걸리버 여행기」에는 소인국과 거인국 사람들이 등장한다. 그들은 걸리버와 같은 인간의 형태를 지니고 있으며, 소인국 사람들은 걸리버보다 12배 작게, 거인국 사람들은 걸리버보다 12배 크게 묘사되어 있다. 물론 이와 같은 일은 소설 속에서나 가능한 일이다. 그렇다면 현실에서는 왜 불가능할까?

(2016학년도 9월 고1 전국연합학력평가 국어영역)

⑧ 조선 시대에도 고려 시대의 예에 따라서 왕이 즉위하면 앞선 왕의 실록을 편찬하였다. 시정(時政)을 기록하는 관청인 춘추관에 별도록 실록청 또는 일기청을 열고 총재관 · 도청당상 · 도청낭청 · 각방당상 · 각방낭청 등을 임명하였다.

(2012학년도 3월 고1 전국연합학력평가 국어영역)

⑨ 그레고리안 선법은 그레고리오 성가들에 쓰인 선법을 로마 교황이었던 그레고리오 대제가 체계화한 것이다. 이 선법은 종지음이 각각 다른 4개의 '정격 선법'과 여기서 파생된 4개의 '변격 선법'으로 나뉜다. 정격 선법에는 그리스 각 지역의 이름을 딴 도리아, 프리지아, 리디아, 믹소리디아가 있다. 정격선법의 음역은 각각의 종지음으로부터 한 옥타브 위까지이다. 반면 변격 선법은 종지음이 같은 정격

선법에서 파생된 것이다. 변격 선법 명칭은 짝이 되는 정격 선법 명칭에 하이포(Hypo)라는 접두어를 붙여 불렀다. 변격 선법은 종지음의 아래 4도에서 종지음 위 5도까지의 음역을 가지며, 중심음은 종지음의 3도 위의 음이다.

(2015학년도 9월 고1 전국연합학력평가 국어영역 변형)

⑩ 알레고리는 상징을 통해 어떠한 현상이나 상황, 사건에 대해 이야기하는 기법이다. 미술에서 알레고리는 역사적 사건이나 인물에 관한 것보다는 아름다움, 정의, 평화, 사랑 등의 추상적인 개념이나 인간의 삶에 대한 교훈, 도덕적 가치를 드러내는 데 주력한다. 물론 미술의 알레고리가 역사적 사건이나 인물에 대해 전혀 이야기하지 않는 것은 아니다. 그럴 때도 그것은 상징을 통해 추상적인 가치를 드러내었다. 한 예로 18세기 러시아의 '예카테리나 여제-정의의 여신의 신전에 선 입법자'를 들 수 있다.

(2014학년도 6월 고1 전국연합학력평가 변형)

① 1. 열기관은 높은 온도의 열원에서 열을 흡수하고 낮은 온도의 대기와 같은 열기관 외부에 열을 방출하며 일을 하는 기관을 말하는데, 열효율은 열기관이 흡수한 열의 양 대비 한 일의 양으로 정의된다. (2017학년도 9월 고3 전국연합학력평가 국어영역)
2. 제2차 세계대전이 끝나고 나서 미국과 소련 및 그 동맹국들 사이에서 공공연하게 전개된 제한적 대결 상태를 냉전이라고 한다. (2014학년도 6월 전국연합학력평가 국어영역 A형)

② 상대방에게 불법 행위의 책임이 있다고 주장하는 피해자는 소송에서 원고가 되어, 앞의 민법 조문에서 규정하는 요건들이 이루어졌다고 입증해야 한다. 공해 소송에서도 인과 관계에 대한 입증 책임은 여전히 피해자인 원고에 있다. 다만 공해소송에서는 예외적으로 인과 관계의 입증에 관하여 의심 없는 확신의 단계까지 요구하지 않고, 다소 낮은 정도의 규명으로도 입증되었다고 인정하는 판례가 등장하고 있다. (2014학년도 6월 고3 전국연합학력평가 국어영역 A형 변형)

③ 논리실증주의자와 포퍼는 지식을 수학적 지식이나 논리학 지식처럼 경험과 무관한 것과 과학적 지식처럼 경험에 의존하는 것으로 구분한다. 논리실증주의자는 예측이 맞을 경우에, 포퍼는 예측이 틀리지 않는 한, 그 예측을 도출한 가설이 하나씩 새로운 지식으로 추가된다고 주장한다. 하지만 확인은 가설만 가지고서 예측을 논리적으로 도출할 수 없다고 본다. (2017학년도 수능 국어영역 변형)

④ 옳음과 옳지 않음을 감정과 동일시하는 정서주의에도 몇 가지 문제점이 제기될 수 있다. 첫째 감정이 변할 때마다 도덕적 판단도 변한다고 해야 하지만, 도덕적 판단은 수시로 바뀌지 않는다. 둘째, 감정은 아무 이유 없이 변할 수 있지만 도덕적 판단은 뚜렷한 근거 없이 바뀔 수 없다. 셋째, 감정이 없다면 '도덕적으로 옳음'과 '도덕적으로 옳지 않음'도 없다고 해야 하지만, '도덕적으로 옳음'과 '도덕적으로 옳지 않음'이 없다는 것은 보편적 인식과 배치된다. (2016학년도 6월 고3 전국연합학력평가 국어영역 A형)

⑤ 계약 당시에 보험자가 고지 의무 위반에 대한 사실을 알았거나 중대한 과실로 인해 알지 못한 경우에는 보험 가입자가 고지 의무를 위반했어도 보험사의 해지권은 배제된다. (2017학년도 수능 국어영역)

⑥ 의무론적 관점은 행위에 대한 도덕적 판단이 도덕 법칙에 따라 이루어져야 한다고 보았다. 이 관점은 도덕 법칙을 지키려는 의지를 의무로 보았으며 결과와 무관하게 행위 자체의 옳고 그름에 주목하였다. (중략) 한편, 목적론적 관점은 행복이나 쾌락을 인간이 주

구해야 할 목적으로 보았다. 이 관점은 오로지 최선의 결과를 가져오는 행위가 옳은 행위이며, 경험을 통하여 도덕을 얻을 수 있다고 생각하였다. (2016학년도 6월 고1 전국연합학력평가 국어영역 변형)

⑦ 1. 「온달전」을 중국인 도경산은 '천하의 기문(奇文)'이라고 찬탄하였고, 한말의 문장가 김택영은 우리나라 오천 년 이래 최고의 명문장으로 꼽았다. 김부식이 「온달전」에서 사용한 문장 작법은 무엇이고, 그가 정성을 다해 온달을 입전한 이유는 무엇일까? (2012학년도 9월 고1 전국연합학력평가 국어영역)
2. 조나단 스위프트의 「걸리버 여행기」에는 소인국과 거인국 사람들이 등장한다. 그들은 걸리버와 같은 인간의 형태를 지니고 있으며, 소인국 사람들은 걸리버보다 12배 작게, 거인국 사람들은 걸리버보다 12배 크게 묘사되어 있다. 물론 이와 같은 일은 소설 속에서나 가능한 일이다. 그렇다면 현실에서는 왜 불가능할까? (2016학년도 9월 고1 전국연합학력평가 국어영역)

⑧ 조선 시대에도 고려 시대의 예에 따라서 왕이 즉위하면 앞선 왕의 실록을 편찬하였다. 시정(時政)을 기록하는 관청인 춘추관에 별도로 실록청 또는 일기청을 열고 총재관·도청당상·도청낭청·각방담상·각방낭청 등을 임명하였다. (2012학년도 3월 고1 전국연합학력평가 국어영역) 각방낭청·각방당상, 도청낭청, 도청당상, 총재관 → 자료 순서대로 정리!

⑨ 그레고리안 선법은 그레고리오 성가들에 쓰인 선법을 로마 교황이었던 그레고리오 대제가 체계화한 것이다. 이 선법은 종지음이 각각 다른 4개의 '정격 선법'과 여기서 파생된 4개의 '변격 선법'으로 나뉜다. 정격 선법에는 그리스 각 지역의 이름을 딴 도리아·프리지아·리디아·믹소리디아가 있다. 정격선법의 음역은 각각의 종지음으로부터 한 옥타브 위까지이다. 반면 변격 선법은 종지음이 같은 정격 선법에서 파생된 것이다. 변격 선법 명칭은 짝이 되는 정격 선법 명칭에 하이포(Hypo)라는 접두어를 붙여 불린다. 변격 선법은 종지음의 아래 4도에서 종지음 위 5도까지의 음역을 가지며, 중심음은 종지음의 3도 위의 음이다. (2015학년도 9월 고1 전국연합학력평가 국어영역 변형)

⑩ 알레고리는 상징을 통해 어떠한 현상이나 상황, 사건에 대해 이야기하는 기법이다. 미술에서 알레고리는 역사적 사건이나 인물에 관한 것보다는 아름다움, 정의, 평화, 사랑 등의 추상적인 개념이나 인간의 삶에 대한 교훈, 도덕적 가치를 드러내는 데 주력한다. 물론 미술의 알레고리가 역사적 사건이나 인물에 대해 전혀 이야기하지 않는 것은 아니다. 그럴 때도 그것은 상징을 통해 추상적인 가치를 드러내었다. 한 예로 18세기 러시아의 '예카테리나 여제-정의의 여신의 신전에 선 입법자'를 들 수 있다. (2014학년도 6월 고1 전국연합학력평가 변형)

9. 긴 글 연습: 다음 글을 읽고 넘버링과 밑줄긋기를 적절하게 연습해봅시다

[예제 1]
2017학년도 평가원 고3, 9월 모의고사 국어영역 지문

'콘크리트'는 건축 재료로 다양하게 사용되고 있다. 일반적으 로 콘크리트가 근대 기술의 산물로 알려져 있지만 콘크리트는 이미 고대 로마 시대에도 사용되었다. 로마 시대의 탁월한 건축미를 보여 주는 판테온은 콘크리트 구조물인데, 반구형의 지붕인 돔은 오직 콘크리트로만 이루어져 있다. 로마인들은 콘크리트의 골재 배합을 달리하면서 돔의 상부로 갈수록 두께를 점점 줄여 지붕을 가볍게 할 수 있었다. 돔 지붕이 지름 45m 남짓의 넓은 원형 내부 공간과 이어지도록 하였고, 지붕의 중앙에는 지름 9m가 넘는 원형의 천창을 내어 빛이 내부 공간을 채울 수 있도록 하였다.

콘크리트는 시멘트에 모래와 자갈 등의 골재를 섞어 물로 반죽한 혼합물이다. 콘크리트에서 결합재 역할을 하는 시멘트가 물과 만나면 점성을 띠는 상태가 되며, 시간이 지남에 따라 수화 반응이 일어나 골재, 물, 시멘트가 결합하면서 굳어진다. 콘크리트의 수화 반응은 상온에서 일어나기 때문에 작업하기에도 좋다. 반죽 상태의 콘크리트를 거푸집에 부어 경화시키면 다양한 형태와 크기의 구조물을 만들 수 있다. 콘크리트의 골재는 종류에 따라 강도와 밀도가 다양하므로 골재의 종류와 비율을 조절하여 콘크리트의 강도와 밀도를 다양하게

변화시킬 수 있다. 그리고 골재들 간의 접촉을 높여야 강도가 높아지기 때문에, 서로 다른 크기의 골재를 배합하는 것이 효과적이다.

콘크리트가 철근 콘크리트로 발전함에 따라 건축은 구조적으로 더욱 견고해지고, 형태 면에서는 더욱 다양하고 자유로운 표현이 가능해졌다. 일반적으로 콘크리트는 누르는 힘인 압축력에는 쉽게 부서지지 않지만 당기는 힘인 인장력에는 쉽게 부서진다. 압축력이나 인장력에 재료가 부서지지 않고 그 힘에 견딜 수 있는, 단위 면적당 최대의 힘을 각각 압축 강도와 인장 강도라 한다. 콘크리트의 압축 강도는 인장 강도보다 10배 이상 높다. 또한 압축력을 가했을 때 최대한 줄어드는 길이는 인장력을 가했을 때 최대한 늘어나는 길이보다 훨씬 길다. 그런데 철근이나 철골과 같은 철재는 인장력과 압축력에 의한 변형 정도가 콘크리트보다 작은 데다가 압축 강도와 인장 강도 모두가 콘크리트보다 높다. 특히 인장 강도는 월등히 더 높다.

따라서 보강재로 철근을 콘크리트에 넣어 대부분의 인장력을 철근이 받도록 하면 인장력에 취약한 콘크리트의 단점이 크게 보완된다. 다만 철근은 무겁고 비싸기 때문에, 대개는 인장력을 많이 받는 부분을 정확히 계산하여 그 지점을 위주로 철근을 보강한다. 또한 가해진 힘의 방향에 수직인 방향으로 재료가 변형되는 점도 고려해야 하는데, 이때 필요한 것이 포아송 비이다. 철재는 콘크리트보다 포아송 비가 크며, 대체로 철재의 포아송 비는 0.3, 콘크리트는 0.15 정도이다.

강도가 높고 지지력이 좋아진 철근 콘크리트를 건축 재료로 사용하면서, 대형 공간을 축조하고 기둥의 간격도 넓힐 수 있게 되었다. 20세기에 들어서면서부터 근대 건축에서 철근 콘크리트는 예술적 영감을 줄 수 있는 재료로 인식되기 시작하였다. 기술이 예술의 가장 중요한 근원이라는 신념을 가졌던 르 코르뷔지에는 철근 콘크리트 구조의 장점을 사보아 주택에서 완벽히 구현하였다.

사보아 주택은, 벽이 건물의 무게를 지탱하는 구조로 설계된 건축물과는 달리 기둥만으로 건물 본체의 하중을 지탱하도록 설계되어 건물이 공중에 떠 있는 듯한 느낌을 준다. 2층 거실을 둘러싼 벽에는 수평으로 긴 창이 나 있고, 건축가가 '건축적 산책로'라고 이름 붙인 경사로는 지상의 출입구에서 2층의 주거 공간으로 이어지다가 다시 테라스로 나와 지붕까지 연결된다. 목욕실 지붕에 설치된 작은 천창을 통해 하늘을 바라보면 이 주택이 자신을 중심으로 펼쳐진 또 다른 소우주임을 느낄 수 있다. 평평하고 넓은 지붕에는 정원이 조성되어, 여기서 산책하다 보면 대지를 바다 삼아 항해 하는 기선의 갑판에 서 있는 듯하다.

철근 콘크리트는 근대 이후 가장 중요한 건축 재료로 널리 사용되어 왔지만 철근 콘크리트의 인장 강도를 높이려는 연구가 계속되어 프리스트레스트 콘크리트가 등장하였다. 프리스트레스트 콘크리트는 다음과 같이 제작된다. 먼저, 거푸집에 철근을 넣고 철근을 당긴 상태에서 콘크리트 반죽을 붓는다. 콘크리트가 굳은 뒤에 당기는 힘을 제거하면, 철근이 줄어들면서 콘크리트에 압축력이 작용하여 외부의 인장력에 대한 저항성이 높아진 프리스트레스트 콘크리트가 만들어진다. 킴벨 미술관은 개방감을 주기 위하여 기둥 사이를 30m 이상 벌리고 내부의 전시 공간을 하나의 층으로 만들었다. 이 간격은 프리스트레스트 콘크리트 구조를 활용하였기에 구현할 수 있었고, 일반적인 철근 콘크리트로는 구현하기 어려웠다. 이 구조로 이루어진 긴 지붕의 틈새로 들어오는 빛이 넓은 실내를 환하게 채우며 철근 콘크리트로 이루어진 내부를 대리석처럼 빛나게 한다.

이처럼 건축 재료에 대한 기술적 탐구는 언제나 새로운 건축 미학의 원동력이 되어 왔다. 특히 근대 이후에는 급격한 기술의 발전으로 혁신적인 건축 작품들이 탄생할 수 있었다. 건축 재료와 건축 미학의 유기적인 관계는 앞으로도 지속될 것이다.

[예제 2]
2014학년도 평가원 고3, 9월 모의고사 국어영역 지문

20세기 미술의 특징은 무한한 다원성에 있다. 어떤 내용을 어떤 재료와 어떤 형식으로 작품화하건 미술적 창조로 인정되고, 심지어 창작 행위가 가해지지 않은 것도 '작품'의 자격을 얻을 수 있어서, '미술'과 '미술 아닌 것'을 객관적으로 구분해 주는 기준이 존재하지 않게 된 것이다. 단토의 '미술 종말론'은 이러한 상황을 설명하기 위한 미학 이론 중 하나이다. 단어가 주는 부정적 어감과는 달리 미술의 '종말'은 결과적으로 모든 것이 미술 작품이 될 수 있게 된 개방적이고 생산적인 상황을 뜻한다. 그런데 이러한 다원성은 전적으로 새로운 상황일까, 아니면 이전부터 이어져 온 하나의 흐름에 속할까?

작품의 형식과 내용이 전적으로 예술가의 주체적 선택에 달려 있다는 관점에서만 보면, 20세기 미술의 양상은 아주 낯선 것은 아니라고 할 수 있다. 르네상스 때 시작된 화가의 서명은 작품이 외부의 주문에 따라 제작되더라도 그것의 정신적 저작권만큼은 예술가에게 있음을 알리는 행위였다. 이는 창조의 자유가 예술의 필수 조건이 되는 시대를 앞당겼다. 즉 미켈란젤로가 예수를 건장한 이탈리아 남성의 모습으로 그렸던 사례에서 보듯, 르네상스 화가들은 주문된 내용도 오직 자신만의 방식으로 이미지화 했다.

형식의 이러한 자율화는 내용의 자기 중심화로 이어졌다. 17세기의 네덜란드 화가들은 신이나 성인(聖人)을 그리던 오랜 관행에서 벗어

나 친근한 일상을 집중적으로 그리기 시작했고, 19세기 낭만주의에 와서는 내면의 무한한 표출이 예술의 생명이 되기에 이르렀다. 이런 관점에서 보면 20세기 미술은 예술적 주체성과 자율성의 발휘라는 일관된 흐름의 정점이라고 할 수 있다.

그러나 단토가 주목하는 것은 이러한 흐름과는 결정적으로 구분되는 20세기만의 질적 차별성이다. 이전 시대까지는 '미술'과 '미술 아닌 것'의 구분은 '무엇을 그리는가?' 또는 '어떻게 그리는가?'의 문제, 곧 내용·형식·재료처럼 지각 가능한 '전시적 요소'에 의존하여 가능했다. 반면, 20세기에는 빈 캔버스, 자연 물, 기성품 등도 '작품'으로 인정되는 데에서 보듯, 전시적 요소로는 더 이상 그러한 구분이 불가능해진 것이다. 이제 그러한 구분은 대상이 어떤 것이든 그것에 미술 작품의 자격을 부여 하는 지적인 행위, 곧 작품 밖의 '비전시적 요소'에 의존할 따름이다. 현대 미술이 미술의 개념 자체를 묻는 일종의 철학이 되고, 작품의 생산과 감상을 매개하는 이론적 행위로서 비평의 중요성이 부각된 이유가 바로 여기에 있다.

[25~30] 다음 글을 읽고 물음에 답하시오.

(가) '콘크리트'는 건축 재료로 다양하게 사용되고 있다. 일반적으로 콘크리트가 근대 기술의 ㉠산물로 알려져 있지만, 콘크리트는 이미 고대 로마 시대에도 사용되었다. 로마 시대의 탁월한 건축미를 보여 주는 판테온은 콘크리트 구조물인데, 반구형의 지붕인 돔은 오직 콘크리트로만 이루어져 있다. 로마인들은 콘크리트의 골재 배합을 달리하면서 돔의 살부로 갈수록 두께를 점점 줄여 지붕을 가볍게 할 수 있었다. 돔 지붕이 지름 45m 남짓의 넓은 원형 내부 공간과 이어지도록 하였고, 지붕의 중앙에는 지름 9m가 넘는 ㉡원형의 천장을 내어 빛이 내부 공간을 채울 수 있도록 하였다.

(나) 콘크리트는 시멘트에 모래와 자갈 등의 골재를 섞어 물로 반죽한 혼합물이다. 콘크리트에서 점합에 영향을 하는 시멘트가 물과 만나면 ㉢열을 띠는 상태가 되며, 시간이 지남에 따라 수화 반응이 일어나 골재, 물, 시멘트가 결합하면서 굳어진다. 콘크리트의 수화 반응은 상온에서 일어나기 때문에 작업하기에도 좋다. 반죽 상태의 콘크리트를 기푸집에 부어 경화시키면 다양한 형태와 크기의 구조물을 만들 수 있다. 콘크리트의 골재는 종류에 따라 강도와 밀도가 다양하므로 골재의 종류와 비율을 조절하여 콘크리트의 강도와 밀도를 다양하게 변화시킬 수 있다. 그리고 골재를 간의 접촉을 높여야 강도가 높아지기 때문에, 서로 다른 크기의 골재를 배합하는 것이 효과적이다.

(다) 콘크리트가 철근 콘크리트로 발전함에 따라 건축은 구조적으로 더욱 견고해지고, 형태 면에서는 더욱 다양하고 자유로운 표현이 가능해졌다. 일반적으로 콘크리트에는 누르는 힘인 압축력에는 쉽게 부서지지 않지만 당기는 힘인 인장력에는 쉽게 부서진다. 건축물이나 인장력에 재료가 부서지지 않고 그 힘에 견딜 수 있는, 단위 면적당 최대의 힘을 각각 압축 강도와 인장 강도라 한다. 콘크리트의 압축 강도는 인장 강도보다 10배 이상 높다. 또한 압축력을 가했을 때 최대의 줄어드는 길이가 인상력을 가했을 때 최대의 늘어나는 길이보다 훨씬 길다. 그런데 철근이나 철골과 같은 철재는 인장력과 압축력에 의한 변형 정도가 콘크리트보다 작은 데다가 압축 강도와 인장 강도 모두가 콘크리트보다 높다. 특히 인장 강도는 월등히 더 높다. 따라서 보강재로 철근을 콘크리트에 넣어 내부분의 인상력을 철근이 받도록 하면 인상력에 취약한 콘크리트의 단점이 크게 보완된다. 다만 철근은 무겁고 비싸기 때문에, 대개는 인장력을 없이 받는 부분을 정확히 계산하여 그 지점을 위주로 철근을 보강한다. 또한 가해진 힘의 방향에 수직인 방향으로 재료가 변형되는 정도 고려해야 하는데, 이때 필요한 것이 포아송 비이다. 철재는 콘크리트보다 포아송 비가 크며, 대체로 철재의 포아송 비는 0.3, 콘크리트의 비는 0.15 정도이다.

(라) 강도가 높고 지지력이 좋아진 철근 콘크리트를 건축 재료로 사용하면서, 대형 공간을 축조하고 기둥의 간격도 넓힐 수 있게 되었다. 20세기에 들어서면서부터 근대 건축에서 철근 콘크리트는 예술적 ㉣영감을 줄 수 있는 재료로 인식되기 시작하였다. 기술이 예술의 가장 중요한 근원이라는 신념을 가졌던

르 코르뷔지에는 철근 콘크리트 구조의 장점을 사보아 주택에서 한껏히 구현하였다. 사보아 주택은, 벽이 건물의 무게를 지탱하는 구조로 설계된 건축물과는 달리, 기둥만으로 건물 본체의 하중을 지탱하도록 설계되어 건물이 공중에 떠 있는 듯한 느낌을 준다. 2층 거실을 둘러싼 벽에는, 수평으로 긴 창이 나 있고, 건축가가 '건축적 산책로'라고 이름 붙인 경사로는 지상의 출입구에서 2층의 주거 공간으로 이어지다가 다시 테라스로 나와 지붕까지 연결된다. 옥상 정원에 설치된 작은 천장을 통해 하늘을 바라보면 이 주택이 자신을 중심으로 펼쳐진 또 다른 소우주임을 느낄 수 있다. 평평하고 넓은 지붕에는 정원이 조성되어, 여기서 산책하다 보면 대지를 바다 삼아 항해하는 기선의 갑판에 서 있는 듯하다.

(마) 철근 콘크리트는 근대 이후 가장 중요한 건축 재료로 널리 사용되어 왔지만 철근 콘크리트의 인장 강도를 높이려는 연구가 계속되어 프리스트레스트 콘크리트가 등장하였다. 프리스트레스트 콘크리트는 다음과 같이 제작된다. 먼저, 거푸집에 철근을 넣고 철근을 당긴 상태에서 콘크리트 반죽을 붓는다. 콘크리트가 굳은 뒤에 당기는 힘을 제거하면, 철근이 줄어들면서 콘크리트에 압축력이 작용하여 외부의 인장력에 대한 저항성이 높아진 프리스트레스트 콘크리트가 만들어진다. 콤벨 미술관은, 개방감을 주기 위하여 기둥 사이를 30 m 이상 벌리고, 내부의 전시 공간을 하나의 층으로 만들었다. 이 간격은 프리스트레스트 콘크리트 구조를 활용하였기에 구현할 수 있었고, 일반적인 철근 콘크리트로는 구현하기 어려웠다. 이 구조로 이루어진 긴 지붕의 틈새로 들어오는 빛이 넓은 실내를 환하게 채우며 철근 콘크리트로 이루어진 내부를 대리석처럼 빛나게 한다.

(바) 이처럼 건축 재료들의 다양한 기술적 탐구는 건축미 새로운 미학의 원동력이 되어 왔다. 특히 근대 이후에는 급격한 기술의 발전으로 혁신적인 건축 재료들이 탄생할 수 있었다. 건축 재료와 건축 미학의 유기적인 관계는 앞으로도 지속될 것이다.

25. 윗글에 대한 설명으로 가장 적절한 것은?

① 건축 재료의 특성과 발전을 서술하면서 각 건축물들의 공간적 특징을 설명하고 있다.

② 건축 재료의 특성에 기초하여 건축물들의 특성에 대한 상반된 평가를 제시하고 있다.

③ 건축 재료의 기원을 검토하여 다양한 건축물들의 미학적 특성과 한계를 평가하고 있다.

④ 건축 재료의 시각적 특성을 설명하면서 각 재료와 건축물들의 상징적 가치를 탐색하고 있다.

⑤ 건축물들의 특징에 대한 평가가 시대에 따라 달라진 원인을 제시하고 건축 재료와의 관계를 설명하고 있다.

[21~23] 다음 글을 읽고 물음에 답하시오.

　20세기 미술의 특징은 무한한 다원성에 있다. 어떤 내용을 어떤 재료로 어떤 형식으로 작품화하건 미술로 인정되고, 심지어 창작 행위가 가해지지 않은 것도 '작품'의 자격을 얻을 수 있어서, '미술'과 '미술 아닌 것'을 객관적으로 구분해 주는 기준이 존재하지 않게 된 것이다. ㉠단토의 '미술 종말론'은 이러한 상황을 설명하기 위한 미학 이론 중 하나이다. 단어가 주는 부정적 어감과는 달리 미술의 '종말'은 결과적으로 모든 것이 미술 작품이 될 수 있게 된 개방적이고 생산적인 상황을 뜻한다. 그런데 이러한 다원성은 전적으로 새로운 상황일까, 아니면 이전부터 이어져 온 하나의 흐름에 속할까?

　작품의 형식과 내용이 전적으로 예술가의 주체적 선택에 달려 있다는 관점에서만 보면, 20세기 미술의 양상은 아주 낯선 것은 아니라고 할 수 있다. 르네상스 때 작가의 서명은 작품이 외부의 주문에 따라 제작되더라도 그것의 정신적 저작권만큼은 예술가에게 있음을 알리는 행위였다. 이는 창조의 자유가 예술의 필수 조건이 되는 시대를 앞당겼다. 즉 미켈란젤로가 예수를 건장한 이탈리아 남성의 모습으로 그렸던 사례에서 보듯, 르네상스 화가들은 주문된 내용도 오직 자신만의 방식으로 이미지화했다.

　형식의 이러한 자율화는 내용의 자기 중심화로 이어진다. 17세기의 네덜란드 화가들은 신앙이나 성인(聖人)을 그리던 오랜 관행에서 벗어나 친근한 일상을 일상적으로 그리기 시작했고, 19세기 낭만주의에 와서는 내면의 무한한 표출이 예술의 생명이 되기에 이르렀다. 이런 관점에서 보면 20세기 미술은 예술적 주체성과 자율성의 극대화라는 일관된 흐름의 정점이라고 할 수 있다.

　그러나 단토가 주목하는 것은 이러한 흐름과는 결정적으로 구분되는 20세기만의 질적 차별성이다. 이전 시대까지는 '미술'과 '미술 아닌 것'의 구분은 '무엇을 그리는가?' 또는 '어떻게 그리는가?'의 문제, 곧 내용·형식·재료처럼 지각 가능한 '전시적 요소'에 의존하여 가능했다. 반면, 20세기에는 뒬 샹의 〈샘〉, 자연물, 기성품 등도 '작품'으로 인정되는 데에서 모두, 전시적 요소로는 더 이상 그러한 구분이 불가능해진 것이다. 이제 ㉡그러한 구분은 대상이 어떤 것이든 그것에 미술 작품의 자격을 부여하는 지적인 행위, 곧 작품 밖의 '비전시적 요소'에 의존할 따름이다. 현대 미술이 미술의 개념 자체를 묻는 일종의 철학이 되고 작품의 생산과 감상을 매개하는 이론적 행위로서 비평의 중요성이 부각된 이유가 바로 여기에 있다.

---

21. 윗글을 이해한 것으로 가장 적절한 것은?

　① 서명의 시작은 주문에 따른 제작에서도 예술가의 주체성을 표출한 사건이었다.

　② 예술가의 자율적인 이미지 창출은 르네상스 이전부터 보편적이었다.

　③ 형식의 자율화는 17세기 네덜란드 화가들로부터 비롯되었다.

　④ 현대 미술에서는 내용과 형식이 작품의 자격을 결정한다.

　⑤ 현대 미술에서는 비평이 전시적 요소를 결정한다.

22. ㉠에 따라 '20세기 미술'을 이해한 것으로 적절하지 않은 것은?

　① 과거에 비해 예술가의 자율성이 더욱 두드러지게 표출된다.

　② 자연 그대로의 사물을 전시하는 것도 작품 창작 행위로 인정될 수 있다.

　③ 미술을 정의하는 기준이 해체되어 예술 작품 생산이 침체 상태에 이르렀다.

　④ 미술사적 관점에서 볼 때 과거와의 공통점보다는 차이점이 더 본질적이다.

　⑤ 과거의 내용과 형식을 그대로 따르는 것도 미술적 창조로 인정될 수 있다.

23. ㉡에 해당하는 사례로 가장 적절한 것은? [3점]

　① 뒤샹의 〈샘〉은 소변기에 서명을 하여 전시함으로써 일상용도 이론적 해석에 따라 미술에 포함될 수 있는 가능성을 제시한 작품이다.

　② 브라크의 〈과일 접시와 유리잔〉은 그림에 먼지를 덧붙여 회화를 3차원화함으로써 회화는 2차원적이라는 고정관념에서 탈피한 작품이다.

　③ 폴록의 〈1950년 32번〉은 캔버스에 물감을 붓거나 떨어뜨려 즉흥적 이미지를 창출함으로써 창조적 무의식과 초현실 세계의 표현을 시도한 작품이다.

　④ 칸딘스키의 〈콤퍼지션 Ⅶ〉은 구체적인 대상의 묘사 대신 추상적인 색·선·형태만으로 작가의 내면을 표현함으로써 순수 이미지의 언어적 가능성을 모색한 작품이다.

　⑤ 몬드리안의 〈브로드웨이 부기우기〉는 수많은 네모 무늬로 수직·수평의 율동적 흐름을 창출함으로써 뉴욕의 활기찬 생활과 음악적 리듬감의 표현을 추구한 작품이다.

필기구 둘러보기

수험생의 무기이자 친구

"아무 것이나 지필도구로 사용하는 것을 피할 것. 특정한 종이, 특정한 펜, 특정한 잉크를 까다로울 정도로 고수하는 것은 유익한 일이다. 그것은 사치가 아니다. 오히려 그러한 용구를 풍부하게 갖추는 것은 없어서는 안 될 요소이다." ─ 발터 벤야민, 『일방통행로』

공부하는 학생에게 필기구는 손에 잘 익혀야 할 무기이자 친구입니다. 『불합격을 피하는 법』의 저자 최규호 변호사는 수험생 시절에 필기구 쇼핑을 하는 것이 기분전환용 취미였다고 합니다. 그는 "수험생이라면 정기적으로 문구점에 들러서 유용한 필기구가 있는지 살펴볼 것"을 권하기도 합니다.[26]

이제 펜을 함께 골라볼까요? 생각보다 용도에 따라 필기구의 종류가 무척 다양합니다.

모나미의 베스트셀러인 플러스펜입니다. 비문학 지문이나 교과서 상에 넘버링과 밑줄긋기를 할 때 가장 많이 쓰이는 펜입니다. 주로 쓰는 색깔은 검정, 파랑, 초록, 빨강이며 각 펜마다 쓰임이 다릅니다. 예를 들면 빨강은 교재 상에서 '부정, 배제, 소극, 감소'를 나타내는 문장이나 어휘에 표시를 하는 데에 쓰입니다. 저렴하여 여러 자루 구입한 뒤 편하게 쓰기에는 좋지만 수성이라 물에 닿으면 번진다는 단점이 있습니다.

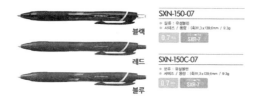

물에 번지는 것이 신경쓰인다면 제트스트림 단색펜을 추천합니다. 이 제품도 꾸준히 학생들의 사랑을 받는 펜입니다. 필기감도 좋고 소위 볼펜 똥이라 불리는 잉크 찌꺼기도 적은 편입니다.

다음은 학생들이 항상 구입하지만 의외로 활용도가 낮은 형광펜입니다. 가장 추천해드리고 싶은 제품은 스태들러의 textsurfer입니다. 굵기도 적당할 뿐만 아니라 눈의 피로도도 낮고, 손이나 종이에 잘 묻거나 번지지 않습니다. 단점은 약간 시큼한 냄새가 난다는 것?

가장 많이 쓰는 색은 분홍, 초록, 주황이며 모나미 플러스펜처럼 각 각 펜마다 쓰임이 있습니다. 초록은 키워드, 분홍은 비교, 주황은 예외의 키워드나 문장에 마킹을 하는 데 사용됩니다. 이렇게 색상별로 펜을 사용한다면 한눈에 알아보기 쉽게 단권화할 수 있을 뿐만 아니라 가독성이 좋아져서 반복 학습으로 보다 쉽게 나아갈 수 있습니다. 스타빌로 형광펜도 평이 아주 좋습니다. 스태들러 특유의 시큼한 냄새도 안 나고, 스태들러보다 조금 오래 가는 것 같습니다.

샤프는 0.5mm 샤프를 많이 사용하지만 0.9mm 샤프도 추천합니다. 위 제품은 제가 사용하는 펜텔 제품입니다. 내구성과 그립감이 우수합니다. 시험지는 대부분 회색 용지에 인쇄되는데, 굵기가 너무 가는 샤프의 경우 문제풀이의 흔적이 잘 보이지 않을 수 있습니다. 0.9mm 샤프는 그립감은 0.5mm와 크게 다르지 않으면서 더 선명하고 쓰는 손맛이 있습니다.

다음으로 필요한 펜은 라이너입니다. 주로 '밑줄을 긋는 용도로 사용하는 펜'이라고 말할 수 있겠습니다. 필기구 사용에 민감한 학생들은 줄을 그을 때 일반 볼펜이나 플러스펜을 사용하지 않고 라이너를 사용합니다. 선명하게 그어질 뿐만 아니라 번짐도 적습니다. 다소 비싸기는 하지만 스태들러의 triplus fineliner를 추천해드리며 색상은 빨강, 파랑, 초록, 분홍, 주홍 정도 구비하시면 됩니다.

논술이나 기타 서술형 답안 작성용 펜으로는 제브라 스라리 1.0을 강력히 추천합니다. (아래의 왼쪽) 그림감과 필기감도 우수할 뿐만 아니라 제트스트림과 마찬가지로 '볼펜똥'도 잘 생기지 않습니다! 제가 개인적으로 가장 많이 사용하는 펜이라 저는 리필러를 구입한 후 심만 갈아 끼워 사용하고 있습니다.

OMR 답안지 마킹용 사인펜으로는 동아에서 나온 원터치 마킹용 사인펜을 추천합니다. (위의 오른쪽) '모나미 예감적중'은 한쪽은 사인펜이 있고, 다른 한쪽엔 임시 마킹용 수성펜이 있어서 간편한 제품입니다.

화이트도 수정이나 마킹 정정용으로 꼭 필요한 필기용품입니다! 액체형(왼쪽)과 테이프형(오른쪽) 두 종류가 있는데, 일반적으로 테이프형을 사용하나 세밀하게 수정할 부분에서는 액체형을 쓰기도 합니다.

3M에서 나온 플래그와 인덱스탭 두 제품은 중고등학생보다는 주로 대학생들이 많이 사용합니다. 자주 보는 페이지로 바로가기를 만들거나 교과서상의 챕터를 나눌 때 편리합니다. 효율적인 공부를 추구하는 학생들이라면 꼭 한 번 사용해보기를 권합니다. 포스트잇은 유명해서 굳이 설명이 필요 없을 것 같습니다. 아래와 같은 작은 스테이플러도 챙겨 두면 좋습니다. 내신시험이나 모의고사를 볼 때 왼쪽상단에 심을 박아서 정리하면 시험지가 흩어지지 않아서 짱입니다!

끝으로, 이 필통을 소개해드릴까 합니다. Cordura원단으로 만든 STARTTS 필통입니다. 내구성도 튼튼하고 수납공간도 넉넉해서 요즘에 학생들이 많이 사용합니다. Nomadic 제품도 비슷한 느낌의 필통이라 할 수 있습니다.

서울대 법대 재학 시절 행정고시, 사법시험, 외무고시에 합격한 고승덕 변호사는 채점자의 눈에 띄기 위해 만년필 잉크를 직접 제조하기도 하였습니다. 진한 잉크를 써야 답안지가 눈에 잘 띌 것이라고 판단하고 몇 달 동안 잉크를 말려 농도 조절을 했는데, 이것이 수험생활 중 낙이자 재미였다고도 합니다. 그렇게 만들어진 잉크로 답안지를 쓰면 글자가 코팅된 효과가 난다고 합니다. 이에 더해 만년필에 실을 감고 풀을 먹여 만년필이 땀에 미끄러지지 않도록 고안했다고도 합니다.[27] 수험생이라면 필기구에 항상 관심을 가지면서 꼼꼼하고 소중하게 관리하십시오. 사소한 습관이 결정적인 순간에 여러분의 성패를 좌우할 수도 있습니다.

어떻게 요약할 것인가

비문학 연습

1. 비문학 지문 공부의 의미

비문학 지문은 국어교과 독서 과목에서 다루고 있습니다. 그런데 비문학 지문은 독서 과목에 한정되지 않고 학습의 중요한 자료로 다양하게 활용될 수 있습니다. 비문학 지문은 짜임새가 좋은 짧은 길이의 완결된(글쓴이가 글의 완성을 의도한) 글로서, 우리가 공부하는 모든 교과서와 교재는 결국 이러한 글들의 연결체이자 집합이라고 할 수 있기 때문입니다. 비문학 지문을 정확하게 요약하고 분석하는 연습을 하면, 교과서와 각종 교재들의 핵심을 파악하는 능력이 향상될 수 있습니다.

이는 마치 마라톤 42.195km 완주를 하기 위해, 구간을 나누어 코스별로 연습하는 것과 같습니다. 나아가 국어영역 비문학 지문 성적을 향상시키면서 두 마리 토끼를 잡을 수 있다는 장점도 있습니다. 특히 독서(비문학)는 학년이 올라가면서 점점 어려워집니다. 수능 직전까지 수험생들을 고민스럽게 만드는 부분이라고 할 수 있습니다. 따라서 1학년 때부터 꾸준히 연습하는 것이 필요합니다.

그러나 아쉽게도 이러한 비문학 지문에 대해 이론적으로 정리해놓은 교과서나 교재, 강의는 드물다고 할 수 있습니다. 대개의 학원, 인강들은 비문학 지문의 내용 자체를 설명합니다. 그러나 학생들 입장에서 필요한 것은 낯선 지문에 기술적으로 접근하는 방법과 정답을 찾아내는 효율적인 방식이라고 할 수 있습니다. 철학이나 과학 지문에서 그 내용만 풀어서 설명한다면 글을 어떻게 전략적으로 접근하여 독해할 것인가에 대한 문제는 간과하는 것이라 할 수 있습니다. 비문학은 풍부한 배경 지식과 어휘에 대한 이해를 어느 정도 필요로 하기 때문에, 학생 스스로 독서와 어휘 공부를 해나가야 하는 부분도 있습니다.

2. 데일리 루틴으로 비문학 연습하기

알파 기간 때 여러분은 데일리 루틴으로, 한 편의 비문학 지문을 완벽하게 요약하고 분석하는 연습을 해야 합니다. 이것은 축구선수나 야구선수가 매일 스트레칭과 기본기 훈련을 하는 것과 같습니다.

기본적으로 서동욱(기아 타이거즈)은 현재 붙박이 주전은 아니다. 출전도 다소간 들쑥날쑥한 감이 있다. 이 점에 대해 묻자 "'다소' 가 아니라 아예 들쑥날쑥하죠"라며 웃은 뒤 "그래도 나만의 루틴을 철저히 지키려고 한다. 선발로 나가는 날이든, 벤치에서 시작하는 날이든 과정은 똑같다"라고 말했다. 이어 "나는 항상 철저하게 준비하는 편이다. 배팅 연습도 가장 먼저 한다. 그래야 빨리 준비할 수 있고, 여유를 가지고 준비할 수 있다. 안 그러면 바빠진다. 어떤 상황이든 똑같은 패턴으로 경기를 준비하고자 한다. 날이 덥다 보니 연습을 조절하는 경우도 있지만, 큰 틀에서는 똑같다"라고 덧붙였다. (스포츠동아, 2016. 05. 25.)

3. 비문학 연습의 기본 패턴

보통 비문학 지문은 다음과 같은 패턴으로 연습을 하면 좋습니다. 먼저 지문당 7분 정도의 시간을 두고 문제를 풀어보도록 합니다. 비문학 지문은 지문과 문제로 구성됩니다. 문제 유형은 크게 주제를 묻는 문제, 사실관계 파악 문제(코렉트 문제), 글의 서술상의 특징을 묻는 문제, 변형 문제 등으로 다시 나눕니다.

1. 주제를 묻는 문제
2. 사실관계 파악 문제
3. 글의 서술상의 특징을 묻는 문제
4. 변형 문제

여러분은 비문학 지문의 문제를 풀이를 할 때 지문보다는 문제 속의 선지들을 먼저 읽어야 한다는 것을 잘 알고 있을 겁니다. 하지만 위와 같은 여러 유형 중 선지를 먼저 읽는 것이 의미 있는 경우는 주로 주제를 묻는 문제라고 할 수 있습니다. 왜냐하면 주제를 묻는 문제는 ①~⑤번 선지들이 거의 비슷한 이야기를 하고 있는데, 선지를 먼저 읽으면서 글에 대한 대강의 힌트 또는 전체적인 그림을 얻을 수 있기 때문입니다. 사실관계 문제, 즉 코렉트 문제의 경우에는 수험생들이 쫓기는 제한된 시간 속에서 선지를 먼저 읽고 그 선지를 기억하고 지문을 읽어나가면서 답을 찾아낸다는 것이 사실상 불가능합니다. 이 경우 보통 가장 긴 선지나 1, 2번 선지, 혹은 형용사(많다, 크다 등)가 있는 선지만을 보고, 이 두 가지만이라도 지문을 읽으면서 찾아내겠다는 생각으로 접근하는 것도 전략이라고 할 수 있겠습니다. 운이 좋으면 읽은 선지가 답이 될 수도 있고, 그렇지 않다고 해도 나머지 세 개의 선지만 확인하면 되기 때문입니다. 경우에 따라서는 지문을 읽어나가다 순간적으로 도표를 그리면서 비교해야 하는 경우가 생길 수도 있습니다.

[2014학년도 대학수학능력시험 예비시행 A형]에 출제된 지문은 전형적으로 그러한 경우입니다.

기원전 323년 사망한 마케도니아의 왕 알렉산드로스는 역사상 유례 없을 정도의 짧은 기간에 대제국을 건설하였다. 그의 과감함과 용맹 그리고 요절은 이미 고대에 그에 대한 여러 전설을 만들어 놓았다.

하지만 그에 대한 자료를 제공하는 고대 저술가들이 모두 그에게 호의적이었던 것은 아니다. 이는 1~2세기에 활동한 세 역사가들의 저술에서 확인할 수 있다.

그 세 역사가인 아리아노스, 플루타르코스, 쿠르티우스 중에서 아리아노스와 플루타르코스는 그를 호의적으로 평가한 편이고, 쿠르티우스는 비판적이었다. 그러나 아리아노스와 플루타르코스 사이에도 약간의 차이는 있다. 아리아노스는 알렉산드로스가 명백하게 잘못한 경우에도 상대방 역시 잘못이 있다고 하여 책임 소재를 분산시킬 만큼 그에 대해 호의적이었다. 하지만 플루타르코스는 알렉산드로스를 영웅으로 그리고 있음에도 불구하고, 비판적인 묘사를 조금씩 삽입하여 반감을 약간씩 내비친다. 한편 쿠르티우스는 알렉산드로스의 천품은 좋으나, 페르시아를 정복하고 나서는 자만과 포악이 겸양을 능가하게 되었다고 비판한다.

이런 세 작가들의 입장 차이는 그들이 속한 역사적 환경과 밀접한 관계가 있다. 이 중 아리아노스와 플루타르코스는 당시 로마의 속주였던 그리스 출신이다. 그러나 전자는 로마 제국의 고위직에 올랐던 반면, 후자는 고향에서 신관으로 일했기에 정치와는 무관했다. 그들은 모두 알렉산드로스가 마케도니아 · 그리스 연합군을 이끌고, 과거 그리스를 침공했던 페르시아를 정복했다는 면을 중시하였다. 그러나 플루타르코스가 태어난 지역이 과거 마케도니아에 반기를 들었다가 진압 당했던 곳이라는 점을 감안하면 그의 평가에 내재하는 반감을 이해할 수 있다.

한편, 쿠르티우스는 로마의 귀족이고 원로원 의원이었다. 그가 알렉산드로스에 대해 아리아노스와 대조적인 평가를 한 데에는 시대적 배경이 있다. 쿠르티우스가 활동한 1세기는 로마 제정이 막 시작되었을 때였고, 황제는 '제1시민'이라는 호칭을 그대로 사용하여 공화정을 가장하고 있었다. 공화정을 주도했던 원로원이 유명무실해져 가는 상황에서 쿠르티우스는 알렉산드로스가 절대 권력을 행사한 데 대해 비판적 입장을 가질 수밖에 없었다. 그러나 한 세기가 더 지나 아리아노스가 활동할 때가 되면 제정은 확립되었고, 그는 속주 출신이라는 한계 때문이라도 지배자에 대해 충성의 자세를 보여야 했다. 그가 쓴 작품은 결국 황제에게 바치는 충성의 맹세였던 것이다.

이 지문의 첫 문제는 윗글에 나타난 인물들에 대한 설명으로 적절한 것을 고르는 문제였습니다.

① 플루타르코스는 태생의 한계를 극복하려는 정치적 의도에서 책을 썼다.
② 아리아노스와 쿠르티우스는 로마 제정 시대에 활동했다는 공통점이 있다.
③ 아리아노스는 로마의 공직자였기에 알렉산드로스의 정복에 대해 위협을 느꼈다.
④ 플루타르코스와 쿠르티우스는 다 같이 로마의 속주 출신이라는 동질감을 지녔다.
⑤ 알렉산드로스는 고대에서 현대에 이르기까지 전설의 소재이자 찬미의 대상이었다.

정답은 몇 번 일까요? 다음과 같이 도표를 빠르게 그려보는 것이 문제를 풀어나가는 데에 도움이 될 수 있습니다. 문제를 모두 풀이한 후 정답을 확인하고 틀린 문제는 다시 리뷰를 합니다(위의 지문 정답: ②).

	아	풀	쿠
평(가)	호호	호+반	비
출(신)	속/공직	속/신관/진압	로/귀
상(황)	확		시작

다음, 소리내어 낭독을 해보도록 합니다. 상위권 학생들이지만 의외로, 문장을 의미 단위에 따라 적절한 호흡으로 끊어 읽는 것에 서투른 경우가 있습니다. 묵독에만 익숙해져 있기 때문입니다. 그러나 소리내어 읽는 것이 정확하지 않다면 묵독의 정확성도 장담할 수 없습니다. 따라서 이 과정에서 틀리면 문장이나 문단의 맨 앞으로 오는 등의 방식으로 벌칙을 부과하면서 선생님이나 친구, 부모님 아니면 스스로가 꼼꼼하게 체크하면 좋습니다. 그리고 필기의 기술에서 익힌 방법을 따라 지문에 넘버링, 밑줄긋기, 마킹을 실시한 뒤, 지도 선생님이나 다른 친구들의 답안과 비교를 해보도록 합니다.

마지막으로 '비문학 연습' 양식에 따라 각 문단을 요약해보도록 합니다. 요약은 크게 1차, 2차, 3차 요약으로 구분할 수 있습니다. 1차 요약은 초등학교 때를 떠올리면 됩니다. 문단을 요약하라는 과제를 부여 받을 때 흔히, 문단의 시작과 끝에 중요 내용이 있다는 전제 하에 앞문장과 뒷문장을 기계적으로 합치는 경우가 있습니다. 이러한 요약은 비록 핵심 정보에 접근할 가능성은 높을지라도 정확한 요약이라고는 할 수 없습니다. 왜냐하면 지문의 중요한 정보들은 문단의 중심을 포함하여 여러곳에 분산되어 존재하기 때문입니다. 우리는 2차적 요약과 3차적 요약을 잘 해낼 수 있어야 합니다. 2차적 요약은 각 문단의 의미를 도출해는 것이라고 할 수 있겠습니다. 가령 '~의 특징, ~의 개념, ~의 구체적인 예' 등으로 문단을 정리하는 것입니다. 3차적 요약은 가장 종합적이고 치밀한 요약으로서 글 곳곳에 분산되어 있는 키워드들을 모두 뽑아내는 것이며, 이때 '감소, 상승, 하강, 비례, 반비례' 등의 내용을 표시하기 위해 화살표와 부등호 등을 적절히 활용하여 최소 분량으로 요약을 해야 합니다.

이렇게 요약을 한 후에는 전체 문단에서 핵심 키워드 10개를 뽑아냅니다. 그 후 다시 5개를 추려내 보고 5개의 키워드를 활용하여 문장을 써 보도록 합니다. 다음 3개를 뽑아내어 최종적인 주제 문장을 작성합니다. 끝으로 핵심키워드 한 단어를 도출합니다. 주의할 것은 10개의 키워드에서 5개, 3개의 키워드를 순차적으로 뽑아 내는 기계적인 과정이 아니라는 점입니다. 3개의 키워드 속에는 5개로 요약한 단어들 중 없는 단어들이 들어갈 수도 있습니다. 왜냐하면 5개에서 3개의 키워드를 뽑아내려면, 3개의 키워드들은 5개의 키워드보다 다소 포괄적인 성격을 띠어야 하는 경우도 생길 수 있기 때문입니다. 전체의 글을 한 개의 단어로 압축하는 것은 비문학 훈련의 생명과도 같습니다. 글을 정확하게 이해하지 못했다면 결코 한 단어로 뽑아낼 수 없습니다.

이 작업까지 마무리 한 후 글의 구조를 분석합니다. 대등한 문단은 가로로 연결하고 종속적인 문단이 여럿이거나 같은 내용의 문단이 여럿인 경우 세로로 연결하면서 벤다이어그램(도식)을 그려 마무리 하도록 합니다. 처음 알게 된 어휘를 정리하거나 비문학 지문 내 암기 요소들을 암기법으로 연습하는 것도 좋은 훈련이 됩니다. 매일 한 지문씩 점점 시간을 단축할 수 있도록 합시다. 이 모든 과정을 다 하는 데에 처음 1시간이 걸렸다면 30분으로, 다시 30분에서 20분으로, 20분에서 15분으로 단축해보도록 합니다. 멘토나 선생님, 부모님의 지도가 없으면 친구들끼리 해보는 것도 좋은 방법입니다. 서로 요약하고 정리한 내용이 타당한지 설득하고 토론해보는 것도 좋겠습니다. 공부의 1차적인 의미는 교재를 요약하고, 암기하고 인출해내는 과정입니다. 엉뚱한 내용을 요약한다든지 글의 핵심 내용을 체크하는 능력이 부족하게 되면 공부하는 데 큰 차질을 빚게 됩니다.

비문학 연습 순서	
1단계	• 7분간 문제 풀이, 긴 지문의 경우 11분까지
2단계	• 정답 체크하고 틀린 문제 리뷰
3단계	• 낭독
4단계	• 넘버링, 밑줄긋기, 마킹
5단계	• 비문학 연습지에 내용 요약 - 2차적 요약과 3차적 요약 - 키워드 10개 뽑아내기 - 키워드 5개 뽑아서 문장 만들기 - 키워드 3개 뽑아서 주제문 쓰기 - 키워드 1개 뽑아내기 - 글의 구조 분석하기
6단계	• 요약한 내용 리뷰하고 친구나 선생님, 부모님과 토론

2017학년도 평가원 [고3] 9월 모의고사 **국어영역** 지문을 요약해봅시다.
148~151페이지 〈예제1〉 참조

비문학 독해 연습 A		
이름:	날짜:	교재:

- **1차적 요약:** 문단의 앞문장 + 뒷문장 합치기
- **2차적 요약:** 문단의 의미 쓰기(특성, 정의, 종류, 방법 등)
- **3차적 요약:** 각 문단의 핵심 키워드가 빠짐없이 들어갈 수 있도록 하기

- 우리에게 필요한 것은 2차적 요약과 3차적 요약!
- 3차적 요약 시 화살표와 부등호 등 각종 기호도 써봅시다!

문단 요약

비문학 독해 연습 A		
이름:	날짜:	교재:

- **1차적 요약**: 문단의 앞문장 + 뒷문장 합치기
- **2차적 요약**: 문단의 의미 쓰기(특성, 정의, 종류, 방법 등)
- **3차적 요약**: 각 문단의 핵심 키워드가 빠짐없이 들어갈 수 있도록 하기

- 우리에게 필요한 것은 2차적 요약과 3차적 요약!
- 3차적 요약 시 화살표와 부등호 등 각종 기호도 써봅시다!

문단 요약

(가) 고대 로마시대 판테온에서부터 써온 콘크리트
- 근대 기술 아님.
- 판테온: 골재 배합 달리하여 지붕 가볍게 + 원형 천장 + 빛

(나) 콘크리트의 정의와 특성(특질)
- 콘크리트: 시메트 + 골재 (모래, 자갈) + 물
- 특질
① 상온에서 수화반응(작업 용이)
② 골재의 종류와 비율에 따라 강도와 밀도 조절
③ 서로 다른 크기 골재 → 접촉↑ → 강도↑

(다) 콘크리트와 철재의 인장/압축 강도 비교 + 철근콘크리트 도입
- 콘크리트: 압축 강도↑, 인장 강도↓
- 철재: [압축 강도↑, 인장 강도↑] + 변형 정도 작음
- 철근 콘크리트로 인장력 받는 부분 보완
- 포아송비 = ㅣ△지름ㅣ÷ㅣ△높이ㅣ and 철재 〉콘크리트

(라) 철근콘크리트 도입의 효과와 사보아 주택
- 철근콘크리트 도입: 대형공간 축조 가능 + 기둥 간격↑
- 사보아 주택의 특징: ① 기둥만으로 본체 지탱, ② 옥상 천정, ③ 넓은 지붕

(마) 프리스트레스트 콘크리트의 특징과 킴벨 미술관
- 프리-: 인장력에 대한 저항성↑
- 킴벨 미술관의 특징: ① 기둥 사이↑(개방감), ② 하나의 층, ③ 지붕 틈새 빛

(바) 건축재료와 건축미학의 유기적 관계

비문학 독해 연습 B

KEY WORD 분석

S T E P [1]

- 주요 어휘 10개: 3어절까지 한 단어로 봄
....
....

S T E P [2]

1. 주요 어휘 5개: 3어절까지 한 단어로 봄
....
....

2. 세 줄 요약: 주요어휘 5개가 모두 들어가도록!
....
....
....

S T E P [3]

1. 주요 어휘 3개: 3어절까지 한 단어로 봄
....

2. 한 줄: 주제문 요약(주요어휘 3개가 모두 들어가도록!)
....

오늘의 키워드(3어절 이내):

구 조 분 석

- 대등한 문단은 가로로 연결
- 종속적인 문단이 여럿이거나 같은 내용의 문단이 여럿인 경우 세로로 연결

KEY WORD 분석

<table>
<tr>
<td>S
T
E
P
①</td>
<td>

• 주요 어휘 10개: 3어절까지 한 단어로 봄

콘크리트, 판테온, 수화 반응, 인장 강도, 압축 강도, 대형공간, 기둥 간격, 사보아 주택,

프리스트레스트 콘크리트, 킹벨 미술관

</td>
</tr>
<tr>
<td>S
T
E
P
②</td>
<td>

1. 주요 어휘 5개: 3어절까지 한 단어로 봄

콘크리트, 강도와 밀도, 인장 강도와 압축 강도, 철근콘크리트와 사보아 주택,

프리스트레스트 콘크리트와 킹벨미술관, 건축재료와 건축미학

2. 세 줄 요약: 주요 어휘 5개가 모두 들어가도록!

• 콘크리트는 강도와 밀도 조절이 쉽지만 인장 강도가 약하다.

• 철근 콘크리트(사보아 주택)와 프리스트레스트 콘크리트(킹벨미술관)는 이를 보완하기 위한 것이다.

• 이러한 시도는 건축재료와 건축미학의 유기적 관계를 보여준다.

</td>
</tr>
<tr>
<td>S
T
E
P
③</td>
<td>

1. 주요 어휘 3개: 3어절까지 한 단어로 봄

콘크리트, 인장력, 건축재료와 건축미학

2. 한 줄: 주제문 요약(주요 어휘 3개가 모두 들어가도록!)

콘크리트의 인장력을 보완하기 위한 노력은 건축재료와 건축미학의 유기적 관계를 보여준다.

</td>
</tr>
<tr>
<td colspan="2" align="center">오늘의 키워드(3어절 이내): 건축재료와 건축미학</td>
</tr>
<tr>
<td>구
조
분
석</td>
<td>

• 대등한 문단은 가로로 연결
• 종속적인 문단이 여럿이거나 같은 내용의 문단이 여럿인 경우 세로로 연결

(가) ─┬─ (나) ─┐
　　　└─ (다) ─┘─ (라) ── (바)

</td>
</tr>
</table>

2014학년도 평가원 [고3] 9월 모의고사 **국어영역** 지문을 요약해봅시다.
152~153페이지 〈예제 2〉 참조

비문학 독해 연습 A		
이름:	날짜:	교재:

- **1차적 요약:** 문단의 앞문장 + 뒷문장 합치기
- **2차적 요약:** 문단의 의미 쓰기(특성, 정의, 종류, 방법 등)
- **3차적 요약:** 각 문단의 핵심 키워드가 빠짐없이 들어갈 수 있도록 하기

- 우리에게 필요한 것은 2차적 요약과 3차적 요약!
- 3차적 요약 시 화살표와 부등호 등 각종 기호도 써봅시다!

문단 요약

- **1차적 요약**: 문단의 앞문장 + 뒷문장 합치기
- **2차적 요약**: 문단의 의미 쓰기(특성, 정의, 종류, 방법 등)
- **3차적 요약**: 각 문단의 핵심 키워드가 빠짐없이 들어갈 수 있도록 하기

- 우리에게 필요한 것은 2차적 요약과 3차적 요약!
- 3차적 요약 시 화살표와 부등호 등 각종 기호도 써봅시다!

문단 요약

- 근대 기술 아님

(가) 20세기 미술의 특징
- 무한한 다원성 = 주체성 + 자율성
- 단토의 미술종말론 = 개방적 + 생산적

⇓ "하나의 흐름!"

(나) 작품의 형식과 내용이 예술가의 주체적인 선택에 따름
- 예) 르네상스 시대의 화가 서명 → 저작권은 화가!

(다) 형식의 자율화 → 내용의 자기 중심화
- 예1) 네덜란드 화가: 친근한 일상
- 예2) 19세기 낭만주의: 내면의 무한 표출
∴ 주체성과 자율성 면에서 20세기는 정점

(라) 단토 주장의 차별성: 비전시적 요소의 중요성↑ + 비평의 중요성↑

비문학 독해 연습 B
KEY WORD 분석

STEP 1	• 주요 어휘 10개: 3어절까지 한 단어로 봄
STEP 2	1. 주요 어휘 5개: 3어절까지 한 단어로 봄 2. 세 줄 요약: 주요어휘 5개가 모두 들어가도록!
STEP 3	1. 주요 어휘 3개: 3어절까지 한 단어로 봄 2. 한 줄: 주제문 요약(주요어휘 3개가 모두 들어가도록!)
오늘의 키워드(3어절 이내):	
구조 분석	• 대등한 문단은 가로로 연결 • 종속적인 문단이 여럿이거나 같은 내용의 문단이 여럿인 경우 세로로 연결

	비문학 독해 연습 B
	KEY WORD 분석
S T E P 1	• 주요 어휘 10개 : 3어절까지 한 단어로 봄 20세기 미술, 무한한 다원성, 단토의 미술종말론, 주체적 선택, 르네상스 화가 서명, 내용의 자기중심화, 네덜란드 화가, 19세기 낭만주의, 비전시적 요소, 비평
S T E P 2	1. 주요 어휘 5개 : 3어절까지 한 단어로 봄 　20세기 미술, 무한한 다원성, 주체성과 자율성, 비전시적 요소, 비평의 중요성 2. 세 줄 요약 : 주요 어휘 5개가 모두 들어가도록! • 20세기 미술의 특징은 주체성과 자율성이 정점에 이른 무한한 다원성이라고 할 수 있다. • 단토의 미술종말론은 이를 설명하기 위한 이론이다. • 단토는 비전시적 요소의 중요성 증가에 주목하는데, 비전시적 요소의 중요성 증가는 비평의 중요성을 부각시켰다.
S T E P 3	1. 주요 어휘 3개 : 3어절까지 한 단어로 봄 무한한 다원성(주체성, 자율성), 비전시적 요소, 비평 2. 한 줄 : 주제문 요약(주요 어휘 3개가 모두 들어가도록!) 20세기 미술, 무한한 다원성, 단토의 미술종말론, 주체적 선택, 르네상스 화가 서명, 내용의 자기중심화, 네덜란드 화가, 19세기 낭만주의, 비전시적 요소, 비평
	오늘의 키워드(3어절 이내) : 건축재료와 건축미학
구 조 분 석	• 대등한 문단은 가로로 연결 • 종속적인 문단이 여럿이거나 같은 내용의 문단이 여럿인 경우 세로로 연결 　　　　　　　(나) (가) ─┌──────┐─ (라) 　　　　└──────┘ 　　　　　　　(다)

4. 비문학 연습의 힘

닉 나이트 사진전, 헝가리 혁명 60주년 기념 사진전

경일대학교 사진학과에 수시모집으로 합격한 멘티와 함께 서울 〈대림미술관〉에서 '닉 나이트 사진전'을 보고, 대한민국 〈역사박물관〉을 들러 '헝가리 혁명 60주년 기념 특별사진전'도 관람하고 왔습니다. 이 학생은 방배동에 있는 인문계 고등학교를 다녔는데요, 3년간 정말 성실하게 멘토링 프로그램 수업을 따라와 준 학생입니다. 「더멘토」의 레전드 중 한 명입니다. 처음 수업을 시작했을 때 내신성적이 무척 좋지 않았는데, 주된 원인은 글을 읽는 것을 따분하고 어렵게 생각한다는 점이었습니다. 독서량도 많지 않아서 우리말 어휘력이 좋은 편도 아니었습니다. 1학년 때는 비문학 연습과 『마더텅 1등급 어휘력』만 공부했다고 말할 수 있을 정도로 비문학 지문 연습에 시간을 많이 할애했습니다.

1년을 그렇게 보내니, 글을 읽는 데에 두려움이 사라지고 글의 요지를 파악하고 미묘한 뉘앙스를 제법 걸러내기 시작했습니다. 말은 이렇게 쉽게 하지만, 이 친구가 기울인 노력은 대단한 것이었습니다. 이렇게 글에 대한 두려움이 없어지자 2학년 때부터는 본격적으로 수능을 위한 준비에 들어갈 수 있었습니다. 모든 과목의 기본인강을 들어나가면서 기본서를 만들고 3학년 1학기때까지 5개년도 기출문제를 모두 풀어내는 성실함도 보여줬습니다. 멘토링 수업을 진행하면서 하고싶은 일도 찾아냈고, 결국 사진학과에 지원하게 되었습니다.

짧은 단위의 글을 효과적으로 읽어내지 못하면 교과서를 읽어나가는 것은 더더욱 어려워집니다. 이에 더하여 우리 말 어휘 실력이 뒷받침 되지 못한다면 공부할 의지와 열정은 있어도, 말 그대로 뭔소리인지 몰라서 틀리게 되는 경우가 생기게 됩니다. 대부분의 학생들은 이럴 때 '자신이 공부에 맞지 않는다. 공부를 못한다'고 착각 내지 단정해 버립니다. 그러나 사실은 낱말의 뜻을 모르고, 이와 더불어 짧은 단위의 글을 읽어나가는 요령이 없다는 것이 문제의 핵심입니다.

학년이 올라갈수록 국어영역이든, 탐구영역이든 지문은 어려워지는데 결국 선지의 미묘한 뉘앙스를 감안해서 답을 골라내지 못한다면 좋은 성적을 얻기가 어렵습니다. 자신이 공부의 기본기가 부족하다는 생각이 든다면, 위에서 소개한 비문학 지문 연습을 데일리 루틴으로 넣어 매일 한 지문씩 연습하고, 우리말 어휘 공부도 해보기를 권합니다. 문제를 많이 푸는 것이 목적이 아니라 글을 정확하게 읽으면서 요약하고, 동시에 넘버링과 밑줄긋기를 연습하는 것이므로 하루에 한 지문 정도가 적당합니다. 『마더텅 1등급 어휘력』의 경우는 사용빈도가 떨어지는 어휘도 많이 섞여 있으므로, 모든 단어를 완벽하게 숙지하겠다는 마음가짐으로 공부하기보다는 긍정적인 의미인지 부정적인 의미인지를 먼저 파악하고 예문을 통해서 느낌을 아는 것이 중요하다고 하겠습니다. 예문 학습이 없다면 영혼 없이 어휘 공부를 했다고 해도 과언이 아닙니다. 축구선수가 볼 저글링을 통해 공을 가지고 놀 수 있을 정도로 연습하는 것처럼, 비문학 지문 연습을 통해 글을 완벽하게 요리할 수 있도록 연습하기 바랍니다.

삼청동에서 이 친구와 커피를 한잔 같이하고 왔는데 홀가분 하면서도, 힘들고 포기하고 싶었던 순간에 신념을 잃지 않았던 마음가짐이 고맙고 애틋했습니다. 3학년 2학기 때 몇 번의 슬럼프가 온 적이 있었습니다. 사진학과가 아닌 다른 선택지도 고민해야 하지 않을까 하는 우려에 "아니오, 선생님. 저는 돼요!" 하던 용기 있던 모습이 생각납니다. 그 목소리는 어디서, 어떻게 나온 것일까요. 입학 전까지는 함께 수잔 손택의 『사진에 관하여』와 존 버거의 『본다는 것의 의미』, 『다른 방식으로 보기』도 읽어 나가며, 대학 생활 전반과 레포트 쓰는 법에 대해서도 공부할 예정입니다. 이 책들은 다소 어렵지만, 예체능 학과를 준비하는 학생들이 한번쯤 꼭 읽어볼 만한 책입니다. 결국 대학 공부도 이렇게 '읽기'로 문을 열게 되는군요.

건축 재료와 건축 미학, 그리고 르 코르뷔지에

영국으로 유학을 간 황인범 멘티에게서 카톡이 왔습니다. (학교 기숙사 근처를 산책하면서 사진을 보내왔네요. 비틀즈가 애비로드를 건너올 것 같은 기분!) 이 멘티와는 꿈과 진로에 대한 생각을 발전시키기 위해 많은 시간을 함께했습니다. 작년에는 동대문 DDP '서울 도시건축 비엔날레'와 예술의 전당 '르 코르뷔지에전'을 다녀오기도 했습니다. 멘토의 추천으로 KT&G 상상마당에서 디오라마(diorama · 입체모형)

도 만들었습니다. 최근에는 서현 교수의 『건축을 묻다』와 건축가 승효상의 『보이지 않는 건축, 움직이는 건축』을 멘토와 정독하기도 하였습니다. (덕분에 저도 책을 많이 읽게 됩니다.) 이렇게 건축가의 꿈을 조금씩 키워나가다가 외국에서 공부하고 싶다며 스스로! 유학을 결심하게 되었습니다. 그 이후에는 모든 일정이 일사천리로 진행되었습니다. 심지어는 유학원까지 부모님의 도움 없이 스스로 찾아보고 상담을 받기도 했습니다. 이처럼 '스스로 결심하게 되는 것, 자신이 정말 하고 싶어하는 일이 어떤 것인지 마음의 소리를 듣게 되는 것'이 진정한 동기 부여가 아닐까 하는 생각이 들었습니다.

멘토링 수업을 처음 시작하게 되면 학부모님들이 제일 많이 요청하시는 부분이 "진로에 대한 방향을 빨리 잡아서 동기부여가 이루어지게 되면 공부를 열심히 할테니, 그렇게 만들어 달라"고 하시는 것입니다. 또는 "아이가 원하는 것을 시키겠다"고 하시지만 정작 멘토링 수업이 진행되면 멘토가 부모님의 목소리를 대신 전달하는 단순한 전달자 역할을 해주기를 희망하시기도 합니다. 그러나 단기간에 만들어질 수 있는 정도의 동기나 목표라면, 마찬가지로 순식간에 신기루처럼 사라질 수도 있을 것입니다(사실 대부분이 그렇습니다).

부모님의 목소리를 멘토가 대신 전달하는 것에 그치게 되면, 멘티가 거부감을 느끼거나, 자기가 원하는 진짜 진로를 찾는 데에 더 많은 시간이 소요될 수도 있습니다. 경험을 토대로 말씀드리면 진로, 동기, 원하는 것을 찾아내기까지는 부모님, 멘토, 멘티가 총력을 기울여 인내심을 가지고 다양한 시도를 해봐야 합니다. 단순히 적성검사 후 엔터키를 누르는 것으로 알 수 있다면 얼마나 좋을까요? 이런 다양한 시도들을 하면서도, 과연 멘티가 '어떤 길을 가야 행복할까', '고민의 속도와 깊이가 나이 또는 상황에 적당한 것일까' 끊임없이 성찰해야 합니다.

최근에는 게임 캐릭터 원화 작가가 꿈인 중3 여학생이 있어서 NC 소프트에 근무하는 원화 작가님을 만나고 온 적이 있습니다. 학생이 게임 원화 작가의 삶이 어떤 건지 작가분들한테 이야기를 듣고 싶어해서 기회를 마련한 것입니다. 이 학생과는 비문학 연습과 루틴 학습을 함께 꾸준히 하면서, 기회가 될 때마다 '무민원화', '너의 이름은', '조선왕실의 포장예술', '예르미타시' 등의 전시회를 다녀오기도 했습니다. 이렇게 고민을 해도, 과연 나한테 맞는 길일까 더듬어보고 고민하는 게 진로와 소명을 찾는 과정입니다. 서울 북가좌에서 오던 한 멘티는 도예가가 되고 싶다고 했다가 불교학과에 진학을 하기도 했습니다.

이런 여정의 끝에서 멘티가 소명을 찾게 되면, 멘티, 부모님, 그리고 제 마음속에서 일치된 노래 소리가 들려오는 듯합니다. 그리고 가장 효율적이면서 저항을 적게 받는 길을 찾아내는 자연처럼, 일은 일사불란하면서도 고요한 협조 속에서 진행이 됩니다. 흐름을 타게 된다고 할까요?

'르 코르뷔지에' 전시회에 갔을 때, 황인범 멘티가 '건축 재료와 건축 미학'을 주제로 한 비문학 지문에서 읽은 르 코르뷔지에 이야기를 하면서 한껏 잘난 척을 하던 기억이 떠오릅니다. 그리고 그는 한국의 '황 꼬르뷔지에'가 되겠다며 유학 길에 올랐습니다.

르 코르뷔지에가 제창한 현대 건축의 5원칙은 오늘 날에도 통용되고 있습니다. 이번 전시회가 특히 인상 깊었던 것은 그의 다양한 드로잉을 볼 수 있었다는 것인데, 그는 활동 당시 피카소 등과도 교류하면서 건축가이기 이전에 화가로서 인정받고자 했습니다. 음악가인 어머니의 사랑과 관심을 바이올린 연주자인 형이 독차지하여 어머니를 그리워하면서 그 결핍의 공간을 예술과 건축으로 채우려 했다고 합니다. 〈롱샹 성당〉, 〈사보아 주택〉을 비롯하여 오늘날 아파트의 원형인 '유니테 다비타시옹Unité d'Habitation'이 그의 독창적인 작품세계의 대표작입니다. 전시장 곳곳 그가 남긴 한마디 한마디가 아직도 여운을 줍니다 .

"사유가 없으면 건축도 없다."
"혼자 있는 사람은 자신과 싸우고 있는 것이다."
"단순함은 본질이라네. 그걸 깨달아야 세상의 진실이 보인다네."
"항상 장벽이 나를 가로 막습니다.
그들은 나에게 언제든지 안 된다고 말할 준비가 되어 있기 때문입니다."
"만약 누군가 내 건축 작품에 있어 장점을 발견한다면,
그것은 내가 매일 그림을 그리는 비밀스러운 노력에 있습니다."

PART **FOUR**
암기의 기술

"좋은 책을 읽는 것은 과거 몇 세기의
가장 훌륭한 사람들과 이야기를 나누는 것과 같다."

The reading of all good books is like a conversation
with the finest men of past centuries. — 르네 데카르트

문묘 은행나무: 성균관은 조선의 국립대학이었다. 1519년(중종 14년), 당시 성균관의 수장이었던 대사성 윤탁이 심었다. 예로부터 서원이나 향교에 은행나무를 심었던 이유는 공자가 은행나무 아래서 제자들을 가르쳤다는 문헌상의 기원 때문이다. 서울 문묘의 은행나무는 오랜 세월 동안 조상들의 관심과 보살핌 가운데 살아 온 나무로 생물학적 · 문화적 자료로서의 가치가 높아 천연기념물로 지정 · 보호하고 있다. (지정 번호: 천연기념물 제59호, 소재지: 종로구 성균관로 31) Illustration: 이장희(『서울의 시간을 그리다』 저자), 2019.

암기법

1. 공부는 망각과의 싸움

"선생님, 머리에 USB를 꽂을 순 없을까요?"

언젠간 우리 기억 속의 정보를 웹 클라우드에 저장하거나 웹 클라우드로부터 정보를 우리 뇌로 직접 다운받을 수 있는 날이 올지도 모릅니다. 그러나 아직까진 정보와 지식을 많이 외워서 머릿속에 집어넣고, 필요할 때마다 다시 꺼낼 수 있는 사람이 높이 평가 받는 시대입니다.

영화 〈메멘토〉를 보면 10분 뒤를 전혀 기억하지 못하는 주인공이 나옵니다. 주인공은 다른 사람의 말을 믿지 못하고, 오로지 시간이 가기 전 자신의 몸에 직접 기록했던 내용만을 믿을 수밖에 없습니다.

영화 속 주인공과 똑같은 상황은 아니더라도, 시험을 앞두고 자신의 불완전한 기억을 믿어야 하는 수험생들의 절박한 심정 역시 이에 못지않을 것입니다. 시험 때가 되면 학생들로부터 "외울 게 많아서 미치겠다"는 이야기를 많이 듣습니다. 여러분, 암기를 잘하려면 어떻게 해야 할까요? 암기를 살할 수 있는 방법이 도대체 있기는 한 걸까요? 아니면 암기력은 타고나는 것일까요? 수학, 과학처럼 이해를 요하는 과목은 잘하는데 암기과목은 못한다는 말, 과연 타당한 것일까요? 자, 지금부터 암기력과 암기법의 실체를 하나씩 파헤쳐 봅시다!

2. 암기에 대한 잘못된 통념

암기력은 타고나야 한다? No!

영화 〈레인맨〉은 서번트 증후군savant syndrome을 앓는 천재인 형(더스틴 호프만 분)과 동생(톰 크루즈 분)이 가족의 의미와 사랑을 찾아가는 여정을 담고 있습니다. 이 영화는 생전에 1만 권이 넘는 책과 우편번호 책을 통째로 외울 정도로 전설적이었던 실존 인물 킴 픽Kim Peek을 모델로 했다고 합니다.

이처럼 서번트 증후군(자폐증이나 지적장애를 가진 사람이 암산, 기억, 음악, 퍼즐맞추기 등 특정 분야에서 뛰어난 재능을 발휘하는 현상)을 앓는 사람들이 '무엇이든 사진 찍은 듯이 외워버리는' 포토그래픽 메모리 photographic memory 능력을 가졌음을 보여주는 사례가 종종 보고되고 있습니다. 그러나 이들은 뛰어난 암기력을 보유한 대신 개념화 conceptualization, 추상화abstraction하는 능력이 상대적으로 덜 개발될 가능성이 있다고 합니다. 그 이유는 아마도 암기를 한다는 것은 어떤 대상에 '특별한 의미'를 부여하는 작업인 반면, 추상화나 개념화는 대상 간의 사소한 차이(의미)는 무시한 채 유사한 것들을 상위 개념으로 묶고 분류하는 과정이기 때문인 것 같습니다. 따라서 서번트 증후군과 같은 특수한 사례를 암기력이 타고나는 것임을 보여주는 증거로 삼기에는 여러모로 무리가 있습니다.

그럼 명문대에 입학한 학생들은 사정이 어떨까요? 그들은 암기력을 타고난 것이 아닐까요? 저의 서울대학교 법대 학창 시절을 돌이켜 보면 공부를 정말 잘하는 친구, 선후배들이 많았습니다. 대부분 주위로부터 수재秀才 소리를 들으며, 서울대 입학이라는 어려운 관문을 통과했으니 지금 이 말이 오히려 새삼스럽게 느껴질 정도입니다. 그러나 그런 친구나 선후배 중에서 잠깐 책을 보고도 토씨 하나 틀리지 않게 외우는 경우나, "난 책을 읽으면 저절로 외워져."라고 말하는 사람을 저는 한번도 본 적이 없습니다.

이들은 정말 '정직하게, 지독히' 공부했습니다. 학교 수업을 성실히 듣고, 도서관에서 거의 살다시피 하며, 책과 교재를 빽빽한 메모와 포스트잇으로 가득 채우는 사람들이 대부분이었습니다. 사법시험을 한 달 정도 앞둔 때가 되면 무섭게 공부를 하고, 시험에 임박해서는 누구보다 절박한 심정으로 공부하는 친구들이 많았습니다.

암기력이 타고나는 것이고, 암기가 쉬운 과정이라면 과연 전국에서 모인 수재들이 이렇게 공부할 필요가 있었을까요? 결국 공부를 잘한다는 것은 암기력을 타고났다는 말이 아니라 자신이 무엇을 모르는지 잘 알고, 그것을 보완할 줄 아는 지혜를 가진 것이라고 할 수 있습니다. 이것을 다른 말로 메타인지(metacognition · 자신의 인지 과정에 대하여 한 차원 높은 시각에서 관찰 발견 통제하는 정신 작용)가 발달해 있다고 합니다. 즉, 자신이 잘 기억하지 못하는 부분을 분석하고, 망각과 싸울 수 있는 방법을 고안해 낼 수 있는 능력, 그리고 그 방법을 성실하게 실천할 수 있도록 계획하는 능력, 이 두 가지를 지닌 것이 공부를 '잘한다'는 말의 진짜 의미라고 할 수 있겠습니다.

여러분, "망각은 신의 축복"이라는 말이 있습니다. 수험생 입장에서는 아쉬운 이야기가 될 수 있겠지만 한번 보고 경험한 것을 바로바로, 오랫동안 기억한다는 것은 어쩌면 유쾌한 일이 아닐지도 모릅니다. 만약 우리가 불필요한 정보와 공포스럽고 두려운 기억까지도 잊지 못하고 모두 가슴에 담은 채 살아야 한다면 우리 삶은 비효율적이거나 비극적일 것입니다. 혹은 두려움 속에서 미래를 향해 한 걸음도 내딛지 못하는 일이 벌어질 수도 있습니다. 이렇게 보면 '생존'이라는 측면에서는 기억과 망각 속에서 절묘한 균형을 유지하도록 진화해 온 것이 인류의 가장 합리적인 선택지였을 수도 있겠다는 생각이 듭니다. 따라서 기억이나 망각 어느 쪽에 치우침 없이, 그 경계에 서서 기억의 본질과 원리를 이해하고 의도적으로 이를 이용할 수 있는 것이 더욱 중요하다고 하겠습니다.

이해를 요하는 과목은 잘하는데
암기 과목은 유독 약하다? No!

이것은 성적이 중하위권인 학부모님과 학생으로부터 가장 많이 듣는 말 중 하나입니다. 그런데 이 말은 우리가 꼼꼼하게 잘 들여다 봐야 합니다. 먼저 암기 과목과 비암기 과목을 구분하는 것 자체가 매우 어려운 일입니다. 흔히 비암기 과목이라 생각하는 수학이나 과학의 경우도 공식을 암기해야 할 뿐만 아니라 수많은 기본문제를 풀어야 하는데, 사실은 이것도 암기의 연장이라 할 수 있습니다. 응용문제들은 기본문제와 개념을 조금 복잡하게 엮어낸 것일 뿐입니다.

나아가 앞서 '힘주는 공부 VS 힘 빼는 공부'에서 언급한 것처럼, 이해와 암기는 별개가 아니라 '이해는 개념에 대한 탄탄한 암기를 전제로 하며 암기는 이해를 통해 비로소 완성되는 것'입니다. 기본개념이 머리속에 암기를 통해 자리잡지 않았다면 우리는 아무 것도 이해할 수가 없습니다. 역으로 이해 없이 암기하는 것은 어렵습니다. 잘 외우기 위해 기억해야 할 대상이나 개념을 구체적인 사례와 연관지어 생각해보거나 보다 쉬운 언어로 풀어서 설명하는 연습을 권유하는 것도 같은 이유입니다. 즉, 이해와 암기는 끊임없이 상호작용하는 하나의 사고과정이라 할 수 있습니다.

자신이 암기 과목에 약하다는 학생들을 보면 자료정리를 소홀히 하거나, 공부한 내용을 스스로 확인하는 과정을 귀찮아 하거나 반복 학습하는 습관을 갖지 못한 경우가 많습니다. 무언가를 외우기에 앞서 외워야 할 덩어리를 다듬어서 압축하고 추려내지 못한다면, 외워야 할 내용이 많아서 질려버리게 되거나 엉뚱한 내용을 외우게 됩니다. 따라서 이런 구분짓기를 통해 성급하게 타협하거나 포기하기보다는 학습 습관을 냉정하게 점검해보는 것이 훨씬 바람직하다고 할 수 있습니다. 다음 내용들을 체크해봅시다. 자신이 암기력이 부족한 학생에 해당된다고 생각한다면 암기를 잘하는 학생들의 모습을 먼저 갖춰야 합니다. 그 후에도 암기가 잘 안 된다면, 암기법을 꾸준히 연습할 필요가 있습니다.

암기를 잘하는 학생	암기에 약한 학생
• 필기를 깔끔하게 한다. • 프린트와 수업자료가 잘 정리되어 있다. • 교과서와 프린트에 밑줄, 형광펜 등으로 핵심체크가 되어 있다. • 구두테스트, 읽은 내용을 책을 덮고 연습장에 떠올리며 정리하기(다시 떠올리기 혹은 반추 ; reflection), 손이나 종이로 핵심내용을 가리고 셀프테스트 하기(Hide&Seek) 등 여러 가지 확인 방법을 사용해본다. • 상상하는 것, 남에게 설명하는 것을 좋아하며 이때 시각, 청각, 후각 등 오감을 두루 동원하는 편이다. • 잠들기 직전 5분 동안 그날 공부한 내용을, 잠에서 깬 직후 5분 동안 전날 공부한 내용을 '목차 중심으로' 아주 약간이라도 떠올려보는 부지런함이 있다(이때가 복습의 최적시간이라는 견해가 있다).	• 필기 노잼. • 프린트. 받은 기억은 나는데… 가방 속 어딘가, 책상 속 어딘가에 모서리가 구겨지고 찢긴 상태로 화석화 되어 있음. 참고서나 문제집도 행방불명. • 요약에 약해서 통째로 외우는 경향이 있다. • 공부는 하지만 확인하는 과정은 좀 피곤하다. • 이미지를 떠올린다는 것 자체부터 먼가 내키지 않는다. • 잠들기 직전에 공부한 내용을 떠올리기 보다는 핸드폰을 보다 잠든다. • 잠에서 깬 직후는 전쟁 같은 하루의 시작. 복습은 꿈도 꿀 수 없다. • 다시 떠올리는 일이 정신적으로 고달프고 그럴 여유가 없다.

암기는 무조건 많이 읽고 써보는 것 이외에는 별다른 방법이 없다? No!

앞서 말한 것처럼 암기력이 선천적인 것이 아니고, 성실함과 꾸준한 노력으로 뒷받침되는 것이라면 무조건 많이 읽고 써보는 수밖에 없는 것일까요? 사실 「더멘토」를 찾는 대부분의 학생들이 이러한 생각을 가지고 있고, 이 때문에 시간을 낭비하고 좌절하게 됩니다. 분명 성실함이 바탕이 되어야 하며, 마법 같은 방법은 없습니다. 하지만 오랜 시간 동안 검증된 암기법이 틀림없이 존재합니다. 여러분이 이 방법을 충실히 연습한다면 암기력 향상의 지름길에 접근할 수 있습니다. 그것이 바로 우리가 다음에서 다룰 암기 시스템 훈련들입니다.

2

THE MENTOR

암기법의 핵심 원리

압축-자극-반복

자, 따라 읽어보겠습니다. 압축! 자극! 반복! 다시 한번 압축! 자극!
반복! 암기의 기술에서 가장 중요한 원리는 바로 '압축-자극-반복'
의 규칙을 충실히 실천하는 것입니다.

1. 압축

중하위권 학생들이 흔히 놓치는 부분은 중요한 정보와 중요하지 않
은 정보를 구분하지 못하고 무작위로 외운다는 점입니다. 교과서에
는 외워야만 풀 수 있는 정보와 외우지 않아도 인출해낼 수 있는 정
보가 섞여 있습니다. 공부할 수 있는 시간은 제한되어 있고 많은 과
목을 봐야 하기 때문에 외워야 할 내용을 잘 '압축' 하는 것이 출발점
이 되겠습니다. 이것이 우리가 앞에서 '잘 압축해내기 위해' 비문학
훈련을 반복적으로 하는 가장 큰 이유이기도 합니다. 독해 연습과 비

문학 연습지 작성 훈련을 충실히 하기 바랍니다. 이 과정을 충실히 했다는 전제 하에 정리노트 또는 암기장을 작성하는 것은 도움이 될 수 있습니다.

교과서에 문장으로 된 설명들은 이해를 돕지만 암기에는 적절치 않을 수 있습니다. 암기를 위해서는 키워드를 뽑아내어 알아보기 쉽게 정리하거나 키워드 간의 관계를 표 또는 마인드맵[28] 으로 그려보는 것이 더 도움이 됩니다. 문장 속에서 불필요한 조사나 중복되는 서술어 등은 과감히 생략하면서 정리하도록 합니다. 그리고 키워드를 적절하게 뽑아내기 위해서는 외워야할 내용들에 어떤 패턴이나 규칙, 기준이 없는지 항상 고민하여 분류하는 습관을 가질 필요가 있습니다.

이렇게 기억해야 할 정보를 서로 의미 있게 연결시키거나 묶는 인지 과정을 다른 말로는 청킹chunking이라고 합니다. 가령 교과서에 "조선 시대에도 고려 시대의 예에 따라서 왕이 즉위하면 앞선 왕의 실록을 편찬하였다. 시정時政을 기록하는 관청인 춘추관에 별도록 실록청 또는 일기청을 열고 총재관·도청당상·도청낭청·각방당상·각방낭청 등을 임명하였다."는 내용이 있다고 칩시다. 총재관~각방낭청을 외워야하는데 잘 보면 총재관을 제외하고 '각방, 도청' 과 '낭청과 당상' 이 반복되고 있음을 알 수 있습니다. 그리고 각 단어의 초성 자음 순서대로 보면 각방의 'ㄱ' 이 도청의 'ㄷ' 보다 앞서고 낭청의 'ㄴ' 이 당상의 'ㄷ' 보다 앞서므로 이 정보를 외우기 쉽게 나누면 "각방낭청당상, 도청낭청당상, 총재관 '의 세 덩어리로 분류할 수 있게 됩니다.

"문장은 이해를 위해, 키워드는 암기를 위해"를 꼭 기억하면서 문장에서 키워드만을 뽑아 정리하는 연습을 자주 하십시오. 이렇게 만든 정리 노트나 암기장은 암기의 효율을 높일 뿐 아니라 예습 복습이나 시험 기간에도 활용도가 높아 적극 권장할 만합니다.

상위권 중3 학생이 작성한 마인드맵: 조한기 멘티 제공

정리 노트를 만드는 데 익숙하지 않거나, 정리 노트를 만들 시간이 없는 학생들에게는 '포스트잇법'을 권하기도 합니다. 이 방법은 해당 단원이 끝날 때마다 그 단원에서 꼭 외워야 할 정보나 개념을 다섯 가지 이내로 추려 포스트잇에 쓰고 단원의 마지막 장에 붙여놓는 것입니다. 포스트잇의 내용을 쉬는 시간이나 수업 시작 직전에 반복적으로 체크해 보는 것도 암기력을 향상시키고 시험을 대비하는 데에 좋은 습관이 됩니다.

정리 노트나 포스트잇을 활용하는 것이 어렵다면, 교과서를 읽을 때 키워드가 나열되는 부분에 넘버링을 하고 여백에 머리글자인 두문자 (頭文字·acronym)를 따서 기억하기 쉬운 문장 형태로 만들어놓는 것도 좋습니다. 그리고 암기할 내용을 알파벳 순서나 한글 자모음 순으로 정리해놓는 것도 상위권 학생들이 많이 사용하는 추천하고 싶은 방법 중 하나입니다. 국어 문법 중에서 파열음(ㄱ, ㄷ, ㅂ), 마찰음(ㅅ, ㅎ, ㅆ), 파찰음(ㅈ, ㅊ, ㅉ)을 각각 '군대밥, 수학쌤, 주차짱' 으로 외우는 것도 '두문자 암기 활용의 예' 중 하나입니다.

조한기 멘티 제공

압축의 과정이 잘 이루어지지 않으면 불필요한 부분을 외우면서 에너지를 낭비하거나 시작도 하기 전에 많은 양에 질려버릴 수 있습니다. 따라서 중요한 것은 이러한 내용을 참고해서 자신의 스타일에 맞는 방법을 만들어나가는 것과 키워드를 잘 선별해내는 안목이라고 할 수 있습니다. 이 과정을 멘토나 선생님, 도움을 받을 수 있는 친구와 함께 꾸준히 훈련해야 하겠습니다.

2. 자극

"너무 낯선 정보는 친숙하게, 너무 익숙한 정보는 낯설게"

이렇게 압축한 정보는 우리의 뇌가 정보를 받아들이고 싶은 형태로 바꿔야 합니다. 이를 다른 말로 부호화encoding라고 할 수 있습니다. 그렇다면 뇌가 매력을 느끼는 정보의 형태는 어떤 것일까요? 단어나 문장일까요, 혹은 이미지일까요? 평범하고 일상적인 정보일까요, 아니면 뭔가 특이하고 인상적인 정보일까요? 뇌가 인간의 생존을 조절하고 통제한다는 점에 그 힌트가 있습니다.

먼저 뇌는 문장이나 단어보다는 감각적 이미지를 훨씬 선호합니다. 왜냐하면 단어나 문장은 의미를 파악하고 해석하는 과정을 여러 차례 거쳐야 하지만, 이미지는 단어나 문장에 비해 거의 순간적인 판단이 가능하여 생존 전략이라는 측면에서는 훨씬 유리한 정보 형태이기 때문입니다. 따라서 문장이나 단어보다 이미지로 떠올리고 구성하는 습관이 암기에 있어서는 유리합니다. 그리고 이미지는 시각, 청각, 후각, 촉각, 미각 중 어느 한 가지를 고집할 필요는 없고 자신에게 맞는 하나 이상의 감각을 적극 활용하는 것이 좋습니다.

마찬가지의 이유에서, 평범하고 일상적인 정보보다 특이하고 눈여겨봐야 할 정보를 접하게 되면 우리 뇌는 "어? 뭔가 특이한 일이 벌어졌군. 혹시 모르니 저장해야겠어." 하며 기억을 담당하는 뇌의 해마

부위를 활성화시키게 됩니다. 이때 긍정적 감정 형성에 관여하는 신경전달물질인 도파민도 분비된다고 합니다.[29] 따라서 이러한 뇌의 메커니즘을 활용하여, 교과서에 있는 정보의 형태를 알맞게 바꾸고 기억을 담당하는 부분을 적절히 '자극' 할 필요가 있습니다.

하지만 지나치게 낯선 정보는 우리 뇌가 그것을 정보라고 생각하는 것 자체가 어렵습니다. 가령 음악 시험공부를 하다가 "스트라빈스키의 페트루슈카"라는 내용을 접했다고 생각해봅시다. 클래식 음악을 자주 듣고 즐기는 학생이라면 익숙할 수 있습니다. 평소 클래식에 관심이 없는 학생은 무척 당황스러울 겁니다. "까만 것은 글자요, 흰 것은 종이"라는 말처럼 이런 정보는 그저 우리를 스치고 지나갈 수 있습니다. 이때 이 정보를 눈으로만 훑고 지나가거나 연습장에 몇 번 써보는 것만으로는 우리 뇌에 그 이상의 흔적을 남기기가 어렵습니다. 이럴 때는 스트라빈스키의 '스트라' 를 야구의 '스트라이크' 와 연결짓고 페트루슈카(발레곡 인형극의 주인공)의 '페트' 를 '페트병' 으로 연결지어 '스트라이크인 공을 페트병으로 친다' 고 연상하면 낯섦이 완화될 수 있습니다.

이렇게 낯선 개념어인 단기기억을, 익숙한 언어의 조합인 장기기억의 단서와 연결짓는 방법으로 대표적인 것이 세계기억력대회에 참가하는 선수들이 흔히 사용하는 장소법method of loci과 메이저 시스템이라고 할 수 있습니다. 장소법은 기억의 궁전memory palace이라고도 불리는데(기억하고자 하는 대상을 궁전, 길, 상점 등과 같은 특정 장소와 연합시키는 부호화를 통해 단기기억에서 장기기억으로 전환되도록 하는 것), 고대 그리스의 시인 시모니데스의 일화에서 유래된 기억술의 한 종류로, 기억하고자 하는 대상을 장소와 연합시켜 기억력을 향상시키는 방법입니다. 영국 드라마 〈셜록〉에도 등장합니다.

영어단어를 암기할 때에도 이러한 원리가 적용됩니다. 기초적인 어휘 책 한 권을 익힐 때에는 막막하지만, 기본적인 언어층이 생기기 시작하면 단어를 익히는 것이 한결 쉬워집니다. 한자의 경우도 마찬가지입니다. 한자를 막 익히기 시작했을 때는 다소 버겁고 힘들지만, 기본 부수를 숙지하게 되면 한자 공부가 수월해집니다. 이것 역시 우리가 낯선 정보(단기기억)를 우리에게 익숙한 정보(장기기억)와 연결하는 과정이라고 할 수 있겠습니다.

사실 공부를 하면서 정보를 기억하고 저장하는 것은, 결국 우리가 기존에 알고 있는 정보 및 감정들(장기기억)과 금방 휘발되어 버리는 새로운 정보(단기기억)를 끊임없이 결합하는 과정이라고도 할 수 있습니다.[30] 공부를 잘하는 학생들이 공부를 계속 잘 해나갈 수 있는 것(성적의 빈익빈 부익부 현상)은 학습량이 늘어나면서 이해와 암기의 토대가 되는 어휘력이 빠르게 향상되기 때문입니다.

가령, 영조 때 국가 통치에 활용하기 위해 각종 제도의 연혁과 내용을 계통적으로 묶어서 정리한 백과전서 『동국문헌비고東國文獻備考』를 외워야 한다고 합시다. 동국문헌비고는 '동국(예전에 우리나라를 달리 이르던 말로 중국의 동쪽에 있었던 데서 유래), 문헌(특정한 연구를 할 때 참고가 되는 서적이나 문서), 비고(참고하기 위하여 준비하여 놓음)'의 세 단어로 나눌 수 있습니다. 이때 동국 · 문헌 · 비고 중 한두 개의 뜻을 어느 정도 짐작할 수 있다면, 이 단어를 장기기억화하는 것이 한층 쉬워질 것입니다. 아무런 정보가 없다면 '낫 놓고 기역자 모르게' 되는 셈입니다.

학습에 필요한 언어층을 두껍게 하기 위해서는 독서뿐만 아니라, 취미활동 등을 통해 경험을 풍부하게 해야 합니다. 한문, 기술 · 가정처럼, '수능시험과 직결되어 보이지 않는' 과목도 성실하게 공부해야 함은 물론입니다. 실제로 한문 공부를 열심히 한 학생들이 국어영역 고전문학 파트에서 처음 보는 단어의 의미를 훨씬 능숙하게 유추해 냅니다. 나아가 어떤 과목이든 새로운 개념을 정확하게 정리하는 습관도 필요합니다. 낯선 단어를 마주쳤을 경우 뜻과 예문을 찾아 쓰임을 반드시 확인하거나, 의미적으로 대립하는 용어 및 개념의 쌍(이항대립 · binary opposition)이 무엇인지 고민해보는 것은 학생으로서 최고의 자세입니다. 이 모든 것이 번거롭다면 적어도 『마더텅 1등급 어휘력』과 같은 교재를 통해 우리말 단어를 꾸준히 익히도록 하십시오.

풍부한 언어층은 새로운 정보를 장기 기억화하는데 도움을 줄 뿐만 아니라, 낯선 문제나 용어도 기존의 언어층으로 분석하여 접근하고 해결할 수 있게 합니다. 영화 〈슬럼독 밀리어네어Slumdog Millionaire〉는 가난한 소년이 상금이 걸린 퀴즈 프로그램에 참가하여, 자신의 언어층과 기억을 더듬어 퀴즈를 풀어나가는 과정을 흥미롭게 보여주고 있습니다.

한편 너무 낯선 정보와 달리, 너무 익숙한 정보 또는 너무 익숙한 단어의 조합으로 된 개념어는 우리의 뇌가 그 중요성을 인식하지 못하고 그냥 지나치게 될 수 있습니다. 이때는 우리의 뇌가 이를 생존과 관련된 정보 또는 주의를 기울여야 하는 정보로 인식할 수 있도록 바꿔 주어야 합니다. 개념과 관련된 배경이나 이미지를 기이하게 또는 과장되게 만들어보는 것도 유용한 방법이 될 수 있습니다.

예를 들어 "법원의 재판은 3심제이며, 1심 재판의 내용에 불복하는 것을 '항소'라 한다"는 내용의 정보가 있다면 어떻게 기억하는 게 좋을까요? 항소를 읽으면서 재판정에 앉아 있는 '황소'를 잠깐 떠올려 보는 것은 어떨까요? 아니면 여러분의 오감과 다양한 상상력을 더 사용해보시길!

"너무 낯선 정보는 친숙하게, 너무 익숙한 정보는 낯설게!"

"Pneumono/ultra/micro/scopic/silico/volcano/coniosis"는 (가장 긴 낱말로 흔히 인용된다. 진폐증) 어떻게 암기해야 할까요? 세계에서 가장 긴 단어라고 합니다. 각자 방법을 생각해보기 바랍니다.

3. 반복

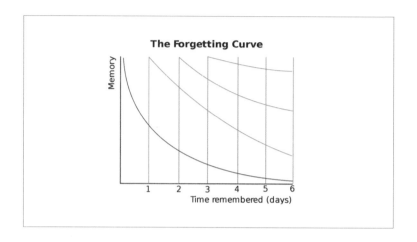

위의 그림은 기억력을 주제로 다룰 때면 빠지지 않고 등장하는 에빙하우스의 '망각곡선' 입니다. 누구나 망각이라는 '또다른 선물' 때문에 기억력에 한계를 갖지만,[31] 반복적으로 정보가 입력된다면 그 정보들은 장기기억으로 바뀐다는 것을 보여주는 연구결과입니다. 물론 무작위의 정보를 어떤 연상기법이나 기억법의 동원 없이 마구잡이로 외우고 망각률을 측정하는 실험으로 과연 뇌의 저장 능력과 기능을 온전히 파악할 수 있는지 다소 의문은 듭니다. 그러나 세계적인 기억력을 자랑하는 대가들도 반복을 강조하는 것을 보면 망각을 피할 수 없음은 분명합니다. 한편 뇌기반 학습과학 분야에서는 반복을 통해 정보와 정보를 연결하는 시냅스에 일종의 윤활액인 마이엘린myelin이라는 물질이 계속 보강되고, 뇌신경 회로의 동기화를 유발하여 뇌를 효율적으로 사용할 수 있게 한다고 합니다.[32]

마지막 단계는 압축과 자극을 거친 정보를 장기기억으로 진입시키기 위해 정기적으로 뇌에 입력하는 과정이라 할 수 있습니다. 이 단계에서는 주기적으로 잊어버린 정보들을 확인하고 그것을 보완해나가는 작업을 하게 됩니다. 이러한 반복은 이해의 폭을 넓혀가는 적극적인 활동이지 단순히 책을 여러 번 읽고 확인하는 과정이 아님은 앞에서도 강조한 바 있습니다. 오히려 기계적인 반복이나 암기는 전이(어떤 학습의 결과가 다른 학습에 영향을 미치는 현상)를 어렵게 하고 학습자의 흥미를 감소시키므로,[33] 다음의 여러 가지 방법을 동원해야 합니다.

잊어버린 정보들을 확인하고 반복해서 학습하는 과정은 손으로 가리고 답을 떠올려보는 방법(Hide&Seek), 구두테스트(oral test), 연습장에 공부한 내용을 책을 덮고 정리해보거나 친구 등에게 설명하는 방법(다시 떠올리기 혹은 반추 · reflection), 문제집 풀기 등 다양할 수 있습니다. Hide&Seek의 경우 확인 과정에서 앞뒤 문장이나 단어에 의해 답을 기억해낸 것이 되지 않도록 적절히 순서를 바꾸면서 변화를 줄 수 있어야 합니다. 또 정기적으로 누락되는 부분 없이 암기하기 위해서 성실함과 꼼꼼함도 요구된다고 하겠습니다. "구슬이 서말이라도 꿰어야 보배"라는 말처럼 이 단계를 통해 암기가 완성되기 때문에 멘토와 함께 고민하면서 멘토의 조언과 관리가 집중적으로 필요한 부분입니다. 세계 기억력 챔피언십 우승자인 도미니크 오브라이언과 군터 카르스텐 역시 "오래 기억하고 싶다면 반복이 최고"[34]라는 점을 강조하고 있으니 암기에 반복이 필요하다는 점은 거의 예외가 없다고 할 수 있겠습니다.

기억의 궁전

장기기억으로 가는 시스템 장착하기

1. 암기법의 원리와 연습 방법

장소법, 메이저 시스템, 메모리 인덱스, PAO(person-action-object) 시스템 등은 대표적인 암기법Mnemonics으로 알려져 있습니다. 특히 장소법과 메이저 시스템, 메모리 인덱스 등은 실제로 시험을 대비할 때 유용하게 쓰일 수 있습니다. 「더멘토」에서 공부하는 학생들은 이 암기법을 주기적으로 연습합니다. 암기를 하기 위해 이러한 방법을 고안하고 연습하는 것을 기억력 대회에 참가하는 선수들은 "시스템을 장착한다"고 표현합니다.[35] 여기서는 여러 가지 암기법의 원리와 연습 방법을 간단히 소개해볼까 합니다. 원칙적으로 암기를 위한 시스템을 만들 때 추상적인 대상보다는 구체적이고 감각적으로 느낄수 있는 사물을 대상으로 하는 것이 좋습니다.

장소법(여정법)

장소법은 여정법이라고도 합니다. 먼저, 익숙한 장소를 골라 출발지와 도착지를 정하고 총 10개의 코스를 만들어 봅니다. 하나의 코스가 10개의 장소로 이루어져 있으므로 총 100개의 장소를 준비하는 셈입니다. 이 정도면 중간시험은 충분히 대처할 수 있습니다.

참고로 기억력 대회에 참가하는 선수들은 이런 장소를 수없이 만들어 놓는다고 합니다. 장소 간에는 적어도 세 걸음 이상의 거리가 있어야 암기를 할 때 기억의 충돌이나 간섭을 피할 수 있습니다. 이에 더하여 각 장소에 관련성이 있는 인물(친구나 유명인 등)을 배치해도 좋습니다. 가령 집에서 학교까지 가는 코스를 만들기로 하고 1번부터 10번까지 10개의 장소가 있다고 합시다. 이 장소들은 아주 익숙하고, 동선의 흐름에 맞게 짜여 있어서 잊는다는 것이 오히려 불가능할 겁니다.

역사 시험을 준비하면서 영조의 업적을 7가지 정도 기억해야 하는 경우라면, 이 코스의 7개 장소에 이 업적을 대응해서 연결지으면 됩니다. 가령 1번 장소가 내 방 침대이고, 2번 장소가 부엌에서 신문 보는 아버지가 계신 장면이라고 합시다. 영조는 균역법을 실시하고, 『속대전』을 편찬하였습니다. 그러면 균역법은 침대 위에 "세균이 많은 이미지"와 속대전은 신문을 보시는 아버지가 "오늘 속히 대전에 가야 한다"고 이야기하시는 장면과 연결짓는 것입니다. 유치하게 느껴질 수 있지만 수시로 장소들(기억 단서들)을 외우고 새로운 정보와 연결하는 연습을 지속해야 합니다. 꾸준히 연습하면 무작위의 단어 100여 개 정도는 한번 듣고 순서대로 바로 암기할 수 있게 됩니다.

메이저 시스템

메이저 시스템은 대략 1에서 100사이 숫자와 자음을 연결하여 단어를 만들어놓고 이를 암기한 뒤, 각각의 (숫자-자음) 조합을 장기기억 단서로 사용하는 방법입니다. 메이저 시스템의 (숫자-자음) 조합은 장소법의 '장소'에 해당한다고 할 수 있습니다. 4자리 숫자를 외울 때 편리하여, 연도가 등장하는 사회나 역사 시험을 준비할 때 사용하면 좋습니다. 예를 들어, 프랑스 대혁명이 1789년에 일어났다는 사실을 암기해야 한다고 가정해 보겠습니다. 1789라는 숫자를 두 자리씩 끊어보면 '명훤 멘토의 메이저 시스템'에서는 17은 "가지"와, 89는 "칠판"과 각각 연결되어 있습니다. 그러면 '가지+칠판+프랑스 대혁명'을 결합하여 암기하는 것입니다. 1789라는 숫자 하나를 외우는 것은 어렵지 않지만 여러 연도가 동시에 등장할 때 이러한 방법이 유용할 수 있습니다.

메모리 인덱스

메모리 인덱스는 자주 쓰이는 추상적 개념이나 공식, 화학식 등을 '나에게 친숙한 구체적인 사물'로 바꿔서 암기에 활용하는 방식이라고 할 수 있습니다. 예를 들면, 화학에서 칼륨(K)이나 리튬(Li)이 자주 등장합니다. 그런데 칼륨은 물에 넣으면 라일락 빛을 낸다고 합니다. 한편 리튬은 카메라나 노트북의 충전 전지에 사용되고 있습니다. 이때 교과서에 자주 등장하는 칼륨, 리튬이라는 용어를 라일락, 노트북으로 각각 치환하고 암기가 필요한 부분에서 그 이미지를 이용하여 외우는 방식이 바로 메모리 인덱스입니다. 사람마다 추상적으로 느껴지는 개념이나 어려운 용어가 다르므로, 각각 떠올리기 어려운 개념은 메모리 인덱스를 미리 만들어 적어놓고 치환하여 사용하면 좋습니다.

PAO 시스템

PAO 시스템은 메이저 시스템의 발전된 형태로서 원주율 10만 자리와 같은 긴 종류의 숫자를 암기할 때 기억력 선수들이 사용하는 방법입니다.[36] 이 시스템은 메모리 챔피언십 대회를 준비하지 않는 일반인이나 수험생은 크게 신경쓰지 않아도 됩니다.

예를 들어 634776이라는 숫자를 외워야 한다고 합시다. 메이저 시스템에서 숫자 63은 한글 초성 ㅂㅌ에 해당하는 것으로 약속할 수 있는데, 이 숫자 63에 방탄(ㅂㅌ) 소년단(person)이 마이크(object)를 잡고 노래하는(action) 것으로 의미를 부여했다고 가정해 보겠습니다. 이와 마찬가지로 47의 초성 ㅅㅈ에 사자(person)가 가젤(object)을 사냥(action)하는 것으로, 76의 초성 ㅈㅂ에 좀비(person)가 사람(object)

을 공격(action)하는 것으로 약속했다고 설정하겠습니다. PAO 시스템을 실전에서 바로 사용하려면 이 규칙을 완벽하게 암기하여 언제든 바로 사용할 수 있는 상태가 되어야 합니다.

다음 634776이라는 숫자를 63/47/76으로 나눕니다. 그리고 각각의 숫자가 사람(person) 자리에 있으면 해당 숫자의 전체 결합 이미지에서 사람에 해당하는 이미지를, 대상(object)과 행동(action)의 자리에 위치하면 대상과 행동의 요소를 뽑아냅니다. 63은 사람의 자리에 있으므로 '방탄소년단'을, 47은 대상의 자리에 있으므로 '가젤'을, 76은 행동의 자리에 있으므로 '공격한다'가 되겠습니다. 즉 634776이라는 숫자를 '방탄소년단이 가젤을 공격하는' 이미지로 바꾸어 기억하는 것입니다. (만약, 이 경우 숫자가 766347이었다면 사람-대상-행동은 '좀비-마이크-사냥'이 되므로 좀비가 마이크를 사냥하는 기이한 이미지가 될 것입니다.) 굉장히 번거롭고 복잡해보이지만 한번 틀을 만들어놓으면 자유롭게 긴 숫자를 외울 수 있는 장점이 있고, 원주율과 같은 무작위의 긴 숫자는 이러한 시스템을 통하지 않고 외우는 것이 불가능합니다.

「더멘토」에서 지도한 멘티들의 경우 '국어 표준발음법 암기', '영어 말하기대회 준비', '화학반응식 암기' 등에 이러한 시스템을 활용하고 있습니다. 시험 기간에 암기법을 잘 활용하려면 기본기를 훈련하는 운동선수처럼 미리 시스템을 마련하여 평소에 열심히 갈고 닦아야 합니다.

2. 시스템 활용하기

다음의 암기법 양식을 통해 장소법(여정법), 메이저 시스템, 메모리 인덱스, PAO 시스템을 만들어 봅시다. 상상력에는 제한이 없으므로 가상의 공간이나 게임 속 배경을 장소법에 활용해도 좋습니다. 암기 시스템에 등장하는 인물이나 대상에도 현실적인 제약을 두지 맙시다. 연예인이나 유명인, 영화 캐릭터, 그리고 역사적 인물도 상관 없습니다. 여러분의 가족, 친구, 선생님을 시스템의 세계로 과감히 초대합시다!

장소법의 경우, 하나의 코스가 열 개의 장소로 이루어져 있는데 각 장소에 있는 물건(대상)들을 또 다른 기억단서로 활용할 수 있습니다. 가령 여러분의 방이 첫 번째 출발 지점이라면 시계 방향 순으로 (또는 반 시계 방향 순으로) 놓인 물건들이 "장소 안의 또 다른 장소"가 될 수 있습니다. 교과서에 등장하는 단어, 시사용어 등을 활용하여 예제를 만들고 친구와 함께 연습해 보는 것도 좋습니다. 우리말 예제가 익숙해지면 외국어 예제에도 도전해 봅시다.

위와 같은 방법들을 시험 준비에 바로 활용하려면 자신만의 암기법에 애착을 가지고 평소에 꾸준히 시스템을 이용하여 암기하는 연습을 반복해야 합니다.

장소법(여정법)				
ⓐ 집 ↓ 황학정	① 경비실	⇒	⇒	⇒	⇒
	② 슈퍼마켓	⇒	⇒	⇒	⇒
	③ 버스 정류장	⇒	⇒	⇒	⇒
	④ 압구정역	⇒	⇒	⇒	⇒
	⑤ 경복궁역 5번 출구	⇒	⇒	⇒	⇒
	⑥ 사직동사무소	⇒	⇒	⇒	⇒
	⑦ 종로도서관	⇒	⇒	⇒	⇒
	⑧ 황학정 입구	⇒	⇒	⇒	⇒
	⑨ 사우회관	⇒	⇒	⇒	⇒
	⑩ 사대	⇒	⇒	⇒	⇒
ⓑ	①	⇒	⇒	⇒	⇒
	②	⇒	⇒	⇒	⇒
	③	⇒	⇒	⇒	⇒
	④	→	→	→	→
	⑤	⇒	⇒	⇒	⇒
	⑥	⇒	⇒	⇒	⇒
	⑦	⇒	⇒	⇒	⇒
	⑧	⇒	⇒	⇒	⇒
	⑨	⇒	⇒	⇒	⇒
	⑩	⇒	⇒	⇒	⇒
ⓒ	①	⇒	⇒	⇒	⇒
	②	⇒	⇒	⇒	⇒
	③	⇒	⇒	⇒	⇒
	④	⇒	⇒	⇒	⇒
	⑤	⇒	⇒	⇒	⇒
	⑥	⇒	⇒	⇒	⇒
	⑦	⇒	⇒	⇒	⇒
	⑧	⇒	⇒	⇒	⇒
	⑨	⇒	⇒	⇒	⇒
	⑩	⇒	⇒	⇒	⇒

장소법(여정법)				
ⓓ	①	⇒	⇒	⇒	⇒
	②	⇒	⇒	⇒	⇒
	③	⇒	⇒	⇒	⇒
	④	⇒	⇒	⇒	⇒
	⑤	⇒	⇒	⇒	⇒
	⑥	⇒	⇒	⇒	⇒
	⑦	⇒	⇒	⇒	⇒
	⑧	⇒	⇒	⇒	⇒
	⑨	⇒	⇒	⇒	⇒
	⑩	⇒	⇒	⇒	⇒
ⓔ	①	⇒	⇒	⇒	⇒
	②	⇒	⇒	⇒	⇒
	③	⇒	⇒	⇒	⇒
	④	⇒	⇒	⇒	⇒
	⑤	⇒	⇒	⇒	⇒
	⑥	⇒	⇒	⇒	⇒
	⑦	⇒	⇒	⇒	⇒
	⑧	⇒	⇒	⇒	⇒
	⑨	⇒	⇒	⇒	⇒
	⑩	⇒	⇒	⇒	⇒
ⓕ	①	⇒	⇒	⇒	⇒
	②	⇒	⇒	⇒	⇒
	③	⇒	⇒	⇒	⇒
	④	⇒	⇒	⇒	⇒
	⑤	⇒	⇒	⇒	⇒
	⑥	⇒	⇒	⇒	⇒
	⑦	⇒	⇒	⇒	⇒
	⑧	⇒	⇒	⇒	⇒
	⑨	⇒	⇒	⇒	⇒
	⑩	⇒	⇒	⇒	⇒

메이저시스템			
0. ㅎ / 00. ㅎㅎ	허 / 홍합	50. ㅁ, ㅎ	만화
1. ㄱ(ㅋ)	코	51. ㅁ, ㄱ(ㅋ)	모기
2. ㄴ	눈	52. ㅁ, ㄴ	마늘
3. ㄷ(ㅌ)	똥	53. ㅁ, ㄷ(ㅌ)	만두
4. ㅅ	삽	54. ㅁ, ㅅ	미싱
5. ㅁ	문	55. ㅁ, ㅁ	매미
6. ㅂ	방	56. ㅁ, ㅂ	명박
7. ㅈ	자	57. ㅁ, ㅈ	모자
8. ㅊ	총	58. ㅁ, ㅊ	멸치
9. ㅍ	핀	59. ㅁ, ㅍ	마패
10. ㄱ(ㅋ), ㅎ	교회	60. ㅂ, ㅎ	빙하
11. ㄱ(ㅋ), ㄱ(ㅋ)	고기	61. ㅂ, ㄱ(ㅋ)	베개
12. ㄱ(ㅋ), ㄴ	그네	62. ㅂ, ㄴ	비누
13. ㄱ(ㅋ), ㄷ(ㅌ)	구두	63. ㅂ, ㄷ(ㅌ)	변태
14. ㄱ(ㅋ), ㅅ	가시	64. ㅂ, ㅅ	분수
15. ㄱ(ㅋ), ㅁ	거미	65. ㅂ, ㅁ	백마
16. ㄱ(ㅋ), ㅂ	가방	66. ㅂ, ㅂ	빈병
17. ㄱ(ㅋ), ㅈ	가지	67. ㅂ, ㅈ	바지
18. ㄱ(ㅋ), ㅊ	고추	68. ㅂ, ㅊ	배추
19. ㄱ(ㅋ), ㅍ	커피	69. ㅂ, ㅍ	방패
20. ㄴ, ㅎ	남해	70. ㅈ, ㅎ	장화
21. ㄴ, ㄱ(ㅋ)	나귀	71. ㅈ, ㄱ(ㅋ)	장구
22. ㄴ, ㄴ	누나	72. ㅈ, ㄴ	장농
23. ㄴ, ㄷ(ㅌ)	낙타	73. ㅈ, ㄷ(ㅌ)	작두
24. ㄴ, ㅅ	낚시	74. ㅈ, ㅅ	주사
25. ㄴ, ㅁ	나무	75. ㅈ, ㅁ	장미
26. ㄴ, ㅂ	나비	76. ㅈ, ㅂ	좀비
27. ㄴ, ㅈ	낙지	77. ㅈ, ㅈ	잡지
28. ㄴ, ㅊ	나쵸	78. ㅈ, ㅊ	전차
29. ㄴ, ㅍ	나팔	79. ㅈ, ㅍ	쥐포
30. ㄷ(ㅌ), ㅎ	대학	80. ㅊ, ㅎ	찰흙
31. ㄷ(ㅌ), ㄱ(ㅋ)	당구	81. ㅊ, ㄱ(ㅋ)	친구
32. ㄷ(ㅌ), ㄴ	달님	82. ㅊ, ㄴ	촌놈
33. ㄷ(ㅌ), ㄷ(ㅌ)	등대	83. ㅊ, ㄷ(ㅌ)	촌닭
34. ㄷ(ㅌ), ㅅ	동상	84. ㅊ, ㅅ	책상
35. ㄷ(ㅌ), ㅁ	도마	85. ㅊ, ㅁ	치마
36. ㄷ(ㅌ), ㅂ	담배	86. ㅊ, ㅂ	촛불
37. ㄷ(ㅌ), ㅈ	타자	87. ㅊ, ㅈ	찻잔
38. ㄷ(ㅌ), ㅊ	단추	88. ㅊ, ㅊ	척추
39. ㄷ(ㅌ), ㅍ	대포	89. ㅊ, ㅍ	칠판
40. ㅅ, ㅎ	상현	90. ㅍ, ㅎ	폐하
41. ㅅ, ㄱ(ㅋ)	사과	91. ㅍ, ㄱ(ㅋ)	포크
42. ㅅ, ㄴ	스님	92. ㅍ, ㄴ	피넛
43. ㅅ, ㄷ(ㅌ)	수달	93. ㅍ, ㄷ(ㅌ)	파도
44. ㅅ, ㅅ	사슴	94. ㅍ, ㅅ	풍선
45. ㅅ, ㅁ	신문	95. ㅍ, ㅁ	파마
46. ㅅ, ㅂ	수박	96. ㅍ, ㅂ	표범
47. ㅅ, ㅈ	사자	97. ㅍ, ㅈ	편지
48. ㅅ, ㅊ	상추	98. ㅍ, ㅊ	풍차
49. ㅅ, ㅍ	수표	99. ㅍ, ㅍ	폭포

자음	사람	대상	행동	자음	사람	대상	행동
00. ㅎ ㅎ				50. ㅁ, ㅎ			
1. ㄱ(ㅋ)				51. ㅁ, ㄱ(ㅋ)			
2. ㄴ				52. ㅁ, ㄴ			
3. ㄷ(ㅌ)				53. ㅁ, ㄷ(ㅌ)			
4. ㅅ				54. ㅁ, ㅅ			
5. ㅁ				55. ㅁ, ㅁ			
6. ㅂ				56. ㅁ, ㅂ			
7. ㅈ				57. ㅁ, ㅈ			
8. ㅊ				58. ㅁ, ㅊ			
9. ㅍ				59. ㅁ, ㅍ			
10. ㄱ(ㅋ), ㅎ				60. ㅂ, ㅎ			
11. ㄱ(ㅋ), ㄱ(ㅋ)				61. ㅂ, ㄱ(ㅋ)			
12. ㄱ(ㅋ), ㄴ				62. ㅂ, ㄴ			
13. ㄱ(ㅋ), ㄷ(ㅌ)				63. ㅂ, ㄷ(ㅌ)			
14. ㄱ(ㅋ), ㅅ				64. ㅂ, ㅅ			
15. ㄱ(ㅋ), ㅁ				65. ㅂ, ㅁ			
16. ㄱ(ㅋ), ㅂ				66. ㅂ, ㅂ			
17. ㄱ(ㅋ), ㅈ				67. ㅂ, ㅈ			
18. ㄱ(ㅋ), ㅊ				68. ㅂ, ㅊ			
19. ㄱ(ㅋ), ㅍ				69. ㅂ, ㅍ			
20. ㄴ, ㅎ				70. ㅈ, ㅎ			
21. ㄴ, ㄱ(ㅋ)				71. ㅈ, ㄱ(ㅋ)			
22. ㄴ, ㄴ				72. ㅈ, ㄴ			
23. ㄴ, ㄷ(ㅌ)				73. ㅈ, ㄷ(ㅌ)			
24. ㄴ, ㅅ				74. ㅈ, ㅅ			
25. ㄴ, ㅁ				75. ㅈ, ㅁ			
26. ㄴ, ㅂ				76. ㅈ, ㅂ			
27. ㄴ, ㅈ				77. ㅈ, ㅈ			
28. ㄴ, ㅊ				78. ㅈ, ㅊ			
29. ㄴ, ㅍ				79. ㅈ, ㅍ			
30. ㄷ(ㅌ), ㅎ				80. ㅊ, ㅎ			
31. ㄷ(ㅌ), ㄱ(ㅋ)				81. ㅊ, ㄱ(ㅋ)			
32. ㄷ(ㅌ), ㄴ				82. ㅊ, ㄴ			
33. ㄷ(ㅌ), ㄷ(ㅌ)				83. ㅊ, ㄷ(ㅌ)			
34. ㄷ(ㅌ), ㅅ				84. ㅊ, ㅅ			
35. ㄷ(ㅌ), ㅁ				85. ㅊ, ㅁ			
36. ㄷ(ㅌ), ㅂ				86. ㅊ, ㅂ			
37. ㄷ(ㅌ), ㅈ				87. ㅊ, ㅈ			
38. ㄷ(ㅌ), ㅊ				88. ㅊ, ㅊ			
39. ㄷ(ㅌ), ㅍ				89. ㅊ, ㅍ			
40. ㅅ, ㅎ				90. ㅍ, ㅎ			
41. ㅅ, ㄱ(ㅋ)				91. ㅍ, ㄱ(ㅋ)			
42. ㅅ, ㄴ				92. ㅍ, ㄴ			
43. ㅅ, ㄷ(ㅌ)				93. ㅍ, ㄷ(ㅌ)			
44. ㅅ, ㅅ				94. ㅍ, ㅅ			
45. ㅅ, ㅁ				95. ㅍ, ㅁ			
46. ㅅ, ㅂ				96. ㅍ, ㅂ			
47. ㅅ, ㅈ				97. ㅍ, ㅈ			
48. ㅅ, ㅊ				98. ㅍ, ㅊ			
49. ㅅ, ㅍ				99. ㅍ, ㅍ			

나의 메모리 인덱스			
대상	상징	대상	상징
칼륨		리튬	

다음 예제는 교과서에 등장하는 용어 및 오감(五感)과 관련 있는 단어로 구성되어 있습니다. 친구나 부모님이 다음 단어들을 한번 들려주면 장소법을 활용하여 암기하고, 다음 페이지에 있는 답지에 순서대로 옮겨적어 봅니다.

	예제1	예제2	예제3	예제4	예제5
1	미국	안중근	메타세콰이어	삼정문란	영공
2	옷걸이	석굴암	요트	이양선 출몰	EEZ
3	TV	아일랜드	휴양지	세도정치 타파	산경도
4	변호사	당나귀	동양화	의정부	유역변경식
5	각도기	그네	군산	삼군부	냉대림
6	백악관	헌법재판소	골프	은결 색출	태양광
7	연료	테러	연인	호포제	총인구
8	벽	어간	스트레스	사창제	해안단구
9	교회	단군	독도 관광	서원정리	감입곡류
10	허리케인	고양이	대관령 삼양목장	경복궁 중건	울릉도
11	사랑	박물관	고추장	탕평책	돌리네
12	구개음화	가스	템플스테이	이인좌의 난	용암동굴
13	흑인	석탄	고속도로	탕평파 육성	고위평탄면
14	세계	참깨라면	지진	이조전랑 악화	대보조산운동
15	애국가	미움	1789년	균역법 시행	개마고원
16	추락	지도	안면도	청계천 정비	사원 설치
17	간디	베이컨	대나무	속대전 편찬	연등회
18	졸업식	전쟁	파도타기	노비 종모법	팔관회
19	소금	망치	염화칼슘	동국문헌비고	도선
20	피난	후추	덕유산	연좌제 폐지	차령산맥
21	고기압	수감자	frustrate	탕평파 청산	경전 제정
22	오페라	벨기에	팔당댐	능력중시	훈요 10조
23	청문회	레바논	거제도	장용영 설치	향약 확대
24	팥빙수	철원	보이스 피싱	규장각 설치	서원 타파
25	이슬람	명함	문경새재	초계 문신제	과전법 악화
26	김연아	fundamental	파섹(PC)	수원 화성	직전법
27	국회의원	소크라테스	탑골공원	수령 권한 확대	관수관급제
28	아프리카	땀냄새	1776년	대전통편	임오군란
29	추수감사절	귀납법	리아스식 해안	신해통공	독립신문
30	베트남	하이데거	헤이리	활자	산미증식계획
31			대천해수욕장		이지영
32			스파 그린랜드		응용윤리학
33			하이원		규범윤리학
34			오죽헌		보편화
35			천국		칸트
36			설천봉		소크라테스
37			재즈마을		이황
38			대청봉		증자
39			자연휴양림		요나스
40			서귀포		의무론
41					공리주의
42					덕윤리
43					관습
44					낙태
45					사실
46					메타윤리학
47					인지주의
48					당위
49					눈길
50					외사등

날짜:		점수:	날짜:		점수:
1			1		
2			2		
3			3		
4			4		
5			5		
6			6		
7			7		
8			8		
9			9		
10			10		
11			11		
12			12		
13			13		
14			14		
15			15		
16			16		
17			17		
18			18		
19			19		
20			20		
21			21		
22			22		
23			23		
24			24		
25			25		
26			26		
27			27		
28			28		
29			29		
30			30		
31			31		
32			32		
33			33		
34			34		
35			35		
36			36		
37			37		
38			38		
39			39		
40			40		
41			41		
42			42		
43			43		
44			44		
45			45		
46			46		
47			47		
48			48		
49			49		
50			50		

▲

보람을 느낄 수 있는 문자 한 통을 받았습니다. (대회 준비했던 거 금상도 타고요, 명훤 쌤 공부법 덕에 잘 공부할 수 있세 됐어요!) 이 멘티는 저에게 2년 간 멘토링 수업을 받았습니다. 돌이켜 보면 멘토링 수업을 진행하는 동안 이 학생과 즐거웠던 기억이 많습니다. 겨울에 삼척 해변에 가서 드론을 함께 날리기도 하고, 청주 공군사관학교 견학을 다녀오기도 했습니다.

그랬던 멘티가 어느새 고3이 되어서 대학입시를 본격적으로 준비할 때가 되었습니다. 멘토링 수업을 진행할 때 제일 강조하는 점은 '고등학교 3년의 로드맵을 짜고 그 틀 속에서 각 학년별로 꼭 해야 할 공부를 하게 하는 것'이었습니다. 이 학생은 그 과정을 착실히 잘 따라왔습니다. 비문학 지문 훈련뿐만 아니라 기본서에 어떻게 단권화를 하는지, 오답 노트는 어떻게 작성하는지 반복해서 연습하고 알파 기간과 베타 기간에 따라 각각 해야 할 내신 공부와 루틴을 차질 없이 진행했습니다. 특히 '암기법' 하면 이 친구가 더욱 생각납니다. 저와 함께 암기법을 매 수업 시간마다 훈련했습니다. 처음에는 무작위로 선별한 단어를 한 번 듣고 쓰게 했을 때 15개 정도 간신히 쓸 수 있었으나, 연습을 거듭하며 100개까지 빠른 시간에 써낼 수 있게 되었습니다. (덕분에 내신 성적을 잘 관리하면서 모의고사는 1등급과 2등급 사이를 오갈 수 있었습니다).

이와 더불어 몸과 마음의 건강을 위해 요가와 명상까지 틈틈이 수련하기도 했습니다. 시험을 대비하여 몸과 마음을 이완하는 호흡 및 시각화기법(실바마인드 컨트롤)을 연습하고, 아쉬탕가요가 프라이머리 시리즈 워크숍까지 수료하는 모습을 보여줬습니다. 그래서 이 멘티는 하산했습니다. 더는 가르쳐 줄게 없었습니다(물론 아직도 가끔 불쑥불쑥 찾아오긴 합니다). 남은 고등학교 기간 동안 마음의 소리와 여러 표지들을 따라 행복할 수 있는 길, 세상을 좀 더 나은 곳으로 만들 수 있는 길을 잘 찾아가기 바랍니다. 저도 지금 있는 이 자리에서, 성장하고 공부하기를 멈추지 않으면서 언제든 반갑게 찾아오길 기다리겠습니다.

"지식이 없는 성실은 허약하고 쓸모없다.
성실이 없는 지식은 위험하고 두려운 것이다."

Integrtiy without knowledge is weak and useless,
and knowledge without integrity is dangerous and dreadful.
— 사무엘 존슨, 18세기 영국의 문학가

PART **FIVE**

반복의 기술

창덕궁 향나무: 창덕궁은 1404년(태종 4년) 왕실의 별궁으로 창건하였는데, 별궁을 지은 다음 어느 정도 자란 나무를 심었을 것이라고 보고 700년이라 추정하고 있다. 향나무는 향기만큼 줄기의 생김새도 압권이다. 창덕궁의 향나무 가지는 동서남북으로 1개씩 뻗어나갔는데 총 길이가 12.2m, 남북으로 7.5m이다. 그 모습이 마치 용이 꼬불꼬불 춤을 추고 있는 듯 신비롭다. (지정번호: 천연기념물 제194호, 소재지: 종로구 율곡로 99) Illustration: 이장희(『서울의 시간을 그리다』 저자), 2019.

단권화의 시작

단권화 대비 체크리스트

1. 단권화란 무엇인가

비문학 연습을 통해 필기구 사용부터 넘버링과 밑줄긋기까지 충분히
연습을 하였다면, 본격적으로 단권화를 시작해도 좋습니다.

단권화란 많은 회독수(교재를 읽은 횟수)를 확보하기 위해 여러 교재
에 흩어져있는 정보를 정리가 잘 되어 있는 교재(주교재) 한 곳에 몰
아넣는 과정입니다. 구체적으로는 다른 교재에는 있으나 주교재에는
없는 내용, 학교나 학원의 수업 시간에 이루어지는 필기 등을 가필
(加筆 · marginalia), 포스트잇, 오려붙이기의 형태로 주교재에 옮기
는 것입니다. 단권화는 방대한 시험 범위를 공부해야 하는 각종 국가
고시 수험생들이 주로 활용하고 있으며 최근에는 중고등학생 학습서
에도 종종 이 공부법이 언급되고 있습니다.

한 권의 교재에 모든 내용이 들어가게 되면, 베타 기간 중에 여러 책을 들추며 우왕좌왕 하는 일 없이 효율적으로 반복해서 공부할 수 있습니다. 나아가 1~2회독 시에는 개념의 줄기를 확실하게 잡는 데에 초점을 두고, 회독수를 늘려가면서 점차 지엽적인 부분까지도 놓치지 않을 수 있다는 단계적 접근의 이점도 있습니다. 다만 단권화라고 하여 반드시 한 권의 교재에 모든 내용을 옮길 필요는 없습니다. 교과서와 프린트, 교과서와 자습서 이렇게 이원화하는 것도 나쁘지 않다고 생각합니다. 즉, 항공모함처럼 70% 정도를 한 곳에 모아놓고 30%는 다른 교재들을 수시로 열람, 참고하는 것도 괜찮습니다. 오로지 한 권의 교재에 모든 자료를 모으겠다는 완벽주의에 빠져 스트레스를 받거나 시간을 낭비하는 것은 바람직하지 않습니다.

2. 공부의 소스와 단권화 대비 체크리스트 작성

한 학년 동안 여러분이 공부하는 교과서, 문제집, 자습서, 부교재, 프린트, 학원 교재, 인강 교재들을 '공부의 소스source' 라고 정의하도록 하겠습니다. 공부의 소스(학습 교재)는 배우고 익힐 대상과 학습 자료의 총합이라고도 할 수 있을 것입니다. 단권화 작업을 시작하기 위해서는 먼저 이 소스들을 파악하는 작업이 필요합니다. 물론 새 학년이 시작되고 한 달 정도가 지나가면 자연스럽게 이 소스들이 무엇인지 알게 됩니다. 하지만 학기 시작과 동시에 빠르게 소스들을 체크하고, 어떤 소스에 필기를 주로 하고 정리를 할 것인지 마음의 결정을 내린다면 보다 효율적으로 내신시험을 준비할 수 있을 것입니다.

선생님들께서 교과서로 수업을 하는 경우도 있고, 교과서는 주로 사용하지 않고 부교재나 프린트로 수업을 하는 경우도 있을 수 있습니다. '단권화 대비 체크리스트'에 교과서를 사용하지 않는 경우라면 X, 교과서를 참고하는 정도라면 △, 교과서 위주로 수업을 한다면 ◎를 각각 표시해 봅시다. 나머지 소스에도 각각 표시를 하도록 합니다. (359페이지 '단권화 대비 체크리스트' 양식을 참고하기 바랍니다.)

대부분의 과목은 교과서와 맞춤형 자습서, 문제집이 함께 출간됩니다. 자습서는 문제의 비중보다 상대적으로 내용정리와 더불어 참고할 내용들이 많습니다. 참고서라고 뭉뚱그려 부르기도 합니다. 자습서를 구입하는 학생들도 있고 구입하지 않는 학생들도 있습니다. 학생들 입장에서는 '활자화'되어 있는 자습서의 내용을 신뢰할 수밖에 없지만 일선 교사들은 자습서에서 오류가 자주 발견된다고 지적하기도 합니다. 따라서 자습서의 내용이 미흡하거나, 학교에서 주는 프린트 또는 학원이나 과외, 인강 등에서 제공하는 자료가 좋다면 자습서를 굳이 구입할 필요가 없습니다. 이런 보조 수단이 부실하고, 학원 강의의 지원 없이 독학으로 공부하는 경우에는 자습서와 문제집을 모두 구입할 수밖에 없습니다. 자습서와 문제집은 경우에 따라 하나로 합쳐져 있는 경우도 있습니다.

교과서를 발간한 출판사에서 동일한 저자의 이름으로 낸 맞춤형 문제집의 문제는 맞춤형 자습서의 문제와 중복되는 경우가 많습니다. 이런 경우 신뢰할 만한 타 출판사 문제집을 통해 보충하는 방법도 괜찮습니다. 어떤 선생님들은 교과서 저자가 집필한 자습서나 문제집에 수록된 문제 유형을 의도적으로 피해서 출제하는 경우도 있기 때문에 고득점을 목표로 하는 학생들은 출제 방향에 근접한 문제를 어떻게 확보할 것인지 고민해야 합니다. 학원에서 공부를 하는 학생이라면 학원 교재를 잘 정리하는 것도 좋은 방법입니다. 요즘은 학원 교재들에서 교과서 내용을 다시 한번 정리하고, 출제 예상문제까지 담고 있기도 합니다. 이런 경우 교과서나 문제집, 자습서가 아닌 학원 교재에 단권화를 하는 학생들도 더러 있습니다.

교과서는 사용하지 않고 부교재나 프린트 위주로 수업을 진행하는 학교도 많습니다. 이때 프린트를 착실하게 정리해야 하는 것은 기본입니다. 프린트를 받는대로 왼쪽 상단에 받은 날짜와 순서를 적어놓기 바랍니다. 클리어 파일이나 바인더를 사용하여 구겨지지 않게 정리하도록 합시다. 내용 정리가 완료된 프린트도 있고, 빈칸을 채워나가도록 되어 있는 프린트도 있습니다. 괄호나 빈칸을 수업 시간 중에 채우지 못했다면 친구의 프린트를 참고하거나 선생님께 질문하여 꼭 채워놓는 것이 좋습니다. 프린트 위주의 수업이 이루어지는 경우에는 이러한 꼼꼼함과 성실함이 성적을 좌우한다고 할 수 있습니다. 다만 프린트 위주로 수업을 하고 프린트에서만 출제된다고 선생님께서 예고하셨더라도, 결코 교과서를 소홀히 해서는 안 됩니다. 이 경우, 그럼에도 불구하고 교과서를 읽는 학생과 마음 편하게 교과서를 건너 뛰는 학생은 결과에서 차이가 날 수 있습니다. 프린트는 키워드 위주의 나열이지만 교과서는 문장으로 되어 있어 흐름을 파악할 수 있기 때문입니다. 따라서 교과서를 반복하여 읽게 되면 전체를 볼 수 있고, 배우지 않은 내용을 다루는 문제나 처음 접하는 유형의 문제도 유추해서 정답을 맞힐 수 있는 가능성이 높아집니다.

나아가 선생님에 따라서는 예고와 달리, 변별력을 위해 교과서의 '측면 해설'처럼 프린트에는 없는 내용이 있을 만한 곳에서 문제를 출제하시는 경우도 있으므로 대비를 하는 것이 좋겠습니다. 이때 출제 범위가 아닌 곳에서 출제되었다고 이의 제기를 해도 선생님께서 "교과서는 당연히 읽어야 하는 것 아니냐." 혹은 "수업 시간에 설명하지 않았느냐."라고 하시면 학생 입장에서는 궁색해집니다. 꼼꼼하게 공부해서 논란의 여지를 없애는 편이 낫습니다.

임성원 멘토 제공

단권화 대비 체크리스트를 모두 채운 다음 조금 멀리 떨어져서 눈을 크게 뜨고 다시 한번 보기 바랍니다. 전체적인 그림을 보고 이러한 소스들을 완벽하게 숙지하고 있어야 필기가 분산된다든지 자료가 여기저기 흩어진다든지 하는 문제를 피할 수 있습니다.

3. 단권화할 주교재 정하기

이렇게 파악한 소스를 바탕으로 단권화할 '주교재'를 정하도록 합니다. 주교재로 삼으려면 우선 해당 교재가 풍부한 내용을 담고 있어서 필기를 옮길 필요가 적어야 합니다. 다음 읽기 쉽고 눈에 잘 들어와야 하는데 이러한 교재들을 '가독성이 좋다'고도 합니다. 교과서나 자습서, 프린트를 주교재로 삼는 경우가 많습니다. 학교에서 수업을 잘하시는 선생님이 잘 만든 부교재도 주교재가 될 수 있습니다. 이런 주교재는 수능시험을 대비한 기본서로 활용하기에도 손색이 없습니다. 그러나 학교에서 만든 대부분의 부교재는 한 학년 내지 한 학기에만 사용되는 것이라 설명이 부실하고, 편집이 좋지 않은 경우가 많습니다. 편집은 손으로 썼느냐, 컴퓨터를 현란하게 사용하였느냐의 문제가 아닙니다. 선생님께서 손으로 정리한 프린트이지만 내용이 매우 꼼꼼하고 훌륭한 경우도 있습니다.

학생들 중에는 단권화를 하는 대신 별도의 정리 노트를 만드는 경우도 있습니다. 교과서나 참고서 내용 중에서 필요한 부분을 따로 발췌하여 키워드를 뽑아 정리하거나 자신만의 방식으로 요약하는 것입니다. 이러한 정리 노트를 다른 말로 '서브 노트'라고도 합니다. (요즘에는 학원이나 인강 강사의 수업 내용을 노트로 미리 정리한 뒤, 수강생들에게 제공하면서 필기의 부담을 줄여주기도 하는데, 이를 서브 노트로 칭하기도 합니다.) 정리 노트를 작성하는 것은 말 그대로 내용 정리와 요약에 도움이 되고 공부를 했다는 뿌듯한 기분도 느끼게 해줍니다. 다만 정리 노트를 만드는 데에는 이미 정리되어 있는 주교재에 밑줄을 긋고 강약 표시를 하는 단권화보다 분명 더 많은 시간이 소요된다는 단점이 있습니다.

수험은 결국 시간과의 싸움이고, 동일하게 주어진 시간 내에 누가 시험 범위에 해당하는 내용을 더 많이 반복하여 이해·암기하였느냐가 등급과 당락을 좌우하게 됩니다. 문장으로 서술된 교과서나 참고서를 읽어나가는 것이 어색하고 눈에 안 들어오는 경우라면 정리 노트 작성은 분명 도움이 됩니다. 과목에 따라서 정리 노트 작성이 더 효율적인 경우도 물론 있습니다. 하지만 넘버링과 밑줄긋기, 비문학 지문 요약 훈련을 통해 문장으로 된 서술 속에서도 키워드를 잘 뽑아낼 수 있는 연습을 계속해 나가면서, 시간 절약을 위해 교재에 단권화하는 방향으로 나아가십시오. 다음은 상위권에 속하는 멘티가 작성한 정리 노트입니다.

주교재를 정한 다음에는 기출문제를 볼 필요가 있는지도 미리 선생님이나 친구들을 통해 확인해둡니다. 담당교과 선생님이 이전 연도와 동일하거나 교과서, 교과 과정이 바뀌지 않았다면 기출문제를 구해서 풀어 볼 필요가 있습니다. 출제의 포인트에는 놓쳐서는 안 되는 조언이나 꿀팁을 적어놓도록 합니다. 가령 "교과서보다는 프린트를 보라"고 선생님께서 말씀하셨다면 그러한 내용을 적어두도록 합니다. 수행평가 유무도 잊지 말고 체크합시다.

국가고시 등을 준비하는 일반 수험생의 경우에도 겸손한 마음으로 체크리스트를 정리하면서 단권화를 어디에 할지 마음의 정리를 할 필요가 있습니다. 이러한 작업은 수험생활이나 학원 강의가 진행된 다음 1~2주 정도 뒤에 바로 시작하는 게 좋습니다. 이미 학원 강의가 상당히 진행된 후라면 여러 중요한 정보와 필기들이 기본서, 강사 교재, 기출문제집, 프린트 등에 모두 흩어질 수 있기 때문입니다. "어디에 단권화를 할 것인가?" 그리고 "넘버링과 밑줄긋기는 어떤 규칙으로 할 것인가?"에 대해 빨리 마음의 결정을 내릴수록 혼란을 최소화하고 수험 기간을 단축할 수 있습니다.

기본기의 중요성을 잊지 않고 비문학 연습과 단권화를 충실히 한다면, 준비한 시험에서 충분히 목표를 달성할 수 있습니다.

▲

해마다 반복되는 재수생의 화두 하나가 있습니다.

"왜 재수에 실패하는가?"

"왜 점수와 등급이 그대로인가?"

어디서부터가 문제일까요? 그 이유는 다음에서 찾을 수 있습니다.

첫째, 공부의 우선순위를 정하지 않는다는 점입니다. 재수를 시작하게 되면, 많은 시간이 주어졌다고 '착각' 하면서 처음부터 꼼꼼하게 공부를 다시해보겠다고 생각하는 경우가 많습니다. 새 인생을 살아보겠다는 것입니다. 그렇게 공부를 하다보면, 이미 충분히 익숙하고 강점이 있는 단원을 중복해서 공부하게 됩니다. 하지만 재수의 우선순위는 어디까지나 약점 보완에 두어야 합니다. 취약한 부분을 먼저 보강하지 않으면, 고3 때와 마찬가지로 그 부분을 방치하거나 대충 보고 넘어가게 될 수 있습니다.

둘째, 심리적으로 몹시 취약한 상태이다 보니 학원, 인강 선생님의 말씀을 금과옥조金科玉條로 여기고 지나치게 강의에 의존하는 경우가 많다는 점입니다. 종종 재수학원에 특강을 나가 보면 학원 선생님들께서 한결같이 "학생들이 인강만 많이 들어서 혼자 공부하는 시간이 턱없이 부족한 것 같다."라고 말씀하십니다. 늘 강조하지만 강의는

'거들 뿐' 입니다. 공부는 배운 내용을 외우고, 확인하고, 정리하는 과정이 되어야 합니다.

셋째, 이젠 고등학교를 졸업한, 명색이 재수생이라고 공부의 기본기를 외면하는 것도 문제입니다. 재수생이 보는 시험지와 현역 고3 학생들이 보는 시험지가 다르지 않습니다. 그리고 어떤 시험이든 공부의 기본기가 탄탄히 뒷받침되어야 합니다. 재수생활은 짧지만 어떻게 계획을 짜서 활용하느냐에 따라 알차게 보낼 수 있습니다. 기본적인 국어, 영어 독해 능력과 어휘 훈련을 부담스럽지 않은 분량으로 루틴화 하여 계획에 반영하는 것도 좋습니다.

넷째, 여전히 어설픈 오답 노트와 부실한 기본서에 원인이 있습니다. 한번 시험을 치렀더라도, 재수 시작과 동시에 작심해서 오답 노트를 준비하고 기본서에 단권화를 하지 않으면 어설프고 부실한 오답 노트와 기본서가 될 수밖에 없습니다. 이렇게 되면 복습하지 못한 수많은 재수학원 교재와 프린트, 그리고 분명 풀고 채점한 흔적은 있는데 어떻게 풀었는지 기억나지 않는 문제들을 뒤로 한 채 찝찝한 기분으로 시험장에 들어가야만 합니다. 수험이란 1차적으로 시험 한 달 전에 볼 자료를 압축해가는 과정이라는 점을 항상 명심하십시오.

다섯째, 그냥 운이 없는 경우입니다. 하지만 위 네 가지 이유에 해당되지 않음에도 운이 없어서 실패하게 되는 경우는 거의 없습니다. 따라서 성공적인 재수를 원한다면 먼저, 보충해야 할 공부의 우선순위를 꼼꼼하게 분석한 뒤 정해야 합니다. 부족한 부분이 있다면 기본기를 채울 수 있는 루틴도 마련해야 합니다. 기본기 훈련을 하는 프로 운동 선수처럼, 겸허한 마음으로! 그다음 강의 의존도를 낮추고 자기 공부를 해야 합니다. 학원 강의나 인강 시청을 제외하고 실질 공부량을 반드시 체크해보기 바랍니다. 인강을 4시간 듣고, 하루 종일 공부했다는 말을 해서는 안 됩니다. 삼수, 사수로 가는 지름길입니다.

그리고 무엇보다 기본서에 단권화를 하고, 오답 노트를 충실하게 만들어야 합니다. 수능을 앞두고 재수생 여러분이 믿을 수 있는 것은 기본서와 오답 노트뿐입니다. 이 두가지를 만들어 가면서 재수 기간을 6월, 9월 모의평가와 수능을 기점으로 분할하는 것도 좋은 방법입니다. 3월부터 6월까지 약 세 달, 6월부터 9월까지 약 세 달, 그리고 9월 모의평가를 치르고 수능까지 약 두 달 반이 남습니다.

절대 11월 수능을 목표로 기본서와 오답 노트를 만들지 마십시오. 6월 모평이 1차 수능이라 생각하고, 6월 모평 일주일 전까지 우선순위에 놓인 부족 부분을 채워 기본서와 오답 노트를 완성하도록 합니다. 그리고 모평 일주일 전에는 기본서와 오답 노트를 반복해서 보도록 합니다. 다음 9월 모평을 2차 수능이라고 생각하고 같은 과정을 반복합니다. 수능 한 달 전까지 기본서에 보충하고 오답 노트에 정리하는 과정을 거치십시오. 수능 한 달 전에는 여러 가지 전략이 있을 수 있습니다. 대표적인 것은 다음과 같습니다.

① 3일 동안 기본서와 오답 노트를 정리한 후 한 과목에 대해 모의고사 시험을 보게 되면 4일이 걸립니다. 이것을 과목별로 모두 하게 되면 16일이 소요됩니다. 시험을 본 날 리뷰까지 마치도록 합니다.

② 다음 2일 동안 기본서와 오답 노트를 다시 공부한 후 한 과목을 시험을 보게 되면 3일이 걸립니다. 영역별로 같은 과정을 거치게 되면 12일이 걸립니다.

③ 이렇게 하면 한 달 동안 약 두 번의 모의평가를 치른 셈이 됩니다. 수능까지는 약 2일의 여유 기간이 남습니다. 2일이라는 시간 동안 기본서와 오답 노트를 다시 한번 빠르게 훑어볼 수 있어야 합니다.

{(3일+1) X 4과목} + {(2일+1) X 4과목} + 2일(여유기간) = 총 30일(한 달)

이 전략은 각종 국가고시를 치르는 수험생들이 시험에 임박했을 때 공부하는 방법으로서 하나의 예시일 뿐입니다. 자기만의 스타일로 보완을 잘해서 계획을 짜보기 바랍니다. 시험 직전까지 기본서와 오답 노트로 반복해서 정리하며 공부해야 재수 기간을 꽉 채운, 진짜 공부를 했다고 할 수 있겠습니다.

2

THE MENTOR

수험 대비 단권화

버리고 비우고 줄이는 공부

여러분이 고등학생들이라면 내신과 수능이라는 두 가지 시험을 모두 준비해야 합니다. (이것을 제2장 〈시간 관리의 기술〉 '두 개의 타임라인' 편에서 설명하였습니다.) 단권화는 내신시험과 수능에서 모두 필요합니다. 이 장에서는 내신시험 준비에 필요한 '단권화의 방법'을 살펴보고 다음 장에서는 수능시험을 대비한 단권화인 '오답 노트 작성법'에 대해서도 살펴보겠습니다. 문제집과 자습서를 풀고, 기본서에 주요 내용을 단권화하는 방법은 일반 수험생의 경우에도 반드시 숙지해야 합니다.

앞서 '단권화 대비 체크리스트'의 점검을 통해 주교재를 모두 선정하였을 겁니다. 내신시험을 대비하기 위해서는 문제집과 자습서를 풀고, 그 과정에서 습득한 내용을 주교재에 단권화해야 합니다. 알파 기간 때 '주중에는 자습서, 주말에는 문제집'을 보는 것을 원칙으로

243

하여 문제를 빠짐없이 풀도록 합니다. 문제집은 교과서 저자가 집필한 것이든 아니든 상관 없습니다.

문제집과 자습서를 시험 기간인 베타 기간 때에 풀어야 하는 것으로 생각하는 학생들이 많습니다. 이렇게 되면 베타 기간에 공부의 여러 가지 소스를 공부하면서 동시에 자습서와 문제집을 풀고, 더불어 학원 보강에 불려다녀야 하는 대참사가 발생할 수 있습니다. 여기에 베타 기간 중 학교에서 잔인할 정도로 진도를 많이 나가게 되면 (이러한 현상을 '베타 기간 중의 숨은 알파 기간' 이라고 합니다.) 시험 준비는 최악으로 치닫게 됩니다.

여러분, 문제집과 자습서는 반드시 알파 기간에 미리 풀어야 합니다! 시험에 임박하여 실전 문제를 더 풀어보고 싶은 성실한 학생이 있다면, 단원 마무리 문제 정도는 남겨놓아도 괜찮습니다. 하지만 가급적 모두 풀어두기를 권합니다. 시험 직전에 풀어볼 문제는 전년도 기출 문제 등으로 얼마든지 커버할 수 있기 때문입니다. 평일에 자습서를 풀면서 얻은 핵심 내용과 수업 시간에 다룬 필기가 가급적 주교재에 모두 모이도록 정리합니다. 주말 문제집 풀이 과정에서 얻은 정보 또한 마찬가지로 주교재에 모으도록 합니다. 성적이 중하위권인 학생은 공부를 먼저 하고 자습서와 문제집을 풀겠다고 생각하지 마십시오. 교과서나 자습서의 해당 부분을 찾아보면서 답을 체크해도 상관 없습니다. 먼저 공부하고 풀겠다고 생각하면 시작조차 하지 못하는 경우가 많습니다. 차라리 일단 참고하면서 시작하는 게 낫습니다.

"버리고, 비우고, 줄이는 공부를 하라!"

자습서를 주교재로 하여 단권화를 하는 경우 대부분의 내용들이 자습서에 담겨 있다는 것을 확인할 수 있을 것입니다. 이렇게 관련 정보를 찾아내는 과정 자체가 하나의 공부가 됩니다. 주교재가 점점 눈에 익게 되고, 어떤 내용이 어디에 있는지 파악하게 됩니다. 이 과정에서 너무 지엽적이거나 시험 관련성이 떨어져서 불필요한 정보라고 생각하는 부분은 과감하게 지워버리십시오. (성적이 중하위권인 학생은 이런 판단이 어려울 수 있습니다. 선생님이나 친구의 도움을 받는 것도 좋은 방법입니다.) 제가 법대를 다닐 때, 지금은 판사를 거쳐 서울대 교수로 계신 선배 한 분이 불필요한 페이지를 아예 풀로 붙여 버리는 것을 본 적이 있습니다. 이미 푼 쉬운 문제나 다시 안 봐도 될 내용들이라고 확신이 든다면 과감히 엑스(X) 표시를 진행합니다. 공부하는 사람들은 책을 소중히 여겨야 할 것이지만, 메모를 하고 지워버리고 강약을 표시하는 데에는 주저하지 마십시오.

자습서와 문제집을 풀고 채점을 한 뒤 리뷰를 하면서, 쉬운 문제를 제외한 나머지 문제들의 내용을 주교재에서 찾아 확인하십시오. 이미 알고 있는 내용도 다시 한번 확인하고 해당 부분에 동그라미나 체크(V) 표시를 하도록 합니다.[37] 경우에 따라서는 주교재의 특정 내용에만 동그라미나 체크 표시가 여러 개 등장할 수도 있습니다. 그렇다면 그 부분은 특별히 중요한 것입니다. 이렇게 체크해 놓으면 주교재를 중요도에 따라 강약을 주어 복습해나갈 수 있습니다.

[본문 및 필기]

D 화자의 태도

자꾸 깔깨

부정적 현실 인식

(3연) 지금 눈 나리고 / 인속이 어려운 상황 / 체념 X / 현실 극복 의지

메마른 향기 홀로 아득하니 / 전통적 소재

내 여기 가난한 노래의 씨를 뿌려라 / 자기희생의 태도 / 선구자적 태도 / 화자의 의지

(4연) 다시 천고의 뒤에 / 연속의 독립 / 백마 타고 오는 초인이 있어 / 미래지향적 태도 / 연결형 어조 [의지적 어조]

이 광야에서 목놓아 부르게 하리라 / 화자의 이상향 · 상생학 · 역사적 영웅 · 민족의 소망 / 연결 극복 의지 : 자기희생적 태도 → 민족의 독립

※ 비슷한 음의 종결어미 → 운율 형성

· 천고(千古) 아주 오랜 세월.
· 초인(超人) 보통 사람으로는 생각할 수 없을 만큼 뛰어난 능력을 가진 사람.

· 출처: 《광야 주해 이육사 시 전집》
· 글쓴이 이육사(1904~1944) 시인, 독립운동가. 본명은 이원록이며, 어떤 어려움 앞에서도 물러서지 않는 강한 의지를 노래한 시를 많이 썼다. 작품에 〈절정도〉, 〈절정〉, 〈교목〉 등이 있다.

참고 자료

■ '광야'의 시간과 공간
이 시에는 까마득한 태초부터 천고(千古)의 뒤까지 압축되어 무한한 시간들이 드러난다. 또한 3연에서 보여 주는 것과 같이 광범이 넓은 공간을 제시하여 공간 의식도 무한히 확대되어 있다. 이러한 시간적 무한성과 공간적 광막함은 이육사의 시를 강인하게 하고 느끼게 하는 요소가 된다.

김예진 멘티 제공

246

■ 시적 화자의 현실 인식

'눈' 내리는 현실

| '가난한 노래의 씨'를 뿌리겠다 | '초인'으로 하여금 (노래를) 뒤늦어 부르게 하겠다 |

부정적 현실에 대한 인식과 이를 극복하려는 의지와 희생정신

어휘·어구 풀이

◑ 백마 타고 오는 초인: 광복의 상징이며 일제로부터 우리 민족을 구원하고 해방된 조국을 이끌어 갈 민족의 지도자, 혹은 광복된 조국의 주인. 또한 '초인'은 미래 역사의 주인공으로서 본질적으로는 부활한 민족적 자아가 투영된 존재를 의미한다.

본문 확인 문제

1 이 시에 대한 설명으로 적절하지 않은 것은?
① 영탄적 어조로 화자의 의지를 드러내고 있다.
② 시간과 공간을 조화시켜 시상을 전개하였다.
③ 대조적 시어를 활용해 현실 극복 의지를 형상화하였다.
④ 부정적 상황을 극복하기 위한 희생정신이 나타나 있다.
⑤ 자연의 변화를 보여 줌으로써 자연 친화적 태도를 표현하였다.

2 이 시에 쓰인 시어의 상징적 의미에 대한 설명으로 적절하지 않은 것은?
① 광야: 민족의 역사가 펼쳐지는 굳이자 터전
② 강물: 조국과 민족의 부정적 현실
③ 눈: 혹독하고 부정적인 현실을 비유하여 내려 쓴 절개
④ 노래의 씨: 미래를 위한 자기희생의 의지
⑤ 초인: 신과 같은 능력을 지닌 초월적 존재

★ 3 눈(지원한 계절이 피어선 지고)에 드러나는 표현상의 특징을 쓰시오.
오랜 시간이 지났다.

(1) 광야 / 신의 방 83

1. 내신 대비 단권화 순서

첫째: 주중에는 '그날' 나간 진도에 해당하는 자습서 문제를, 주말에는 '한 주 동안' 나간 진도만큼의 문제집을 풉니다. 서술형 문제도 최대한 정성껏 풀도록 합시다. 문제가 잘 풀리지 않는다면 너무 고민하기보다 주교재를 참고하면서 힌트나 관련 내용이 있는 부분에 눈에 잘 띄는 색깔(초록, 파랑, 분홍 등)로 동그라미나 체크 표시를 합니다. 이때 문제집이나 자습서를 단권화할 주교재로 선정하였다면, 문제를 풀어나가면서 동시에 문제집과 자습서의 앞뒤를 넘나들며 관련 내용을 찾아 표시하면 됩니다. 문제집이나 자습서가 주교재라면 학교 수업 시간 중 (교과서나 프린트, 노트에) 정리한 중요 내용이나 필기는 당연히 문제집과 자습서에 단권화되어야 합니다. 단, 지나치게 압박감을 가질 필요는 없습니다.

둘째: 문제를 푼 뒤, 틀린 문제를 다시 풀고 리뷰합니다.

셋째: 맞힌 문제의 다른 선지들도 체크하면서 확실히 알고 풀었는지 확인하도록 합니다.

넷째: 문제를 리뷰하면서 문제 전체의 사고구조를 기억해야 하는 경우라면, 그 문제에 별표를 하거나 형광펜으로 박스 처리 해버립니다. 그리고 주교재의 관련 부분에 문제가 있는 교재의 이름과 페이지 수, 문항 번호를 적어두면 좋습니다. 반면 너무 쉽거나 안 봐도 될 문제

데 그들에게 밀려날 것을 생각하면 앞날이 서글퍼진다.

➡ 허리띠의 고민과 한밤에 느끼는 서글픔

① 허리띠의 일상과 최근의 고민

[2] 구두

❶ 이 녀석들은 쌍둥이다. 얼굴이 같고 색깔이 같다고는 하지만, 두 녀석을 짝지어 놓으면 좌우가 대칭이라는 것을 알게 된다. 쌍둥이 녀석들은 언제나 함께 지낸다. 주인이 외출할 때 한 녀석만 데리고 가는 법이 없으니까. ➡ 구두의 일상

쌍둥이 녀석들은 아침부터 저녁까지 주인의 발을 감싸고 지낸다. 게다가 백 근이 넘는 주인을 온종일 떠받치고 어디든 따라다녀야 한다. 아무리 몸이 고달파도 제 의지대로 그만둘 수 없는 숙명을 타고났다. 세상에 태어나 죽을 때까지 주인을 위해 살다 청소차에 실려 쓰레기 더미에 버려진다 해도 한 방울의 눈물조차 흘리지 못한다. 누구 하나 불쌍하게 생각해 주는 이 없다.

❷ 주인이 무슨 행사장이라도 가는 날은 덜덜한 신이 난다. 때 벗고 광내면 선수가 흰하고 콧등이 주인의 대머리처럼 반짝반짝 광이 난다. 잘나가는 신참 녀석에게도 꿀리지 않는다. ➡ 구두의 일상

❸ 녀석들은 비 오는 날을 싫어한다. 거리에 낙엽이라도 뒹구는 날 비라도 내리면 지푸라기에 매단 해삼처럼 온몸이 풀어진다. 진흙탕 길도 싫다. 덧씌우기한 여름날의 아스팔트 같은 진드기처럼 달라붙어서 더욱 싫다. ➡ 구두가 싫어하는 날

❹ 그렇다고 고달픈 날만 계속되는 것은 아니다. 주인이 점심 식사 약속에 녀석들을 데리고 갈 때가 있다. 현관에 녀석들을 남겨 두고 발으로 들어가고 나면 종업원이 녀석들만의 자리로 잠시 옮겨 놓는다. 어느 날 녀석들은 그곳에서 일생 동안 가슴에 묻어 둘 비밀 하나를 얻었다. 뺨에 닿는 순간 무어라 말할 수 없는 전율을 느꼈다. 어느 땐가 강아지 꼬리를 밟았을 때의 놀라운 기분이라고나 할까, 게다가 부드럽고 달콤한 냄새가 코끝을 간질이기까지.

❺ 그동안 주인댁 발까지도 싫어하는 냄새를 참아 왔지, 솔직히 말해서 녀석도 처음에는 발 냄새가 싫었지만 이제는 운명이려니 하고 살아간다. 그래서 얼마 전부터는 오히려 구수한 청국장 냄새쯤으로 여겨 왔다.

❻ 그런데 그게 아니다. 같은 처지이면서 어쩌 이처럼 향기로울 수가 있을까. 녀석들은 옆에 다소곳이 머리를 맞대고 있는 아가씨로부터 솜사탕처럼 부드러운 향기가 스며 나왔다. 게다가 잘록한 허리 하며 죽 뻗은 각선미가 너무나 아름다웠다. 세상에 이처럼 아름다운 아가씨가 있을까, 향기는 그들만의 작은 공간 전체로 퍼졌다. 녀석들은 아가씨와 함께 지냈던 짧은 시간을 영원히 잊을 수 없을 것 같았다. 그 일이 있었던 뒤부터 녀석들은 비밀의 씨앗을 마음 한켠에 심은 채 살아간다. 주인이 다시 그 식당으로 가 아가씨를 만나게 해 주지나 않을까 하는 기대감으로.

➡ 구두 아가씨와의 만남을 소중히 간직하는 쌍둥이 구두

② 구두의 일상과 구두 아가씨를 만나던 특별한 경험

교과서 128~130쪽

쌍둥이 '구두'가 얻은 비밀은 무엇인가?

구두 아가씨와 함께했던 짧은 시간 동안, 그녀의 부드럽고 잘록한 향기와 아름다운 느낄 수 있었던 경험

확인 문제

11. 이 글에서 확인할 수 없는 내용은?
① 구두의 실체
② 구두의 반항
③ 구두의 외양
④ 구두가 겪는 고충
⑤ 구두가 주인과 만나게 된 사연

12. ㄴ의 내용으로 가장 적절한 것은?
① 구두가 구두 아가씨를 만난 경험
② 비 오는 날 우산을 잃은 경험
③ 주인과 발과 공감대를 형성하게 된 경험
④ 산책을 하다가 강아지 꼬리를 밟았던 경험
⑤ 행사장에 가기 위해 반짝반짝 광을 냈던 경험

의 경우에는 과감하게 엑스 표시를 해서 지워버립니다.

다섯째: 문제 자체보다는 선지의 중요도가 높은 내용인데 주교재에 해당 내용이 없다면 주교재의 관련 부분 근처에 간단하게 메모합니다. 가급적 세 줄 정도로 줄여서 적도록 합니다. 옮기는 것이 귀찮고 번거롭다면 선지에 형광펜으로 강조 표시만 해도 괜찮습니다. 이때 주교재에 '문 p.23, 1-①' (문제집 23면 1번 문제의 ①번 선지) 등으로 표시하는 것도 교재를 다시 볼 때 편리합니다. 아주 중요하다고 판단되는 표나 그림이 주교재에 없다면, 그 부분만 복사하여 주교재에 붙이도록 합니다.

여섯째: '틀린 것을 고르라, 옳은 것을 고르라.'는 유형의 문제가 있습니다. 이 경우 주교재의 해당 부분을 찾아 마킹하기가 곤란하거나 번거롭다면, 선지에 초록 형광펜으로 밑줄을 긋고 정오(O, X) 표시를 해두는 것으로 충분합니다. 정오 표시를 해둬야 베타 기간에 문제집이나 자습서를 빠르고 헷갈리지 않게 볼 수 있습니다.

일곱째: 주교재를 완벽하게 만들 필요는 없습니다. 한 권의 주교재를 만드는 것이 힘들다면 이원화하는 것도 괜찮다는 점은 앞에서도 언급한 바 있습니다. 시간 낭비나 품을 최대한 줄이면서 누락되는 부분을 없게 하는 노하우를 찾는 것이 단권화의 핵심이라 하겠습니다.

2. 예습 복습의 정석

부모님들이 상담 오셔서 가끔 이런 말씀을 하시는 경우가 있습니다. "공부, 그거 뭐, 예습 복습 제대로 하고 수업 시간에 열심히 들으면 되는 거 아닌가요? 우리 때는 그랬는데⋯." 맞습니다. 분명 그렇기는 합니다. 그런데 예습 복습이 막상 뚜껑을 열어 보면 그렇게 간단한 것이 아닙니다. 먼저 학원에 쫓기다 보면, 집에서 예습 복습을 할 시간이 없습니다. 과목에 따라 예습이나 복습을 하는 방법이 다르기도 합니다. 상위권 학생들도 정석적인 접근법을 몰라 할 때도 있고 안 할 때도 있는, 그저 그런 것이 되는 것이 예습 복습입니다. 이번에는 효율적인 예습 복습 방법론에 대해서 알아볼까 합니다. 예습 복습의 골든 타임은 언제일까요?

- 수업 전, 후 3분
- 아침 자습 시간 또는 점심 시간
- 방과 후 집에서

현실적으로는 이 정도라고 할 수 있습니다. "저 때 어떻게 복습을 하나요. 매점 가고 놀아야 하는데." 이런 얘기를 하는 친구들이 많습니다. 고등학생들은 학원, 과외에 너무 치이기 때문에 이때 말고 사실상 자기주도적인 예습 복습을 할 시간이 없습니다. 이렇게 되면 그냥 학원 선행만 수동적으로 따라가는 수밖에 없습니다.

보통 예습과 선행은 같은 의미로 쓰이곤 하지만 여기서 예습은 '수업 직전, 수업의 이해와 집중도를 높이기 위해 교재의 중요 내용을 미리 살펴보고 문제의식을 갖는 과정'으로 정의하도록 하겠습니다. 반면 선행은 말 그대로 '학교 수업을 원활하게 따라가기 위해 해당 교과목을 학원, 과외, 인강 등을 통해 앞당겨 공부하는 과정'이라고 할 수 있습니다. 이렇게 본다면 예습에 최적화되어 있는 과목은 국어, 사회, 한국사, 과학 등이 될 수 있을 것입니다. 예습보다 선행의 효용성이 높은 과목으로 영어와 수학을 들 수 있습니다. 물론 영어나 수학의 경우 선행이 이루어진 후에는 골든타임 때 예습 복습을 충실히 하는 것이 도움은 됩니다만, 선행 없는 단순 예습만으로는 한계가 있는 것도 사실입니다.

그럼, 사회과목을 예로 들어 예습과 복습 과정을 4단계로 나누어서 살펴보도록 하겠습니다.

1단계 : 먼저 예습과 복습을 향한 1단계 작업으로서 수업의 시작 지점과 수업이 끝나는 지점에는 날짜를 반드시 표시하도록 합니다. 이 작업을 통해 수업의 연속성을 주도적으로 인지할 수 있고, 매 시간 진행되는 진도량을 예측할 수 있게 됩니다. 프린트를 받았다면, 프린트에도 날짜를 쓰거나 순서를 알아보기 쉽도록 일련번호를 적어넣도록 합시다.

2단계 : 교과서를 대각선 방향으로 빠르게 훑어나갑니다. 3분 이상 투자하지 않겠다는 마음으로 읽어나가면서 다음 정보에 주목합니다.

① 교과서 페이지 상단의 학습 목표
② 볼드 처리된 개념어
③ 교과서 측면 해설, 그림과 도표
④ 그래프(X축과 Y이 의미하는 내용이 무엇인지 확인하고, 그래프가 상승하는지 하강하는지 전반적인 경향만 파악하도록 합니다.)

이 정도로 예습은 충분하며, 수업에 주도적으로 참여할 수 있는 전초 작업을 마무리할 수 있게 됩니다.

3단계 : '수업의 시작 지점 날짜' 표시 옆에 다음의 내용을 세 문장 (기적의 3문장 법칙)으로 요약해 봅시다.

① 중요하다고 생각되는 개념
② 선생님께 질문하고 싶은 내용
③ 해당 진도와 관련하여 더 찾아봐야 할 것 같은 내용이나 교재

이렇게 정리하는 이유는 무엇보다 "문제의식"을 갖기 위해서입니다. "왜?"라는 문제의식을 갖게 되면 답을 찾기 위해 보다 적극적으로 수업에 참여하게 됩니다. 이것이 예습의 첫째 목표입니다. 다음 교과서의 주요 개념, 도표, 측면 해설을 미리 파악함으로써 수업내용을 보다 잘 이해할 수 있게 됩니다. 이 두 가지 목표를 염두에 두고 예습을

해야 불필요한 예습, 형식적인 예습을 피할 수 있습니다. 예습에 과도한 시간을 투자하지 않도록 주의하기 바랍니다.

4단계: 수업이 끝나면 마무리 기호(」) 표시를 합니다. 그리고 쉬는 시간 3분 동안, 내가 시험공부를 전혀 못하게 되더라도 '이것만은 반드시 기억해야 한다' 싶은 내용 세 가지를 추려서 최소 3문장에서 최대 5문장으로 압축합니다. 이렇게 정리하는 것은 매우 간단하고 별 것 아닌 것처럼 보여도 복습을 쉽게 하고, 무엇보다 베타 기간에 매우 큰 위력을 발휘합니다.

이렇게 예습과 복습을 최대한 학교에서 마무리하는 것이 핵심이자 목표입니다. 수업 시간에 모든 것을 끝내겠다는 각오가 반드시 필요합니다. 그래야만 이후 시간에 학원이나 과외, 인강 수업과 함께 그날 배운 분량만큼의 내신 단권화를 진행할 수 있게 됩니다. 수업 시간에 효율을 극대화하기 위해서 넘버링, 밑줄긋기, 마킹도 적절히 활용할 수 있어야 합니다. 예습, 복습과 함께 필기에 빠진 부분이 없는지 확인하고, 동일한 과목을 다른 반에서 가르치는 선생님께서 추가적으로 하신 말씀은 없는지 체크하도록 합니다. 예습 복습의 방법은 결코 간단하지 않고 기술적인 부분들이 많이 내재되어 있습니다. 부모님들께서도 쉬운 일이라고 여기지 마시고, 가용 시간과 수업 전후의 어수선한 분위기를 냉정하게 검토하시면서 현실적인 예습 복습 방법을 자녀들과 함께 고민해 보시기 바랍니다.

오답 노트 작성법

틀린 문제는 또 틀린다!

고등학교 3학년 과정의 궁극적인 목적은 대입을 위해 대학수학능력 시험을 치르는 것이라고 할 수 있습니다. 수능은 언제부터 준비를 해야 할까요? 당연히 1학년 때부터 수능 준비는 시작됩니다. 그러나 내신 공부와 학원 공부를 따라가다 보면 큰 그림을 보지 못할 수 있습니다. 내신과 학원 공부가 수능으로 이어지기는 하지만 수능에 필요한 학습 범위와 문제 유형을 모두 커버하지 못하기 때문입니다. 결국 2학년을 보내고 3학년에 임박해서야 수능 준비 단계로 들어가고, 기본강의를 듣고 오답 노트 등을 만들거나 합니다. 이렇게 되면 수능을 급히 준비하게 되는 셈입니다.

거듭 강조하지만 수능 준비는 고등학교 1학년 때부터 시작해야 합니다. 이 과정을 효과적으로 한 데 모아주는 것이 바로 기본서와 오답 노트입니다. 오답 노트에는 다음과 같은 내용들이 들어가야 합니다.

① 내신시험 문제 오답 정리, 맞힌 문제 중 이해가 부족했던 내용 정리

② 모의고사 오답 정리, 맞힌 문제 중 이해가 부족했던 내용 정리

③ 학교, 학원, 과외, 인강 등에서 배운 꿀팁 정리

④ 자주 헷갈리거나 개념이 꼬이는 부분에 대한 개념 정리

⑤ 문제를 풀었을 때 컨디션, 모의고사 당시 기분이나 분위기,
   기타 준비사항 등

⑥ 과목별 읽기 자료 또는 유용한 스크랩자료

여러분은 이렇게 정리한 오답 노트와 기본서 두 권을 들고 수능시험에 임하게 됩니다. 수능 한 달 전 차가운 초겨울 날씨를 생각해보십시오. 혼란스럽고 불안하고 잘 해낼지 의심스러운 이 시기에 여러분이 믿고 의지할 수 있는 것은 오직 오답 노트와 기본서뿐입니다. 정성껏 준비한 오답 노트만큼 훌륭한 교재는 없습니다. 오답 노트를 만들 때 특히 유념해야 하는 점은 다음과 같습니다.

① 수능 한 달 전, 자신에게 주는 선물이라 생각하고 간단명료하게 자신
   만의 언어로 정리

② 틀린 문제뿐만 아니라 맞힌 문제 중에서도 '문제를 푸는 데 오랜 시
   간이 걸리거나 이상한 논리구조로 푼 문제'는 꼭 정리

③ 문제를 풀자마자 작성(시간이 경과하면 바로 작성하는 것에 비해 시
   간이 오래 걸리고 문제를 푸는 순간의 사고 구조가 잘 생각나지 않을
   수 있다.)

④ 분실 주의! 시험을 앞두고 잃어버리면 낭패다

1. 언제부터 어떻게 만드는가

고등학생이라면 오답 노트 작성은 1학년부터 시작되어야 합니다. 다만, 기본적인 학습 내용에 대해 숙지하지 못한 하위권 학생들의 경우 틀리는 문제가 맞힌 문제보다 많을 수 있습니다. 이 경우에 오답 노트를 작성하는 것은 오히려 시간 낭비입니다. 이때는 문제지에 직접 틀린 이유 등을 정리하되 한두 문제 정도만 옮기자는 마음으로 오답 노트를 만드십시오. 문제풀이 과정과 오답을 고른 이유 또는 오답을 선택한 사고 과정을 적어놓는다면, 다음에 오답 노트를 다시 볼 때 복습 시간을 더욱 단축할 수 있습니다. 오답을 선택한 사고 과정을 명료하게 정리하지 않으면 "틀린 문제를 또 틀리게" 됩니다.

많은 선생님들이 학생들에게 오답 노트 만들기를 권유하시지만 정작 그 방법은 알려주지 않습니다. 그런데 오답 노트를 만드는 것은 굉장히 번거롭고 복잡한 문제입니다. 과목별로 분위기가 다르고, 문제마다 정리해야 할 방식이 다르기 때문입니다. 내가 틀리는 부분이 특정 유형의 문제에 몰려 있다면 그 유형을 정리하는 양식이 다른 양식보다 더 필요할 겁니다. 그러나 제본되어 있는 노트에는 이것을 구분하는 것도 어렵습니다. 일정한 기준에 따른 분석 없이 연습장에 마냥 문제를 오려 붙이는 것도 좋은 방법이 아닙니다.

즉, 일반 시중에 정리된 오답 노트 양식이 나와 있지 않을 뿐만 아니라, 나와 있다 하더라도 그 양식이 획일적이며, 학생들이 자유롭게 편집할 수 있는 형태가 아닙니다. 그래서 학생들이 자신만의 오답 노트를 만드는데 많은 시간을 허비하거나 애써 만들어 놓고 정작 활용하지 못하기도 합니다. 「더멘토」에서는 학생들에게 최대한 효율적인 공부법을 제공하고자 그동안의 데이터와 학생들의 요청 사항을 정리하여 오답 노드를 만들었습니다. 여러분, 두 개의 타임라인을 숙지하고 계획성 있게 공부하십시오. 그리고 오답 노트를 충실히 작성한 다음 시험 직전에 반복해서 보도록 합니다. 이것이야 말로 편안한 공부, 성장하는 공부의 지름길입니다.

2. 「더멘토」 오답 노트

국어영역: 화법 • 작문 • 문법, 문학, 독서(비문학)를 각 파트별 문제 유형에 따라 양식을 구별해 놓았습니다. 영어영역뿐만 아니라 국어영역에서도 낱말과 속담, 관용어를 정리해야 합니다. 문학 작품의 경우에는 주제와 간단한 줄거리를 따로 정리하는 양식을 만들었습니다. 모든 문학 작품이 수록되어 있는 기본서가 있다면 이렇게 따로 정리할 필요가 없겠지만, 그런 책은 없습니다. 디딤돌의 『현대시 압축정리』와 지학사 『최우선순』 시리즈, 이투스 『몽땅벗기기』 시리즈가 비교적 많은 문학 작품을 수록하고 있으나, 빠진 문학 작품들이 있어서 여러분들이 오답 노트에 따로 정리해야 합니다.

이렇게 보면 오답 노트는 정리 노트의 기능까지 하게 됩니다. 문학은 학원이나 인강 등을 통해 기본강의를 듣고, 가급적 기본서를 따로 만들어놓기 바랍니다. 기본서가 있으면 오답 노트에 정리해야 할 문학 작품의 수도 줄어들겠죠?

① 화법 · 작문 · 문법 개념 및 오답 정리
② 어휘와 속담, 관용어 정리
③ 문학 정리(주제, 줄거리, 표현상의 특징)
④ 문학 · 독서(비문학) 오답 노트 양식 1, 2

영어영역: 단어와 숙어를 정리할 수 있는 양식, 자주 틀리거나 정리가 필요한 문법을 정리할 수 있는 양식과 함께 해석이 어려운 문장과 좋은 문장을 따로 정리하는 양식도 마련해 두었습니다. 듣기 평가에서 자주 쓰는 표현 역시 예문과 함께 숙어를 정리하는 양식지에 정리해 두면 유용합니다. 이렇게 정리해 놓은 어휘와 문장들은 모의고사나 수능 직전 쉬는 시간에 워밍업을 하는 데에 좋습니다. 누군가는 오답 노트를 통해 워밍업을 하고 누군가는 단어장을 읽거나 멍하니 앉아 있는데 이런 사소한 부분에서 결과가 달라질 수 있습니다.

① 어휘 정리
② 숙어 정리
③ 지문 정리 및 오답 노트 양식
④ 문법 정리 및 오답 노트
⑤ 해석이 어려운 문장

수학영역: 틀린 문제와 개념을 정리하고 증명 문제를 옮길 수 있는 양식도 함께 마련했습니다. 시간이 오래 걸리거나 해답지의 풀이가 자신의 풀이 방법과 다른 문제들도 놓치지 말고 옮겨 봅시다. 더 이상 풀지 않아도 되는 문제는 다시 보는 수고를 겪지 않도록 지워버리는 것이 좋습니다. 고난도 문제는 서로 다른 단원이 융합되어 출제되는 경우가 많습니다. 멀리 떨어져 있는 단원들이 서로 어떻게 연결되었는지 시각적으로 그려보는 개념지도도 유용한 방법으로 소개되고 있어, 오답 노트 양식에 공란으로 마련해두었습니다.

① 개념 정리

② 증명 양식1, 2

③ 문제풀이 꿀팁

④ 계산 실수 모음

⑤ 오답 노트 양식1, 2

탐구영역: 오답 정리와 함께 기본서에 옮기기 어려운 개념을 정리할 수 있는 부분을 마련했습니다. 탐구영역은 한국사와 함께 두 과목을 선택하는데, 오답 노트를 포스트잇 플래그로 분리해 놓는다면 한 권으로 충분할 것 같습니다.

① 개념 정리

② 문제풀이 꿀팁

③ 오답 노트 양식1, 2

오답 노트를 구성하는 것은 "공부한 내용은 항상 분류하고 정리해야 한다."[38]는 생각에서 출발합니다. 공부란 자신이 배우고 익힌 내용을 일정한 기준에 따라 분류한 뒤(체계화), 그것을 자기만의 방식으로 다시 쌓아올리는 과정(구조화)이기 때문입니다. 구조화가 참신하고, 세상의 문제를 해결하는 데 기여할 때 우리는 그 과정들의 총합을 학문이라고 부르게 됩니다.

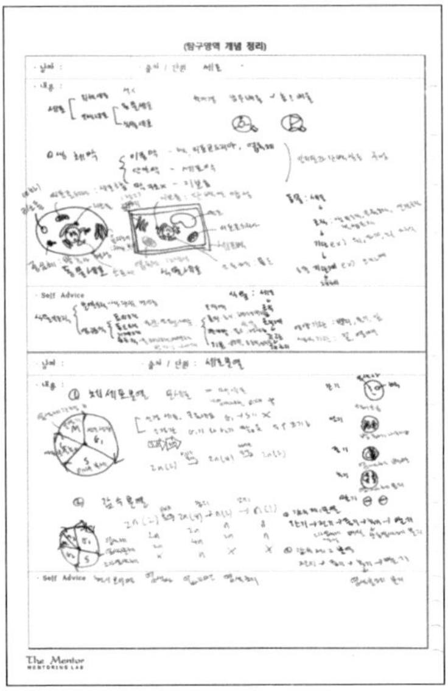
(탐구영역 개념 정리)

Self Advice

The Mentor
MENTORING LAB

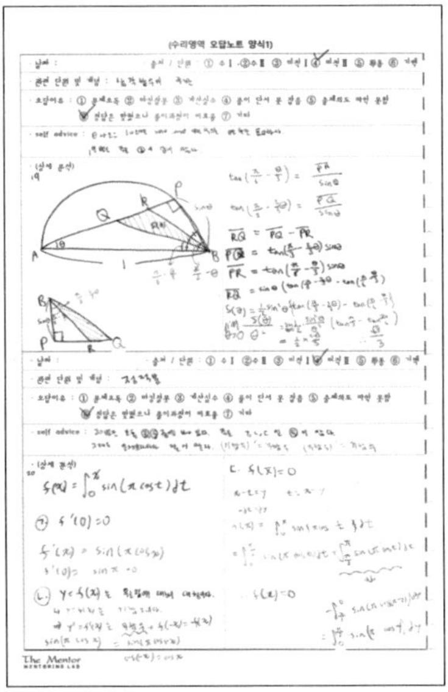
(수리영역 오답노트 양식1)

self advice

The Mentor
MENTORING LAB

최종우 멘티 제공

3. 바인딩 노트를 활용하여 오답 노트 만들기

공부한 내용이 뒤죽박죽 섞여 있고, 어디에 저장되어 있는지 파악하기 어렵다면, 당연히 인출하는 과정은 더딜 수밖에 없고, 구조화하는 것은 더더욱 어렵습니다.[39] 단권화 체크리스트를 작성하고, 오답 노트를 만들고, 공부하는 내용을 포스트잇이나 색인을 사용하여 체계적으로 분류하십시오.

> "당신의 노트에는 저술 계획, 다시 말해 다양하게 조합할 수 있는
> 예비 설계도가 잠재해 있다." —앙토냉 질베르 세르티양주, 『공부하는 삶』

대학원 수업을 듣다 보면, 교수님들께서 강의를 하실 때 정보를 하나의 덩어리처럼 던져주실 때가 있습니다. 그 덩어리를 일정한 기준에 따라 잘 나누고 분류하는 것, (체계화) 이것이 공부의 시작입니다.

저는 「더멘토」 오답 노트와 같이 B5 바인딩 노트를 활용하여 저만의 '법학노트'를 만들어 사용하고 있습니다. [1. 법조문, 2. 판례, 3. 새로 익힌 개념, 4. 새로 익힌 외국어 법률 용어, 5. 좋은 아이디어나 표현, 6. 대한민국 법제사, 7. 주요 법학자, 8. 외국 사법제도, 9. 게르만법과 로마법, 10. 좋은 참고자료 찾는 법, 11. 추천 도서와 논문] 등으로 카테고리를 나누어 양식지를 만들고(265-266페이지 참조), 찾기 쉽게 라벨을 붙여 둡니다.

수업이나 세미나를 들을 때 방금 다룬 내용이 어느 카테고리에 포함되는지 바로 판단하고 나누어 적습니다. 그리고 이 노트를 논문이나 보고서를 쓸 때 요긴하게 활용하고 있습니다. 일반 수험생들의 경우 중고등학생의 오답 노트와는 같을 수는 없겠지만, 자신이 준비하는 시험의 특성에 맞게 정보를 분류하는 기준을 만들고 바인딩 노트를 이용해 정리한다면 막판 정리와 단권화에 효율을 높일 수 있을 것입니다.

> "거의 결벽에 가까울 만큼 빈틈없는 수집 · 정리벽은 지식인으로서 그가 지닌 최대의 자산이었다. 그는 자신의 서재에 더 이상 존재하지 않는 어떤 카탈로그들을 모았고, 고등학교 졸업 이후에 읽었던 책에 대해 자세하게 기록한 노트를 보관했다. 또 다른 노트에는 다양한 주제의 서지 목록이 보존되어 있고, 수많은 발췌물이 정리된 카드 인덱스와 문서 스크랩과 문학 작품의 목록 또한 보관되어 있다. (중략) 벤야민은 다양한 방식으로 모으고 정리한 것들을 자신의 글쓰기에 적극적으로 활용하였다." ─권용선, 『발터 벤야민의 공부법』

시간을 정복한 남자, 류비셰프 역시 대부분의 학술서적에 대해 요점 정리를 해놓았고, 그러한 요점 정리와 분석을 타자로 정리한 후 깔끔하게 철하여 보관하였다고 합니다.[40] 이러한 구조화, 체계화가 대가들의 학문적 생산력을 뒷받침하는 동력인 것이지요.

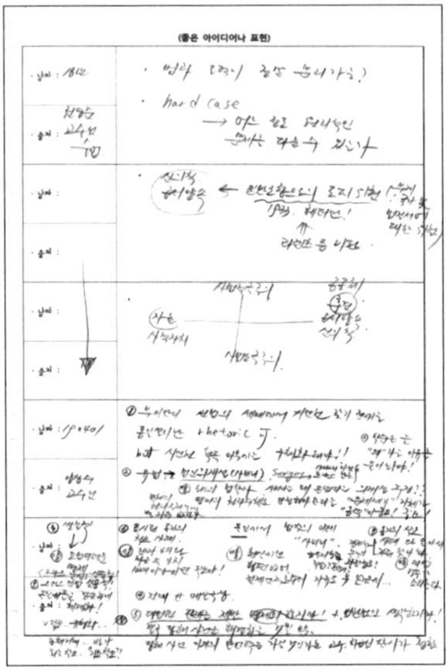

(좋은 아이디어나 표현)

일시: 18.12 출처:	• 얽어 (코가) 홀쩍 늘어나는? • hard case 　→ 아주 힘든 케이스라면 　→ 오히려 쟁송수 있다↑
일시: 출처:	(handwritten notes, illegible)
일시: 출처:	(handwritten notes, illegible)
일시: 15.04.01 출처: 24년	(handwritten notes, illegible)
일시: 출처:	(handwritten notes, illegible)

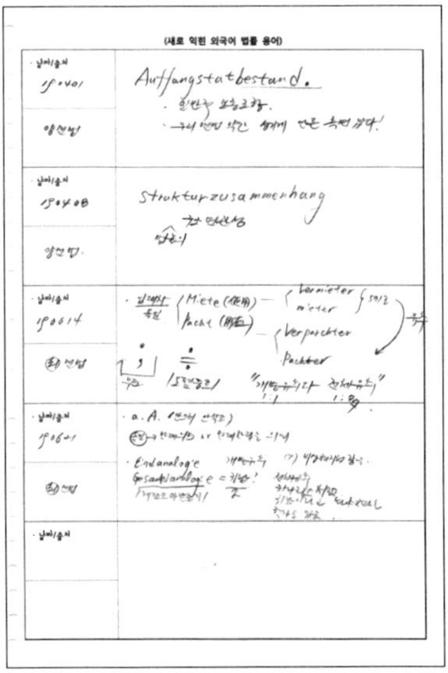

(새로 익힌 외국어 법률 용어)

날짜/출처 15.04.01 영역명:	*Auffangstatbestand.* • (handwritten, illegible) • (handwritten, illegible)
날짜/출처 15.04.08 영역명:	*Strukturzusammenhang* 　(handwritten, illegible)
날짜/출처 15.04.14 영역명:	임대차 (Miete (賃貸)) — Vermieter 　　　　(Pacht (賃借)) — Mieter 　　　　　　　　　— Verpachter 　　　　　　　　　　Pächter (handwritten, illegible)
날짜/출처 15.05.01 영역명:	• o. A. (연도 생략) • (handwritten, illegible) • Gesamtanalogie 　(handwritten, illegible)
날짜/출처	

4. 모의고사 이후 오답 노트 만들기

한국교육과정평가원과 시·도 교육청 주관 하에 고등학생들이 응시하는 모의고사의 정식 명칭은 '전국연합학력평가' 입니다. 2002년에 처음 도입되었으며 최근에는 사설 학원에서도 양질의 문제를 바탕으로 과목별 혹은 전체 모의고사를 실시하고 있습니다. 학생들은 전국연합학력평가와 사설 모의고사를 통칭하여 모의고사, 모의평가 혹은 모평이라고 합니다. 각급 공무원 시험을 준비하는 일반 수험생의 경우에도 학원 등 사설기관에서 모의고사를 치르기도 합니다.

마라톤 훈련에 비유하자면 개별 문제집을 푸는 것은 코스별 훈련, 모의고사를 치르는 것은 실전을 대비하여 하프 혹은 풀코스를 뛰어 보는 것이라 할 수 있습니다. 이 책에서 다루는 것은 '전국연합학력평가' 에 대한 내용이 주를 이루지만, 모의고사의 의미, 준비물과 주의사항, 모의고사 직후 어떤 과정을 거쳐야 하는지에 대해서는 일반 수험생도 참고할 부분이 있습니다. 따라서 여기서는 '모의고사' 라는 용어로 통일하여 서술하도록 하겠습니다.

모의고사는 학년, 그리고 구체적인 응시 시기에 따라 접근 방법과 의미가 다릅니다. 고1이 된 학생들은 단거리 시합만 뛰다가 장거리 경기에 첫걸음을 내딛게 된 셈입니다. 아무래도 첫 시험인지라 학교와 학원에서는 엄포를 놓고, 부모님은 그 결과에 크게 염려하십니다. 그런데 출제범위가 중학교 과정에 해당하여 수능과 직결되는 것은 아님니다. 중요한 점은 시험을 대하는 자세와 태도입니다. 하루에 모든 과목을 몰아서 보는 수능시험은 한마디로 장거리 경주입니다. 아침부터 오후 늦게까지 시험을 치르게 되는데 시험이 끝나면 기진맥진합니다. 이 장거리 경주를 뛰는 연습을 1학년 때부터 시작해야 하는 것입니다. 고2 학생들은 오답 노트를 꼼꼼하게 채워 나가면서 시험 범위에 맞춰 부족한 부분을 체크해야 합니다. 고3 학생이라면 3월, 6월, 9월의 시험을 그저 '모의고사' 라고 생각해서는 안 됩니다. '1년에 4번 수능(11월 수능 포함)을 치른다', '네 번의 시험을 평균 낸 성적이 내 수능성적이다' 라는 심정으로 모의고사를 준비해야 합니다.

모의고사 당일 교실 풍경은 천태만상입니다. 끝까지 최선을 다해 문제를 푸는 학생도 있고, '지금 보는 시험이 무슨 의미가 있겠냐'며 답을 찍고 그냥 엎드려 자는 학생도 있습니다. 그러나 뒤늦게 시작한다면 1학년 때부터 성실하게 준비한 학생들의 경험치와 노련함을 결코 따라 잡을 수 없습니다.

출제범위와 출제기관: 모의고사의 일정과 출제범위는 EBSi와 UWAY 홈페이지에 들어가면 확인할 수 있습니다. 일반적으로 수능 및 평가원 모의고사의 문제가 좋고, 서울 · 경기 교육청 모의고사는 다소 실험적인 문제를 낸다는 평도 있으니 참고하기 바랍니다. 서울특별시 교육청 홈페이지 [전자민원–대학입시및수능안내]로 들어가면, 학원을 다니지 않는 재수생이 평가원 모의고사를 응시할 수 있는 학원들의 목록도 찾아볼 수 있습니다.

2018년 1학년 모의고사 출제범위

영역(과목)		문항 수	6월
국어		중학교 전범위	6월 수준에 맞추어 출제: 국어 I 에서 출제
수학			6월 수준에 맞추어 출제: [수학 I] II . 방정식과 부등식까지
영어			6월 수준에 맞추어 출제: 실용영어 I , 실용영어회화, 실용영어 독해와 작문에서 출제
한국사			II . 고려 귀족사회의 형성과 변천: 중학교 역사 교육과정 반영
탐구	통합사회		II . 인간과 공동체: 4. 인권 보장과 헌법
	통합과학		II . 시스템과 상호작용: 1. 역학적 시스템

- 출제범위는 교육과정 순서에 의한 최종단원을 나타내며, 처음부터 누적임.
- 탐구영역의 과학과목은 출제범위에서 해당과목 내용요소를 출제함.
- 중학교 과정의 심화는 해당과목 I 수준과 공통된 학습주제를 연계하여 출제함을 의미함
- 출제과목 및 범위는 추후 조정될 수 있음.

EBS*i* 출제범위

UWAY 출제범위

준비물: 포도당 캔디와 물, 신선한 과일을 준비합시다. 머리를 많이 써서 지쳤다는 느낌이 들면 포도당 캔디를 하나 먹도록 합니다. 다만 지나친 섭취는 좋지 않습니다. (부정행위가 되지 않도록 주의합시다.) 기호에 따라 다르나 집중력이 떨어지는 시점에 귤 등 신선한 과일의 향을 맡으면 상쾌한 느낌이 듭니다. 보온병에 따뜻한 보리차를 담아가는 것도 좋습니다. 핫팩(저온 화상 주의!), 무릎담요나 3M 이어플러그 등은 감독관의 허락이 반드시 있어야 합니다. 샤프와 사인펜은 여분

을 준비하고, 샤프심이 부족하지 않은지 미리 확인하도록 합니다. 수능 때에는 사인펜과 샤프가 일괄 지급되며 개인 샤프는 지참할 수 없는 것이 원칙입니다. 오랜 시간 앉아 있어야 하므로 허리를 과도하게 조이는 옷을 피하고 슬리퍼 등을 준비하는 것도 좋습니다.

실제 수능시험장은 지나치게 덥거나 추울 수 있습니다. 앞뒤의 수험생이 코를 훌쩍이거나 다리를 떨기도 하고, 펜을 요란하게 내려놓는 경우도 있습니다. 이렇게 되면 집중하기 어렵고 흐름이 끊어지므로 어떻게 대비할지 모의고사를 치르며 고민해야 합니다.

시험장 반입 금지 물품 및 시험 중 휴대 가능 물품의 종류
(2020학년도 대학수학능력시험 수험생 유의사항)

1. 시험장 반입 금지 물품(시험장에 가지고 올 수 없는 물품)
   휴대전화, 스마트기기(스마트 워치 등), 디지털 카메라, 전자사전, MP3 플레이어, 카메라펜, 전자계산기, 라디오, 휴대용 미디어 플레이어, 통신·결제기능(블루투스 등) 또는 전자식 화면표시기(LCD, LED 등)가 있는 시계, 전자담배, 통신(블루투스) 기능이 있는 이어폰 등 모든 전자기기

2. 시험 중 휴대 가능한 물품(시험 중 소지 가능한 물품)
   신분증, 수험표, 검은색 컴퓨터용 사인펜, 흰색 수정테이프, 흑색 연필, 지우개, 샤프심(흑색, 0.5㎜), 시침·분침(초침)이 있는 아날로그 시계로 통신·결제기능(블루투스 등) 및 전자식 화면표시기(LCD, LED 등)가 모두 없는 아날로그 시계 등

- 시험시간 동안 휴대 가능 물품 이외 물품(개인 샤프 등)은 소지 금지
- 시험실에서 검은색 컴퓨터용 사인펜과 샤프를 일괄 지급하고, 흰색 수정테이프는 시험실별로 5개씩 준비되며, 감독관에게 요청하여 사용 가능
- 개인의 신체조건이나 의료상 휴대가 필요한 물품은 매 교시 감독관의 사전 점검을 거쳐 휴대 가능 (예: 돋보기, 귀마개, 방석 등)

〈 휴대하거나 사용해서는 안되는 물품(예시) 〉
- 투명종이(일명 기름종이)   · 연습장   · 개인 샤프   · 예비 마킹용 플러스펜

(출처 : 한국교육과정평가원)

워밍업하기: 시험 직전 쉬는 시간에는 워밍업을 하도록 합니다. 이 것은 점화 효과를 극대화하기 위해서입니다. 점화 효과Priming effect 란 비슷한 정보의 활성화를 통해 정보처리 속도를 가속화하는 것을 말합니다. (시간적으로 먼저 떠오른 개념이 이후에 제시되는 자극의 지각 과 해석에 영향을 미치는 현상을 나타내는 심리학 용어—프라이밍 효과) '국어영역' 직전 쉬는 시간에는 비문학 지문 한 문제 정도를 풀거나 비문학 지문을 속으로 소리내어 읽는 것도 좋습니다. '수학영역' 의 경우에는 2점짜리 문제를 2~3문제 풀어보거나 오답 노트를 펼쳐 '계산실수 문제' 를 다시 한번 풀어보도록 합시다. '영어영역' 을 보기 전에는 짧은 지문을 하나 읽고, 듣기 음원 파일을 들으며 (수능시험 때 는 전자기기 휴대가 불가하므로 주의) 귀를 열도록 합니다. '탐구영역' 을 앞두고는 기본서나 오답 노트를 빠르게 훑어봅시다. 이렇게 해야 한 문제라도 더 '건질 수' 있습니다. 워밍업을 하더라도 화장실은 쉬 는 시간마다 꼭 다녀오도록 합시다.

시간 관리: 무엇보다 시간 관리가 중요합니다. 스피드스케이팅을 보면 100m 통과 시간을 체크하죠? 마찬가지로 여러분은 시험을 치 르면서 문제를 유형별로 나누어, 내가 해당 유형을 다 풀었을 때 몇 분이 소요되는지 반드시 체크해야 합니다. 가령 국어영역은 화작문, 문학, 독서(비문학)로 크게 나눌 수 있습니다. 화작문과 문학을 다 풀 었을 때 각각 남은 시간을 의식하면서 문제를 풀어야 합니다. 보통 화작문은 17~20분, 문학까지 풀면 37~40분 정도 걸립니다. 그런데 최근 비문학 지문의 길이가 늘고 문제가 어려워져서, 문학까지 소요

되는 시간을 최대한 단축해야만 독서에서 충분히 시간을 확보할 수 있습니다. 이러한 연습은 1학년 때부터 필요합니다. 많은 학생들이 시간 배분을 간과하다가 3학년이 되어서야 문제풀이 시간이 턱없이 모자란다는 것을 자각하고 초조해 합니다. 1학년 때부터 과목별, 문제 유형별로 자신만의 랩타임(트랙을 한 바퀴 도는데 걸리는 시간)을 체크하고 이를 줄이기 위해서 노력해야 합니다.

시험 후 오답 노트 작성: 아울러 모의고사 후에는 꼼꼼하게 리뷰하고 오답 노트를 충실하게 작성해야 합니다. 고등학교 3년이라는 기간은 결국 수능 한 달 전에 볼 자료를 만드는 과정이라 할 수 있습니다. 최종 정리에 필요한 기본서와 오답 노트가 절로 하늘에서 떨어지는 것이 아닙니다. 고3이 되면 『수능특강』이나 인강 교재로 어떻게 버틸 수 있겠지' 하고 안이하게 생각해서는 안 됩니다. 그러나 유감스럽게도 학교나 학원, 과외에서 어떻게 틀린 문제를 정리하고 오답 노트를 만들어야 할지 알려주지 않습니다. 최근 상담 온 고2 멘티는 강남 자사고의 상위권에 속하는 학생이었습니다. 이 학생이 오답 노트를 어떻게 만들어야 하는지 몰라 3개월이 걸렸다는 이야기를 듣고 깜짝 놀랐습니다. 게다가 일반 시중에서 판매되거나 학원에서 제공하고 있는 오답 노트는 현실과 부합하지 않는 면이 있습니다.

　첫째, 오답 노트 작성 시 체크해야 할 요소들을 반영하고 있지 않고,
　둘째, 과목별, 문제 유형별 특성을 고려하지 않고 있으며,
　셋째, 학생들이 필요에 따라 자유롭게 구성하여 쓸 수 없습니다.

그래서 많은 학생들이 오답 노트를 작성하다 시간을 허비하거나 아니면 만드는 것을 포기합니다. 또는 대충 두서 없이 만든 상태에서 미처 오답 노트를 다 보지 못하고 시험장에 들어가는 경우도 많습니다. 이러한 문제의식에서 오답 노트를 겸하여 개념을 정리하고, 평소 내신과 학원 공부의 알토란 같은 꿀팁들을 야무지게 정리할 수 있는 오답 노트가 탄생하게 된 것입니다. 「더멘토」 오답 노트에 정리해가며 공부를 한다면 3학년 공부 과정을 망라하여 정리할 수 있을 뿐만 아니라, 수능 직전 1+1(기본서+오답노트) 체제로 가는 길이 매우 수월해집니다. 기호에 맞게 구성하여 바인딩할 수 있고, 특정 유형의 양식이 부족하면 쉽게 추가할 수도 있습니다. 이렇게 정리를 한다면 수능 직전에 의지할 수 있는 자신만의 교재가 만들어지겠죠?

오답 노트를 작성할 때 주의할 점은 완벽주의를 버리고, 핵심만 간결하게 옮겨야 한다는 점입니다. 물론 나중에 다시 볼 때 무슨 의미로 적어뒀는지 몰라서는 안 됩니다. 특히 접근이 어렵거나 증명이 필요한 문제들은 정성들여 정리하는 과정 자체가 공부가 됩니다. 이렇게 오답 노트를 만들고 복습하는 과정 속에 자기주도 학습의 완성과 성장의 메커니즘이 담겨있다고 할 수 있습니다. (과목별 오답 노트 양식은 제7장 '더멘토 워크북, 이렇게 활용해 보세요'를 참고하기 바랍니다.)

"행동은 생각의 꽃이며, 기쁨과 고통은 그 열매이다. 사람은 자신의 마음밭에 뿌리고 가꾼 '생각의 씨앗'에 따라 달콤한 열매와 쓰디쓴 열매를 거두어들인다."

──제임스 앨런, 『James Allen's Wisdom of Thinking』 중에서

THE MENTOR THE ART OF STUDY

PART **SIX**
컨디션 관리의 기술

창덕궁 회화나무 군: 서울의 도심 속에서 창덕궁의 정문인 돈화문을 지나면 갑자기 초록의 낙원이 펼쳐지면서 두 눈이 맑아진다. 바로 그곳에 수령이 300~400년으로 추정되는 회화나무 3그루가 사이좋게 늘어서 있는데 가지의 뻗어나감이 자유롭고 멋있다. 1820년대 제작된 '동궐도'에도 그려져 있어 조선시대 궁궐의 배식 기준과 의미를 살펴볼 수 있는 중요한 나무다. (지정번호: 천연기념물 제472호, 소재지: 종로구 율곡로 99) Illustration: 이장희(『서울의 시간을 그리다』 저자), 2019.

운동 관리

수험생을 위한 보강 운동

지금부터 컨디션 관리에 대해서 이야기를 해볼까 합니다. 사실 이 책에서 공부법 못지 않게 가장 강조하고 싶은 부분이기도 합니다. 여러분은 프로운동선수처럼 공부하고, 자기관리를 해야 합니다. 수험가에서는 "몸을 갉아 먹으면서 하는 게 공부"라는 말도 있습니다. 어쩌면 인간은 잠잘 때조차 '끊임없이 움직이고 뒤척여야만 하는(動)' 동물(動物)이라는 숙명을 가지고 있기 때문에 고요히 앉아 있다는 것은 본성에 반하는 측면이 있습니다. 따라서 공부와 수험생활은 어떤 스포츠보다도 격렬하고, 많은 체력을 요구하며, 강한 인내심과 정신력을 필요로 한다는 점을 명심해야 합니다.

특히 두통, 거북목증후군, 허리디스크, 장염, 감기, 스트레스와 마음의 우울은 공부의 장애물입니다. 몸이 건강해야 체력을 유지하고, 병원에 오가는 시간 낭비를 줄일 수 있습니다. 몸이 상쾌하게 깨어 있어야, 우리 두뇌도 깨어 있는 상태로 정보를 잘 이해하고, 투입하고, 인출해낼 수 있습니다.

공부는 정적인 과정이 아니라, 동적인 과정으로서 그 과정에서 많은 에너지를 소모하게 됩니다. 단순히 가만히 앉아 있는 것이 아니라, 집중해서 내용을 익히기 위해 같은 자세로 오랜 시간을 '버텨내야' 합니다. 적극적으로 메모하고, 정리하고, 개념과 개념을 연결짓는 과정은 굉장히 역동적입니다. 그렇게 집중해서 6~10시간 정도 공부를 하게 되면 전투를 마친 것처럼 몸과 마음이 지치고 기진맥진해집니다. 공부를 해도 에너지가 넘치거나 힘이 들지 않는다면 제대로 공부를 하였는지, 온전히 몰입한 것인지 살펴보십시오. 고도의 집중을 하고, 긴장을 하고, 앉아 있는 과정은 운동선수가 경기를 뛰는 것과 다르지 않습니다.

많은 학생들이 질병의 원인을 정확하게 모르고, 버티거나 방치해버립니다. 대학이라는 관문만 통과하면 어떻게 되리라고 생각하지만 중간에 탈이 나거나 되돌리기 힘든 경우도 있습니다. 올바른 지식을 갖고 꾸준히 관리한다면 상식적인 방법으로 비용을 들이지 않고 몸과 마음의 건강을 챙길 수 있습니다. 주위에 도움을 받을 만한 사람이 없거나 열악한 환경에서 공부하는 학생들은 특히 유념하면서 스스로 컨디션을 조절하고 건강을 챙길 수 있도록 합시다. 크게 운동 관리, 수면 관리, 식단 관리, 멘탈 관리로 나누어 살펴보도록 하겠습니다.

1. 거북목과 허리디스크를 피하기 위한 올바른 공부 자세

공부하는 과정에서 가장 먼저 문제가 생기는 부분은 허리와 목입니다. 바른 자세로 공부를 하는 것은 건강한 수험생활의 시작이자 완성이라고 할 수 있습니다. 그러나 바른 자세로 앉으라는 이야기를 단지 잔소리로 여기는 학생들이 많습니다. 사실 저도 그랬습니다. 이러한 자세들을 취하게 되면 익숙해질 때까지 다소 어색하고 불편하다는 점, '바른 자세'에 대한 이론이 선생님마다 다르다는 점도 여기에 한몫하게 됩니다. 먼저 학생들은 바른 자세가 처음에는 불편하지만, 건강한 공부를 하기 위한 지름길이라는 점을 명심해야겠습니다. 선생님과 부모님은 바른 자세가 어떤 자세인지 정확하게 이해하고, 올바른 자세가 무엇인지 제시해 주실 수 있어야 합니다.

바른 자세는 오랜 시간 앉아 있어도 신체의 좌우가 틀어지지 않아 집중이 잘되고, 목과 허리에 부담을 적게 주는 자세라고 할 수 있습니다. 운동학에서는 이를 척추의 중립자세(neutral position)라고 합니다. 잘못된 자세로 앉게 되면 목(경추), 등(흉추), 허리(요추)가 체중을 나누어질 수 없게 됩니다. 결국 특정한 지점에 부하가 걸리게 되고, 거북목(일자목)과 척추측만, 디스크 등의 질병에 걸릴 수 있습니다. 두통과 허리 통증으로 책상에 오래 앉아 있을 수 없을 뿐만 아니라, 어떤 학생들은 손발저림과 메스꺼움을 호소하기도 합니다. 잘못된 자세는 시력 약화를 초래하기도 하고, 잘못된 걸음걸이로 이어질 수도 있습니다. 성장기에 이러한 환경에 노출되는 것은 소나무가 곧게

뻗지 못하고 바람을 맞아 휘어지는 것과 같습니다.

거울을 한번 봅시다. 공부를 열심히 해서 원하는 대학에 들어갔다 해도 구부정한 몸에 어깨의 좌우 대칭이 비뚤어지거나 기울어져 있다면 매우 속상할 겁니다. 이러한 자세를 바로 잡는 데에는 형성된 시간만큼이나 많은 세월이 걸립니다. 공부를 하면서 미리 바른 자세를 취하도록 합니다. 저 역시 중고등학교 때는 바른 자세의 중요성을 몰랐지만 대학에 와서 공부를 계속하고, 요가를 수련하면서 그 중요성을 깨달았습니다. 오랜 시간을 집중하여 공부하기 위해서는 올바른 자세로 공부해야만 합니다.

잘못된 자세: 박승준 '생활습관운동' 코치 제공

책상에 앉는 바른 자세는 다음과 같습니다. 먼저 허리와 가슴을 펴야 합니다. 그렇다고 해서 뽐내듯이 과도하게 젖힐 필요는 없습니다. 허리를 편 다음에는, 아랫배를 살짝 당겨줍니다. 살짝 당겨주는 게 포인트입니다. 그렇게 해야 복근과 척추기립근이 상체를 바르게 잡아줄 수 있습니다. (요가에서는 이것을 '우디야나반다'라고 합니다.) 턱은 위로 들리지 않은 상태에서, 아주 살짝만 당겨줍니다. 턱이 들리게 되면 목이 앞으로 뻗어나오면서 등이 굽고, 등이 굽게 되면 허리도 같이 굽게 됩니다. 이렇게 굽은 자세가 언뜻 보기에 힘을 뺀 편한 자세 같지만 척추는 과중한 부담을 혼자 지게 됩니다.

고개를 90도로 숙이고 책을 보는 것은 목 건강에 매우 치명적입니다. 필기를 많이 해야 하는 경우를 제외하고는 가급적 독서대를 꼭 사용하기 바랍니다. 높낮이 조절이 되면 편리합니다. 독서대의 높이는 턱이 들리지 않은 상태에서 시선을 가볍게 15~30도 아래로 떨어뜨릴 수 있는 정도가 좋습니다.

올바른 자세: 박승준 '생활습관운동' 코치 제공

의자가 너무 낮거나 높은 것은 아닌지도 확인해봅시다. 의자 높이가 무릎보다 낮게 되면 척추가 중립자세를 유지하지 못하고 굽게 됩니다. 의자에는 너무 깊숙하게 앉지 말고 의자 중간 정도에 엉덩이를 걸친다는 느낌으로 앉도록 합시다. 무릎을 꼬거나, 한쪽으로 기대거나, 다리를 올리는 것도 좋지 않습니다. 골반을 틀어지게 하고 한쪽으로 몸을 기울어지게 하기 때문입니다. 무릎을 어깨 넓이 정도로 벌리고 두 발이 지면에 닿게 앉는 것이 좋습니다. 무릎을 모으기보다는 자연스럽게 살짝 바깥으로 벌려주는 것이 척추를 펴는 데에 좋습니다. 수학 문제를 풀거나, 필기를 할 때에도 고개를 아래로 숙이고 하기보다, 가급적 상체를 바르게 펴도록 하십시오.

2. 준비운동과 보강 운동

잠깐 몇 가지 운동 원리에 대해서 이야기를 하겠습니다. 어떤 운동을 하든 '준비운동'과 '보강 운동'이라는 개념이 있습니다. 준비운동은 본격적인 운동에 들어가기 전, 몸을 가볍게 좌우로 돌리거나 뛰면서 예열warming up하는 과정입니다. 스트레칭stretching은 예열과정 후에 근육의 가동 범위를 넓히기 위해 몸을 확장시키는 과정입니다. 보통 워밍업 후에 스트레칭을 하게 됩니다. 몸을 억지로 찢는 느낌의 스트레칭이나 반동을 주면서 푸는 스트레칭은 잘못된 방법입니다. 스트레칭은 워밍업으로 땀이 살짝 나는 상태에서 내쉬는 숨에 자기 한계보다 1mm 정도 더 나아간다는 느낌 정도로 해주는 것이 제일 좋습니다. 참고로 예전에는 운동을 시작하기 전, 스트레칭의 형태로 몸을 풀었습니다. 그러나 요즘에는 정적인 스트레칭보다, 1~5m 정도의 거리를 반복해서 오가며 여러 가지 체조와 풋워크를 연습하는 '동적 스트레칭'이 더 주목받고 있습니다. 이렇듯 기존에 알고 있던 방식 중에는 잘못된 방식이 많으며, 운동의 기술과 인간 신체에 대한 이해는 점점 발전하고 있습니다.

보강 운동은 운동에 사용된 근육을 직접 강화하거나, 운동에 사용되지 않은 근육의 불균형을 회복시켜줌으로써 우리 몸의 컨디션을 빠르게 회복하는 과정입니다. 편수 운동(야구나 골프, 활쏘기처럼 몸의 오른쪽이나 왼쪽만을 주로 사용하는 운동)인 야구의 경우, 공을 던지고 난 후에 어깨 아이싱icing을 하고 튜빙 밴드를 이용해서 운동을 합니다. 튜빙tubing을 하는 이유는 혹사한 근육을 풀어주는 동시에 사용하지 않은 근육의 균형을 회복시키기 위해서입니다. 축구선수는 경기가 끝난 후에 스트레칭을 제외한 정리운동을 하고, 가볍게 조깅을 하기도 합니다. 이렇게 정리 정돈하고 좌우 대칭운동을 하는 것은 요가도 마찬가지입니다. 요가는 파스치마타나 아사나Paschimottanasana와 같이 앞으로 숙이는 운동을 하면, 반드시 푸르바타나아사나Purvattana-sana와 같이 뒤로 젖히는 자세를 취하면서 균형을 맞춰줍니다. 균형을 맞추지 않으면 몸은 점점 한쪽으로 기울면서 약화됩니다.

운동의 이 기본원리들을 공부를 하는 과정에서 잘 활용해야 합니다. 앞에서 공부는, 오랜 시간을 앉아서 '버티는' 것이라고 했습니다. 앉아서 버텼다면 쉬는 시간에는 일어나서 움직여줘야 합니다. 고개를 앞으로 숙이고 있었다면 뒤로 자세를 펴주면서 등과 허리를 펴줘야 합니다. 고개를 좌우로 돌려주고, 어깨를 전후로 돌리면서 풀어주어야 합니다. 상체를 좌우로 돌리거나 허리와 골반을 돌려주어야 합니다. 가벼운 산책을 병행하면 더욱 좋습니다. 운동의 이론들을 공부에 적용하면 그렇습니다. 이러한 내용을 정리해서 아래와 같은 '수험생을 위한 보강 운동 영상'을 만들었습니다. 5분이면 뭉친 근육을 풀고, 몸의 균형을 바로잡을 수 있습니다. 글이나 사진으로 설명하면 연결동작을 알 수 없어 영상으로 제작하였습니다. 다음 영상을 보면서 따라해 보도록 합시다.

수험생을 위한 보강 운동 순서

1. 목 풀기	7. 손목 풀기
2. 어깨 돌리기	8. 날갯죽지 풀기
3. 팔 돌리기	9. 골반 돌리기
4. 팔 비틀기	10. 무릎 돌리기
5. 가슴 열기	11. 어깨 넣기
6. 어깨 풀기	12. 몸통 휘돌리기

수험생 보강 운동

이 운동은 공부를 시작하기 전에도 활용할 수 있습니다. 공부를 시작하기 전 몸의 긴장을 풀고, 몸과 두뇌를 깨우도록 합시다. 몸과 뇌가 잠든 상태에서 공부를 하는 것은 바람직하지 않습니다. 가끔 자리에 앉으면 "얼마나 공부를 해야 하느냐"고 묻는 멘티들이 있습니다. 어떤 학생들은 몇 시간 동안 자리에 앉아 있었다며 집중력을 자랑하기

도 합니다. 앉아 있는 시간은 5분마다 일어날 정도가 아니라면 자기 컨디션에 맞게 편한대로 하면 됩니다. 어떤 날은 1~2시간을 앉아 있어도 집중이 되고, 어떤 날은 10분도 앉아 있기 힘들 수 있습니다. 이런 때 컨디션 회복을 위해 '수험생을 위한 보강 운동'을 하도록 합시다. 틈틈이 몸을 풀어준다면 도움이 될 것입니다. 이와 함께 핸드폰이나 MP3에 좋아하는 음악, 힘을 주는 음악을 넣어놓고 가볍게 산책하며 음악을 듣는 것도 좋습니다. 음악을 들을 때는 쫓기는 마음을 내려놓고 음악에 몸과 마음을 실어봅시다. 그리고 잠시 힘을 뺍니다. 자기 몸에 대한 이해 없이 세상 밖의 진리를 찾아 여행을 떠난다는 것은 어불성설입니다.

3. 보조기구를 통해 목과 어깨의 긴장을 푸는 운동

특히 요즘은 거북목으로 인한 통증과 어깨 뭉침을 호소하는 학생들이 많습니다. 스마트폰 사용에다가 인강 시청까지 맞물리게 되면 목과 어깨, 승모근이 많은 부하를 받게 됩니다. 뒷목과 머리가 이어지는 경추 부근의 지점(후두하근)을 손으로 눌러보면 굉장한 통증을 느끼는 학생들이 많습니다. 한번 만져보십시오. 목의 긴장을 풀고 두통을 완화하려면 이 지점을 잘 풀어줘야 합니다. 공부하느라 고개를 장시간 아래로 숙이면 등과 목이 뭉칩니다. 이때 폼롤러와 목침 같은 보조기구를 활용해 봅시다. '폼롤러 사용법과 목침 사용법'은 아래 영상을 참고하기 바랍니다. 목침은 목 뒤(경추 뒤)에 두고 무리하지 않는 범위 내에서 내쉬는 숨에 천천히 좌우로 돌리면 좋습니다.

폼롤러 사용법

목침 사용법

목 주변의 근육을 스트레칭하고 근육을 강화시키는 방법도 있습니다. 일자목이 오게 되면, 나쁜 자세로 인해 목 주위 근육이 점점 약화됩니다. 수험생이 현실적으로 웨이트 트레이닝을 통해 목 근육 쪽을 단련할 방법을 찾기는 어렵습니다. 다음과 같은 강화 운동은 목 주변 근육 강화에 도움이 됩니다. 호흡을 자연스럽게 하면서 하루에 3~5차례 실시해봅시다. 이 과정을 다 하는데 3분조차 걸리지 않습니다. 3분으로 목의 건강을 유지한다면 투자할만한 가치가 있지 않을까요?

① 손깍지 끼고 뒤통수를 잡는다. 손은 앞으로, 머리는 뒤로 밀면서 목 뒷근육 텐션 느낀다(10~15초).
② 한 손으로 다른 손 손목을 잡고 이마에 갖다 댄 후, 머리는 앞으로 손은 뒤로 밀면서 버틴다(10~15초).
③ 오른손바닥을 오른쪽 옆머리에 갖다 대고 머리는 오른쪽으로 손은 왼쪽으로 힘을 가하면서 버틴다(10~15초). 반대 방향도 실시한다.

다만 이 운동은 디스크 등 신경증세가 있는 경우에는 실시하지 않는 것이 좋습니다. 우리의 척추는 압박부하에는 강하지만 횡으로 작용하는 전단력에는 취약하기 때문입니다. 따라서 이 경우에는 의사의 진단 후 전문 트레이너의 지도 하에 실시하는 것이 좋습니다. 거북목이 진행되면 목 옆 근육인 흉쇄유돌근(목빗근)이 짧아진다고 합니다. 왼손으로 오른쪽 옆머리를 잡고 목 오른쪽 근육을 쭉 늘려주는 스트레칭, 그리고 그 반대 과정을 하면 좋습니다. 편안하게 호흡하면서 10~15초 정도 실시합니다. 뒷통수를 깍지 껴서 잡고 고개를 아래로 숙이는 스트레칭을 목이 불편한 학생들이 습관적으로 많이 하는데 거북목 개선과는 전혀 상관없는 동작이라고 합니다.

거북목증후군은 한 번에 완치되는 것이 아니라, 일단 진행이 시작되면 자세가 나빠질 때 곧바로 통증이나 불쾌감이 올 수 있습니다. 아직 괜찮다면 독서대 사용과 바른 자세를 통해 예방하십시오. 이미 증상이 있다면 바른자세와 보강 운동을 통해 몸의 균형을 회복하고 잘 관리하는 계기로 삼길 바랍니다. 중증 디스크나 일자목을 앓고 있는 경우에는 반드시 의사나 전문가의 상담을 통해 운동해야 합니다. 맥킨지 체조(일자목의 만곡을 회복하는 데 도움이 되는 운동)에 대해 참고할만한 책으로 정선근 박사의 『백년목』, 『백년허리』와 황상보 원장의 『거북목 교정 운동』을 추천합니다.

4. 눈 건강

눈은 우리 몸의 정보 입력장치라 할 수 있습니다. 오랜 시간 동안 책을 보게 되면 모양체근이 긴장하고 수정체도 두껍게 유지되어 눈의 원근 조절기능이 저하됩니다. 눈도 사용한 만큼 충분히 휴식을 취하고, 적절한 마사지와 보강 운동을 해주면 좋습니다. 안경 또는 렌즈를 착용하거나 라식수술을 하면 된다는 생각을 하기에 앞서 눈에 대해 감사한 마음과 관심을 한번 가져보기 바랍니다. 관리하지 않고 방치하거나 그냥 버티게 되면 시력 악화를 피할 수 없습니다. 시력은 스트레스, 피로, 영양 상태, 조명, 자세와 밀접한 관련을 가지고 있습니다. 특히 바른 자세로 공부하며 눈 건강에 좋은 환경을 조성해야 합니다. 독서대를 반드시 사용하고 스탠드를 사용하도록 합시다. 특히 스탠드는 어두워도 안 되지만 너무 밝아도 좋지 않습니다. 깜빡임이 많은 것도 좋지 않습니다. 자신이 주로 공부하는 환경의 밝기를 반드시 체크하고 스탠드를 준비하도록 합시다. 요즘에는 건전지로 작동하는 집게형 간이 스탠드가 비교적 저렴하고 가방에 휴대하기에도 편리합니다.

시력 회복과 관련해서는 국내에 해럴드 페퍼드의 『당신의 눈도 1.2가 될 수 있다』, 마츠자기 이사오의 『굿바이 안경』, 마릴린 베렛의 『특종! 안과의사 눈 운동』 등이 소개되어 있습니다. 여러 가지 책에서 공통적으로 제시하고 있는 방법들을 정리하면 다음과 같습니다. 공부를 한 후에는 간단히 체조를 통해 긴장을 풀고 몸의 혈액순환을 촉진시킵시다. 그다음 눈을 잠시 감고 쉬게 합니다. 눈을 리드미컬하게 깜빡거리는 것은 안근을 강화시켜 줍니다. 여건이 된다면 햇볕이 잘 드는 곳으로 가 멀리 있는 사물을 '편안하게' 응시하는 것도 좋습니다. 다음 눈 주변의 안와眼窩와 콧잔등, 관자놀이를 손가락으로 가볍게 마사지 하도록 합니다. 손바닥으로 박수를 한번 치고 여러번 비벼 마찰열이 나게 한 다음, 눈 주위에 갖다대는 파밍palming도 좋은 마사지기법으로 알려져 있습니다. 마사지 후에는 가상의 선을 따라 눈동자를 움직이는 안구 운동을 하도록 합니다. 눈을 시계방향, 반시계 방향, 지그재그 방향, 팔자 혹은 무한대 방향으로 돌리면서 눈 운동을 하도록 합니다. 눈 운동을 마치면 다시 깜빡이기를 반복합시다.

밤에 잠들 때, 아침에 일어날 때 갑자기 불을 끄거나 켜는 것은 눈에 갑작스런 자극을 주어 좋지 않다고 합니다. 우리 눈이 밝기 변화에 서서히 적응하도록 하는 것도 좋겠습니다. 케일이나 시금치, 브로콜리는 눈에 좋은 건강식품으로 알려져 있습니다. 특히 블루베리는 안토시아닌이 풍부하여 눈에 좋다고 합니다.

5. 기타

치아도 수험생활을 하며 잘 관리해야 합니다. 모든 것을 수험생활 뒤로 미루기보다 사전에 예방하면서 수험생활의 위험요소를 미리 제거하도록 합시다. 양치질 후에 치실이나 치간 칫솔을 사용하는 것도 좋습니다. 치실은 왁싱waxing이 되어 있는 것이 사용하기 편리합니다. 치아 사이뿐만 아니라 잇몸 사이의 이물질까지 제거할 수 있도록 해야 합니다. 아울러 오랜 시간 앉아서 공부하다 보면 표정이 굳고 인상을 쓰게 됩니다. 틈나는 대로 살짝 미소짓거나 입을 크게 벌려보기도 하고, '가갸거겨, 후휴흐희'와 같은 한글 음절 조합을 발음하며 긴장된 얼굴 근육을 이완해보도록 합시다.

수면 · 식단 관리

잠은 그저 시간 낭비가 아니다!

1. 수면 관리

청소년의 이상적인 수면 시간은 사실 새벽 3시에서 오후 12시까지이
며, 평균 9시간 15분을 자야 정상적인 두뇌활동이 가능하다는 연구
결과가 있습니다.[41] 이 관점에서 보면, 현행 등교 시간은 성장기의 학
생에게 맞지 않는 부분이 있습니다. 나아가 부족한 수면은 질병을 초
래하고 감정의 기복을 야기하며, 문제해결 속도를 저하시키기도 합
니다.[42] 따라서 잠을 줄여가며 공부하는 것에 대해서는 신중하게 생
각해야 합니다. 현행 등교 시간의 아쉬움을 뒤로 하고 바람직한 수면
관리 방법에 대해 알아보도록 합시다.

잠들지 못하는 수험생

의외로 수면장애를 호소하는 친구들이 많습니다. 불면증을 호소하기 전에 다음 요소를 체크할 필요가 있습니다. 자기 전에 핸드폰을 보거나 2~3시간 이내 포만감이 느껴지는 식사를 한 경우, 사기 전에 땀을 내는 과도한 운동을 하는 경우는 숙면을 취하기 어렵습니다.[43] 뜨거운 물로 목욕을 하는 것도 오히려 수면에는 방해가 될 수 있다고 합니다. 방이 너무 밝거나 방의 온도가 지나치게 높은 것도 수면에는 좋지 않습니다.[44] 저녁에 오렌지 주스나 카페인 음료를 섭취하는 것도 숙면에는 방해가 될 수 있지만 이것은 사람마다 차이가 있습니다.

잠이 오지 않는 경우에 수면제를 섭취하는 것은 가급적 권하지 않습니다. 수면제에는 꿈을 없애는 벤조디아제핀이 들어 있는데 중독과 알츠하이머 병을 유발하는 것으로 알려져 있습니다.[45] 침대 메트리스를 너무 푹신하지 않은 '딱딱한 것'으로 바꾸고, 일정한 시간대에 잠자리에 드는 것도 숙면을 취하기 위한 좋은 방법입니다. 시험 전날 불안 때문에 잠을 못 드는 스타일의 수험생들은 이틀전부터 더 일찍 일어나거나 늦게 자는 등의 방법으로 잠을 약간 모자라게 한 후, 시험 전날 숙면을 취할 수 있게 컨디션을 조절하기도 합니다. 그러나 컨디션이 오히려 안 좋아진다든지 그 외 여러 변수가 갑자기 생길 수 있으므로 유연하게 판단하도록 합시다.

지나치게 덥거나 추우면 숙면을 취할 수 없으니 온도조절도 합시다.

겨울에 어떤 학생들은 핫팩을 이불 속에 넣고 자기도 하는데 매우 위험합니다. 특히 핫팩으로 저온 화상을 입을 수도 있습니다. 저온 화상은 일반적인 화상과 달리 조직 깊숙한 곳까지 서서히 손상되어 회복하는데 많은 시간이 소요됩니다. 베개가 너무 높거나 낮은 것도 좋지 않습니다. 너무 높으면 특히 일자목에 좋지 않습니다. 나에게 맞는 베개가 없다면 수건이나 담요를 둥글게 말아 목 뒤에 넣는 것도 좋습니다.

수면을 취할 때에는 몸을 죄지 않는 편안한 옷을 입고 자도록 합시다. 가습기를 틀거나 물에 적신 수건을 근처에 가져다 두는 것도 숙면에 도움이 됩니다. 특히 겨울철에는 가습이 매우 중요합니다. 혼자서 공부를 해야하는 상황이라면 꼼꼼하게 챙기도록 합시다. 다만 호흡기 근처에 바로 두는 것은 좋지 않습니다.

건강보조식품으로 판매되는 글리신이라는 아미노산을 섭취할 경우 숙면에 긍정적인 작용을 한다는 연구결과가 있습니다.[46] 이와 달리 고카페인 농축 음료를 자주 섭취하는 것은 수면장애를 초래하는 경우가 있으므로, 시험 기간 때에 늦게까지 공부할 필요가 있더라도 가급적 섭취하지 말아야 합니다. (이상적인 이야기이지만 밤을 새면서 늦게까지 공부하기보다 깨어 있는 시간을 최대한 활용하고 규칙적으로 생활하는 것이 낫습니다.) 반대로 잠을 쫓고 싶은 경우라면 카페인이 들어있는 차와 커피도 좋지만 손발을 차갑게 하고 차가운 음료보다는 뜨거운 음료를 마시는 것이 훨씬 더 효과적이라고 합니다.[47]

잠을 잘 자야 합격한다

시험을 준비하면서 일정한 시간에 자고 일어나는 것은 합격으로 가는 지름길입니다. 참고로 수능 만점자 30인을 대상으로 한 조사결과에 따르면 만점자들의 평균 수면 시간은 6시간 14분, 평균 취침 시간은 새벽 12시 20분, 평균 기상 시간은 아침 6시 40분이라고 합니다.[48] 단순 비교는 무리가 있겠지만 규칙적인 수면 습관 없이 입시에 성공한 케이스를 저는 거의 보지 못했습니다. 쉬는 시간에 잠깐 엎드려 자는 것은 컨디션을 회복하고 수업에 집중할 수 있게 해줍니다. 다만 독서실에서 엎드려 1~2시간을 자거나, 학교에서 돌아온 후 2시간을 자는 것은 저녁 공부 시간을 뺏고 숙면을 방해할 수 있습니다. 학교에서 돌아온 후 깊은 잠을 자는 상황이라면 슬럼프가 아닌지 확인할 필요가 있습니다. 특히 재학생의 경우, 초저녁에 자고 새벽에 일어나 공부하는 것은 멸망으로 가는 지름길입니다.

사람의 몸이 특정한 수면패턴에 적응하려면 보통 3~6개월 정도가 소요됩니다. 수능을 앞둔 수험생들이 이러한 조절을 하지 못하는 경우가 많습니다. 시험 3개월 전에 수면 시간 조절을 하겠다, 한 달 전에 하겠다 다짐하지만 결국은 3일 전에 조절을 하는 경우가 허다합니다. 이렇게 되면 매우 치명적입니다. 시험 당일, 긴장으로 각성되어 있을 뿐 실제 시험을 치르는 시간에 우리 몸은 아직 충분히 활성화되지 못할 수 있습니다.

시험 전날 밤을 새고 시험장에 들어가는 것은 더욱 좋지 않습니다. 우리가 꿈꾸는 동안의 수면(렘수면)은 낮 동안의 기억을 요약, 정리한다고 합니다.[49] 즉, 수면 중에는 우리가 공부한 내용들이 장기 기억으로 저장되고 응고화consolidiation됩니다.[50] 따라서 시험 전날 밤을 새워 공부했다고 해도 반드시 1시간이라도 눈을 붙여야 됩니다. (물론 이 경우 기상을 안전하게 확보할 수 있게 알람을 여러 개 맞추거나 믿을 만한 사람에게 깨워줄 것을 확실히 부탁해야 합니다.) 잠들기 전에 1분, 눈 뜨기 전 1분 정도 원하는 것이 이루어졌을 때의 만족감을 느껴보고, 그 장면을 떠올리는 것은 훌륭한 마인드컨트롤 기법으로 알려져 있습니다.

2. 식단 관리

오랫동안 먹어온 깔끔한 집밥만큼 내 몸에 맞는 음식은 없습니다. 특별한 수험용 식단이나 보양식을 준비하기 보다 균형 잡힌 식사를 하도록 합시다. 그리고 아침 식사만큼은 거르지 않는 것이 좋습니다. 아침 식사를 잘 챙겨먹게 되면, 불규칙한 식사를 피할 수 있어 건강을 유지할 수 있고 동시에 일정한 시간에 하루를 시작할 수 있게 됨으로써 오전 시간을 잘 활용할 수 있다는 이점이 있습니다. 지나친 육식이나 채식, 또는 다이어트식은 성장기 청소년들에게 바람직하지 않습니다. 영양부족만큼 혈기왕성한 청소년들이 과영양화 되는 것도 지양해야 합니다. 편의점 김밥이나 패스트푸드를 지나치게 먹는 것도 좋지 않습니다. 내 몸에 맞는 좋은 음식을 적당히 먹도록 합시다.

맵고 자극적인 음식은 공부의 리듬을 깰 수가 있습니다. 스트레스를 풀기 위해 가끔 매운 음식을 먹는 것은 좋지만, 집중해서 공부해야 할 때에는 맵고 자극적인 음식을 피하는 것이 좋습니다. 특히 시험을 사나흘 앞 둔 학생이라면, 유통기한을 잘 확인해야 하고, 날음식이나 차가운 음식, 매운 음식을 가려 먹어야 합니다. 시험이 여름에 있는 경우에는 특히 조심해야 합니다.

공복 상태에서 공부하는 것도 좋지 않지만, 체력을 유지한다는 명분으로 지나치게 과식을 하는 것도 좋지 않습니다. 포만감에 젖을 정도로 먹게 되면 사고가 느려지고 졸립습니다. 정신을 깨어 있게 하기 위해서는 약간 아쉬운 정도로 먹는 것이 좋습니다. 다만 중간 중간에 배고픔을 느낄 때마다 간식을 조금씩 먹는 편이 훨씬 낫습니다. 밤 10시~11시 이후에 컵라면이나 떡볶이 등 야식을 먹는 습관은 좋지 않습니다. 살도 찔 뿐만 아니라 소화가 잘 안 되어 숙면을 방해할 수도 있습니다. 저녁에 출출하다면 아주 간단히 자제하며 먹어야 합니다. 수험생활 중에는 다이어트나 체중 관리에 대한 욕심은 조금 내려놓고 공부에 집중해야 하지만, 폭식이나 야식을 줄이는 것만으로도 체중관리에 도움은 될 것입니다.

비타민과 무기질을 정기적으로 섭취하는 것도 중요합니다. 유명한 보양 음식들보다 무기질이나 비타민은 값도 훨씬 저렴하며 오래 먹을 수 있습니다. 부모님께서 영양제를 챙겨주시면 잔소리로 여기고 "됐어, 알아서 할게!"가 먼저 나오는 학생들이 있습니다. 스스로 깨닿고 규칙적으로 먹도록 합시다. 우리 몸의 무기질 균형이 깨져 있으면 면역력이 약화되고 성장에도 안 좋은 결과를 초래합니다. 혼자서 그리고 어려운 환경에서 공부를 해야 한다면, 특히 자신의 건강 상태를 스스로 체크해가며 건강하고 깔끔한 음식, 무기질과 비타민을 잘 챙겨먹도록 합시다.

물이나 따뜻한 차를 마시는 습관도 좋습니다. 성인의 경우 하루 약 2L의 물을 마시는 것을 권장하기도 합니다. 특히 감기에 걸려 기침이 계속 나오는 경우, 너무 뜨겁지 않은 민트차나 루이보스티와 같은 허브차를 계속 마시는 것도 좋습니다. 의외로 많은 학생들이 물을 잘 마시지 않습니다. 물이 만병통치약인 것 마냥 물을 과도하게 섭취하는 것도 안 좋지만, 물과 차를 공부할 때 가까이에 두고 가끔 마시는 것은 좋은 습관입니다.

3

THE MENTOR

멘탈 관리

슬럼프에 대처하는 자세

우리 삶은 불리한 상황, 내 마음대로 안 되는 상황이 그렇지 않은 때보다 더 많습니다. 야구에서는 10번 중에 3번 이상만 안타를 쳐도(3할 이상) 수위타자로 봅니다. 5할 이상의 타자는 프로의 세계에서는 역사상 존재하지도 않습니다. 하지만 우리는 다른 사람의 삶과 자신의 삶을 비교하고 겉모습만 봅니다. 자신이 처한 상황을 최악으로 해석하면서 모든 것이 뜻대로 되지 않는 것에 안타까워합니다. 이것은 공정하고 객관적인 해석이 아니어서 바람직한 대책이 나올 수도 없습니다.

삶은 결국 내 앞에 일어나는 현상들을 해석하며 그 의미를 밝혀가는 과정입니다. 가슴이 아프고 힘든 일이 많겠지만, 어쨌든 일어서서 앞으로 나아가야 합니다. 피할 수 있는 방법은 어디에도 없습니다. 일시적으로 피할 수는 있지만 삶의 숙제를 피하게 되면 가장 절박한 순

299

간에 외나무 다리에서 새로운 과제로 직면하게 될 수 있습니다. 우리 삶의 인과관계를 모두 헤아릴 수는 없지만 나에게 일어난 사건에서 유용한 의미를 찾아내도록 합시다. "그나마 이 정도여서 다행이다." 라고 생각하는 습관을 가져보도록 합시다. 물론 쉽지는 않은 얘깁니다. 이에 대해서는 언젠가 다른 곳에서 다시 이야기할 기회가 있기를 바라봅니다.

슬럼프는 원인도 다양하고 유형도 가지각색입니다. 슬럼프를 극복하는 방법도 사람마다 천차만별이고, 슬럼프를 극복할 수 있는 과학적인 방법론이 정립되어 있는 것도 아닙니다. 인간의 마음은 그만큼 섬세하고 복잡하며, 지치고 상처받기 쉽기 때문입니다. 슬럼프는 하나의 이유에서 비롯된 것일 수 있지만, 복합적인 이유가 결합하여 슬럼프를 겪을 수도 있기 때문에 해결이 쉽지 않습니다. 슬럼프를 다음과 같은 유형으로 분류해보았습니다.

슬럼프의 유형

	유형	이유	해결방법
학습 내적 요인	1. 자연스러운 과정	• 개념의 확장기 • 에너지의 소진	• 유지 • 휴식과 보상
	2. 부자연스러운 과정	• 기본기 부족 • 잘못된 공부 방법 • 학습계획의 부재	• 문제점 개선
학습 외적 요인	1. 내부적 원인	• 적성에 맞지 않음 • 잘못된 생활 습관 • 건강 문제	• 다른 사람을 만족시키기 위한 목표가 아닌지 점검 • 문제점 개선
	2. 외부적 원인	• 가족, 친구, 연애 관계에서 오는 문제, 환경의 낯섦	• 문제점 개선 • 당분간 거리를 둔다

1. 학습 내적 요인에 의한 슬럼프

학습 내적 요인은 공부와 직결되어 있습니다. 이는 자연스러운 과정과 부자연스러운 과정으로 나누어볼 수 있습니다.

자연스러운 과정으로서의 슬럼프: 학습 분량이 많거나 어려운 내용을 공부할 때 일어날 수 있습니다. 이는 성장의 한 일면으로서 학습하는 내용과 개념이 확장되어 가는 데에 따른 기다림의 고통이라고 할 수 있습니다. '성적은 가우스 함수 형태로 오른다'는 말도 바로 이 정체기를 뜻합니다. 이때 오는 정체감, 불안이 슬럼프를 야기합니다. 이 유형은 공부가 깊어지고 있다는 방증이 되므로 슬럼프의 범주에 포함되지 않을 수도 있겠습니다. 이때 자리를 지키면서 루틴을 계속해 나가야 합니다. 이와 같은 슬럼프는 전체 진도가 어느 정도 일단락되어야 극복할 수 있습니다.

부자연스러운 과정으로서의 슬럼프: 이 유형은 준비하는 시험을 공부하는 데 필요한 기본기의 부족, 잘못된 공부 방법, 학습계획의 부재 등으로 인해 성적이 오르지 않을 때 발생합니다. 목표 점수를 이른 시기에 획득했을 때나 목표 학습량을 수월하게 채워나갈 때 갑자기 찾아오기도 합니다. 준비하는 시험에 필요한 기본기가 부족하다면 비문학 연습과 같은 기본기를 채워나가는 것도 필요합니다. 한편으론 믿을 만한 지인들에게 조언을 구하면서 자신의 역량에 맞는 시험인지 냉정하게 고민해봐야 합니다. 공부 방법이 잘못되었다는 느낌이 들면 특별한 스타일의 공부를 고집하지 말고 빠르게 교정해 나가야 합니다. 수석합격을 하겠다고 욕심을 부린다거나 절박한 자신의 처지에 몰입하며 감상에 빠지는 것은 사태 파악과 해결에 독이 됩니다. 단순하게 생각하고 남들 하는 만큼 공부하겠다는 마음으로 힘을 빼는 지혜가 필요합니다.

"서두르지 마라, 그리고 쉬지도 마라." ―괴테

후속 학습계획이 없거나 목표 달성 후에 적절한 보상이 주어지지 않으면 목표 학습량이나 목표 성적을 얻은 후에 무력감이 찾아오기도 합니다. 이때 합격 수기를 읽거나 상위 클래스의 친구들과 스터디를 해보는 것, 후속 학습계획을 다시 짜보고 여행, 휴식 등의 보상과 결합하는 것도 좋은 해결방법이 됩니다. 그러나 수험생이라는 신분을 고려하면 보상을 취하더라도 안전지대를 완전히 벗어나지 않으면서 리듬을 유지하는 것이 관건이라고 하겠습니다.

2. 학습 외적 요인에 의한 슬럼프

학습 외적 요인은 공부와 무관합니다. 이는 수험생 자신에게 문제의 원인이 있는 경우(내부적 원인)와 외부 환경에서 비롯된 경우(외부적 원인)로 나누어 볼 수 있습니다.

내부적 요인에 의한 슬럼프: 게으르고 잘못된 생활습관, 건강 문제, 적성에 맞지 않는 공부를 하는 것 등이 원인이 될 수 있습니다. 잘못된 습관이라면 자기 자신의 의지를 무턱대고 믿기보다 생활 스터디 등을 이용해 강제성을 두는 것도 방법이 됩니다. 건강 문제라면 가급적 해결하고 수험에 뛰어드는 것이 좋습니다. 상황이 여의치 않다면 산책이나 체조, 보강 운동을 학습계획에 반영해야 합니다. 자기 적성에 맞지 않는 길이라면 포기하는 용기가 필요합니다. 이때 목표를 달성했을 때 기대되는 주변의 시선과 인정받고자 하는 욕구, 혹은 단순한 생계 유지 수단으로서의 미래 전망이 시험을 준비하게 된 주된 계기인지 여부가 중요한 판단의 척도가 될 수 있습니다.

그러나 '일단 뛰어들어서 시작했다면' 정말 자기에게 맞는 길인지 좌고우면左顧右眄 하기보다 가급적 끝까지 완주하기를 권하고 싶습니다. 우주비행선은 태양의 중력을 이겨내기 위해 슬링샷slingshot 효과를 활용한 중력도움gravity assist 또는 스윙바이swing-by를 이용합니다. 목적지로 가기 위해 다른 천체를 의도적으로 통과하며 필요한 속도를 얻어내는 것입니다. 어떤 선택과 결과가 삶이라는 큰 그림에서 좋은 것인지는 종착점에 이를 때까지 결코 알 수 없습니다. 여러분이 준비했던 시험은 최종 목적지에 이르는 힘을 얻기 위한 징검다리일 수 있습니다. 합격 여부를 떠나 최선을 다 한다면, 삶은 반드시 우리를 또 다른 기회로 인도할 것입니다.

외부적 요인에 의한 슬럼프: 내가 어찌할 수 없는 가족 문제, 이성 관계나 친구 문제 등이 이유가 될 수 있습니다. 개선할 수 있으면 깔끔하게 해결하고 돌아오는 것도 문제의 소지를 없앤다는 점에서 좋지만 쉽지 않습니다. 차라리 '나의 힘으로 할 수 없는 것은 어쩔 수 없다' 는 마음가짐으로 목표한 공부를 끝낼 때까지 거리를 두는 편이 나을 수도 있습니다.

이유가 뚜렷하고 명백한 슬럼프보다 복합적인 원인이 결합되어 상황 파악이 안 되거나 상황을 파악할 의지조차 생기지 않는 경우가 어쩌면 생각하고 싶지 않은 최악의 슬럼프라고 할 수 있습니다. 공부라는 것, 수험생활이라는 것은 외부적인 환경의 변화뿐만 아니라 그동안 살아왔던 삶의 호흡과 리듬에 변화를 요구합니다. 따라서 우리의 감정과 육체가 불편하고 어색한 것은 어쩌면 당연한 현상입니다. 이럴 때는 생각에 생각을 거듭하기보다 슬럼프를 인정한 뒤, 공부로부터 거리를 두고 자연스럽게 균형을 회복하는 과정을 갖는 것도 좋습니다. 거리를 둔다는 것은 그냥 논다는 의미는 아닙니다. 거리를 두면서 지나치게 부여한 중요성과 잉여 에너지를 제거하고 중화하는 과정이라고 하겠습니다. "될대로 되라"고 생각하는 호사를 부려도 괜찮습니다. 여행을 떠나거나 에너지를 주는 '인생 장소'를 찾아가는 것도 좋습니다. 멀리 떨어져 그동안 만나지 못한 친구를 만나 '나'를 다시 한번 확인하는 것도 생각을 전환하고 새로운 에너지를 얻는데 도움이 될 것입니다.

공부는 세상과 자기 자신을 탐색하고 이해하는 과정입니다. 그래서 슬럼프도 공부의 일부가 됩니다. 슬럼프를 공부의 적이라고 생각하기보다 자신에 대한 이해가 깊어지는 계기 내지는 위기관리 능력을 연습하고 업그레이드 할 수 있는 기회로 여기십시오. 슬럼프에 대처하는 자세가 곧 그 사람의 역량이자 실력이라고 할 수 있습니다.

"우아함이란 이제 갓 사춘기를 벗어난 이들의 특권이 아니라, 이미 스스로의 미래를 꽉 잡고 있는 이들의 것이다."

Elegance is not the prerogative of those who have just escaped rom adolescene, but of those who have already taken possession of heir future. —가브리엘 코코 샤넬

PART **SEVEN**

더멘토 NOTE

수송동 백송: 500년을 살아 온 수송동 백송. 조계사에 들어서면 백송이 거대한 처마를 가진 대웅전과 어우러져 더 없이 멋진 운치를 풍긴다. 중국이 원산지인 수피가 하얀 소나무 백송은 옮겨심기가 까다롭다는 희소성 때문에 예로부터 귀한 대접을 받은 나무다. 현재 우리나라에 천연기념물로 지정된 나무는 450여 그루에 이르는데 제1호부터 제10호까지 6그루가 백송이다. 하지만 오늘날 2그루만 그 명맥을 유지하고 있다. 1그루는 헌법재판소 마당에 있는 제동 백송이고, 또 다른 1그루는 조계사 마당에 있는 수동동 백송이다. (지정번호: 천연기념물 제9호, 소재지: 종로구 우정국로 55)
Illustration: 이장희(『서울의 시간을 그리다』 저자), 2019.

이것이 공부다!

이 장에서는 앞에서 다루지 못한 세부적인 공부법과 「더멘토」 선배들의 경험담, 그리고 실전에 바로 적용할 수 있는 꿀팁을 담았습니다. 시험을 준비하는 데 있어 큰 화두 두 가지는, 결국 "어떻게 성적을 올릴 것인가"와 "올린 성적을 어떻게 유지할 것인가"라고 할 수 있습니다.

어떻게 성적을 올릴 것인가

1. 양치기를 통해 개념 학습이 간접적으로 이루어질 수도 있다. 그러나 시간이 없다고, 기본서와 기본개념에 대한 공부 없이 기출문제만으로 공부를 하는 것은 굉장히 위험한 방법이다. 자칫 밑 빠진 독에 물 붓기가 될 수도 있다. 아주 불가피한 상황에서만 사용할 것을 권한다.

2. 어떤 시험이든 문제당 할애해야 할 시간이 나온다. 가령 수능 모의고사 국어영역의 경우 시험 시간이 80분인데 평소에는 마킹 시간 등을 감안하여 75분 정도로 잡고 연습하는 것이 좋다. 75분 동안 45문제를 풀어야

하는 것이다. 75분은 약 4500초. 45문제로 나누면 100초. 약 1분 40초 동안에 한 문제를 풀어야 한다. 물론 빨리 문제를 풀면 시간을 세이브할 수 있고, 세이브한 시간만큼 어려운 문제에 추가적으로 시간을 쓸 수 있을 것이다. 30초 정도 고민을 해보면 풀 수 있는 문제인지 더 봐야할 문제인지 답이 나온다. 쉬운 문제를 먼저 푸는 것이 원칙이다. 답이 안 나올 것 같으면 정답이 아닌 것이 확실한 선지만 지워놓고(소거법), 문항 번호에 표시한 후 과감하게 넘어갔다가 문제를 다 보고 다시 돌아오자. 성적이 중하위권일수록 끝까지 갔다가 다시 돌아오는 것에 자신이 없다. 이것도 연습을 해봐야 한다. 풀지 못한 문제로 다시 돌아와 소거되지 않은 선지 중에서 답을 골랐다면, 처음 고른 답은 '가급적' 고치지 않는다.

3. 틀린 문제를 리뷰하는 것은 당연하다. 그런데 맞힌 문제를 그냥 넘어가는 경우가 많다. 맞힌 문제라도 확실하게 알지 못하는 선지들이 있을 수 있다. 그 선지들도 체크를 하고 해설지와 비교하도록 한다. 해설지를 검토하다 보면 접근법이 다르거나, '알고 있다고 착각하거나 오해하고 있던 내용'이 종종 발견되기도 한다. 그때가 바로 한 걸음 전진하는 순간이다.

4. 성적이 저조한 과목 공부를 위해 자신 있는 과목의 공부 시간을 줄여서는 안 된다. 시간을 줄인 과목의 성적이 하락하기 시작한다. 시간을 쪼개고 아껴 써서 부족한 과목의 공부할 시간을 확보하라. 어쩔 수 없다.

5. 모의고사를 푼다면 최대한 실전처럼 연습하라. 문제를 구해서 혼자 푸는 경우라도, 도중에 화장실에 다녀오거나 휴대폰 문자를 확인하는 일을 최대한 자제해야 한다. 제한 시간도 엄수한다. 답안지 마킹 시간 등을 감안하여 원래 시험 시간보다 5분 정도 더 짧게 시간을 잡도록 한다. 제한 시

간이 80분인 수능 국어영역 모의고사를 푼다면 제한 시간은 75분으로! 가급적 실제 시험지 규격(A3 정도)으로 출력해서 풀도록 한다. A4 크기로 기출문제 풀다가 시험장에서 적응이 안 되어 힘들었다는 수험생도 있었다.

6. 한 권의 교재를 여러 번 읽는 것은 좋다. 다만 1회독과 2회독 사이, 2회독과 3회독 사이에 지나친 간격이 있으면 효과가 없다. 어느 정도가 유효기간이 될지는 사람마다 다르겠지만 5~6개월이 넘으면 교재를 여러 번 읽었다는 말을 하기 힘들지 않을까?

7. 모의고사처럼 몇 시간에 걸쳐 시험을 치르는 날에는 포도당 캔디와 물, 신선한 과일을 챙기도록 하자. 머리를 많이 썼고, 지쳤다는 느낌이 들면 융통성 있게 포도당 캔디를 하나 먹자. 지나친 섭취는 좋지 않다. 다만 부정행위가 되지 않도록 주의하자.

8. 정성과 태도가 중요하다. 아무리 문제가 쉬워도, 아무리 지금 이 순간 성적이 잘 나와도 신중한 자세로 끝까지 정성을 다하자. 6평, 9평 다 맞고도 실제 수능에서 3등급 나올 수도 있는 것이 현실.

9. 서너 시간 단위로 학습계획을 세우고 실천할 수 있다면, 수능시험과 같은 당일치기 레이스에서 집중력을 유지할 수 있다는 장점이 있다. 고등학교 1학년 때부터 모의고사를 성실하게 치르는 것도 마찬가지의 효과가 있다. 모의고사 성적이 실제 성적과 직결되는 것은 아니다. 그러나 시험을 준비하고 치르면서 지구력을 키워나갈 수 있다.

10. 문제를 풀면서 아예 모르는 문제나 접근 자체가 어려웠던 것은 Q나 물음표(?), 개념 정리가 필요한 부분은 C, 실수는 M, 반드시 복습해야 할 문제는 R 등으로 표시를 하자. 자기만의 기호를 만들어도 좋다.

11. 수업 시간 도중 잠이 오면 MP3나 핸드폰으로 수업 내용을 녹음하는 학생들도 있다. 이 부분은 선생님의 허락 여부와 수업 상황을 고려하여 적절하게 선택하자.

12. 기본서를 보면서 동시에 진도별 기출문제를 풀면 교재에서 어느 부분이 중요한지 명확하게 알 수 있다. 다만, 진도별 기출문제를 미리 풀어버리면 실전형 종합 기출문제에서 풀 문제가 줄어든다는 단점이 있다. 진도별 기출문제는 연도별 기출문제에서 같은 단원에 해당하는 문제를 선별한 것이므로 중복되기 때문이다. 잘 고민하여 자신에게 맞는 방법을 선택하도록 하자.

13. 자신을 객관적이고 냉정하게 분석하는 능력을 메타인지라고 한다. 공부를 잘하기 위해서 메타인지만큼 필요한 능력도 없다. 자신의 가능성을 긍정적으로 바라보면서, 단점을 냉정하게 평가할 수 있는 균형잡힌 시각도 유지하도록 하자. 틀린 문제를 정확하게 분석하고 맞힌 문제도 정말 알아서 맞힌 것인지 따져보자. 최근에 대학원에서 서울대 로스쿨 재학 중인 한 후배와 이야기할 기회가 있었다. 자신만의 공부법을 이야기해달라고 청했다. 그는 "별다른 방법은 없구요. 다만 문제를 풀고 나서 리뷰를 정말 꼼꼼하게 하는데, 맞힌 문제도 정말 알아서 맞힌 것인지 확인하려고 합니다."라고 하였다. 이런 습관 때문에 "실제 실력보다 객관식 시험에서 결과가 훨씬 좋았던 것 같다"고도 말했다. 사실 이는 간단

한 이야기이지만 많은 학생들이 간과하는 부분이다. 오답을 골랐다면 단순히 실수한 것인지, 개념을 몰랐는지, 개념은 아는데 응용을 못시킨 것인지 아니면 새로운 유형의 문제를 접해서 그런 것인지 구분해보자. 오답 노트에도 이러한 리뷰를 상세하게 반영하도록 하자. 자신의 현 위치를 정확하게 파악하고 대충 타협하지 말자. 사냥꾼을 피해 눈 속에 머리를 쳐박는 꿩이 되지 말자(꿩이 정말 그러는지는 모르겠다).

14. 시험 도중 안 풀리는 문제를 붙잡고 끙끙거리는 경우가 있다. 특히 문제 푸는 흐름이 좋다가 갑자기 어려운 문제가 나오면 그냥 지나가기가 더욱 어렵다. 깔끔하게 끝내고 싶은 마음 때문. 이때 '이를 악물고' 넘어가야 뒤에 나오는 쉬운 문제들을 날리지 않을 수 있다. 어려운 문제는 다른 사람도 어렵다. 과목을 불문하고 쉬운 문제를 먼저 풀고 어려운 문제는 마지막에 풀도록 하자. 이것도 연습해야 한다.

15. 인강 청취만으로 공부를 하게 되면 수험은 거의 실패한다고 보면 된다. 알고 있는 것과 익숙한 것은 다르다. 익숙한 것을 알고 있다고 착각하는 것을 '유창성 착각'이라고 한다. 인강을 시청한 뒤, 복습하고, 문제를 풀고, 암기하는 과정을 철저하게 거치도록 하자. 그렇지 않으면 시험장에서 '익숙함과 문제의 체감 난이도' 사이에서 뜨악할 일이 생기게 된다. 제발 명심하길.

16. 시험은 임박했는데 풀 문제는 많고 물리적으로 모두 풀 시간이 되지 않는다면, 짝수번만 풀거나 홀수번만 푸는 것도 방법이 될 수 있다.

17. 문제집은 단원별 · 진도별 기출문제집과 단원을 넘나드는 실전형 종합 기출문제집이 있다. 단원별 · 진도별 문제집은 단원별로 공부의 강약을 조절할 수 있다는 장점이 있다. 실전형 종합 문제는 보다 복합적인 사고를 가능하게 한다. 실력이 부족하다면 단원별 기출문제로 시작할 것을 권한다.

18. 내신시험이나 모의고사 문제를 풀 때 1번 문제에 집착하지 말자. 1번 문제가 만만치 않은 경우에 멘탈이 흔들리는 친구들이 있다. 5번까지는 괜찮다는 마음가짐을 갖자. 잘 안 풀리면 일단 넘어갔다가 오자. 이것도 연습이 필요하다. 그냥 되지 않는다.

19. 시험 문제를 풀다가 시간이 초과된 경우 채점을 나눠서 하자. 다음의 순서를 따른다. ① 제한 시간이 지나면, '정답이 확실히 아니라고 판단하여 미리 소거한 선지'를 제외한 '나머지 선지' 내에서 어쩔 수 없이 찍어야 한다. 찍어라. 이 찍은 점수가 현 시점에서 객관적인 실력이다. ② 그러나 바로 채점하지 않고 시간을 충분히 주고 찍은 문제를 풀어본다. 그때의 답은 문제 옆에 따로 괄호 등으로 표시하자. 제한 시간을 초과했다고 풀지 못한 문제의 답을 찍고, 바로 채점하면서 답을 보게 되면 고민을 통해 실력을 향상시킬 수 있는 좋은 문제를 버리게 된다. 이렇게 기록해놓고 비교해본다. ③ 채점한다. 제한 시간 내에 획득한 점수를 먼저 적고, 괄호 안에 시간 초과 후의 점수를 적자. 괄호 안의 점수는 향후 도달할 가능성이 보이는 점수이다. 물론 현재 실력은 절대 아니다. 시간이 충분했다면 맞힐 수 있었다는 등 합리화해서는 안 된다. 현행 시험은 제한된 시간 안에서 누가 실력을 다 내어보이는지 측정하는 것이 본질이다. 시험은 타임어택(Time Attack)이라는 점을 언제나 명심하라! 하

루 아침에 어떤 특별한 노하우로 되는 것이 아니기 때문에 올림픽에 출전하는 선수의 심정으로 수험 기간을 모두 쏟아부어야 한다.

20. 강사나 선생님을 선택할 때 출제 예상문제를 얼마나 맞혔는지 아닌지에 지나치게 연연하지 말자. 결과론일 뿐이다. 관점을 달리하면 예상적중한 문제보다 예상을 비껴간 문제들이 훨씬 많을 것이다. 지구별에서는 대략 열 번 중 세 번만 성공하면 잘하는 축에 속한다. 너도 나도 예상 가능한 문제가 아니라면 그 외의 지점에서 100% 출제가 예상되는 문제를 찾는다는 것은 '선글라스 낀 사람과 눈싸움하는 것'처럼 어려운 일이다. 너무 큰 기대를 하지 말자. 차라리 교재가 단권화에 적합한지, 수업 분량은 과하지 않은지, 다수의 수험생들이 수강하고 있는지, 강의 경험이 풍부한지, 본인도 성실히 공부를 한 경험이 있으며 학생들과의 보강 약속 등을 충실히 지키는 선생님인지가 중요한 척도가 될 수 있을 것이다.

21. 시험공부 계획을 짤 때 시험 일정과 역순으로 계획을 짜는 방법이 흔히 이용된다. 가령 7월 1일 수학, 2일 영어, 3일 국어 시험이 예정되어 있다면 국어, 영어, 수학의 순서로 공부를 해나가는 방식이다. 그러면 수학 공부가 바로 수학 시험으로 이어질 수 있으므로 효율적인 면이 있다.

22. 시험 직전에는 시험 범위 중 뒷부분부터 중점적으로 공부하는 것이 좋다.[51] 앞 부분은 열의를 가지고 공부를 하지만 뒤로 갈수록 소홀히 할 가능성은 높아지는 반면, 문제의 난이도와 복잡성은 뒷부분에서 상승할 가능성이 크기 때문이다.

23. 어떤 과목이든 눈을 크게 뜨고 전체 단원의 구성을 반드시 살펴야 한다. 그런 의미에서 대강의 목차를 암기하는 것(완벽하게 외울 필요는 없다) 은 과목의 체계를 파악하고, 학습의 강약을 조절하는 데에 큰 도움을 준다. 나무만 보아서는 안 되고, 숲을 보면서 자신의 현재 좌표를 항상 확인해야 한다.

24. 기출문제에 아래 표와 같이 출제빈도와 난이도를 표시하는 방식도 있다.[52] A+이라고 표시를 한다면 매년 출제되고 기본 문제라는 의미이다.

	A	매년 출제되는 문제
빈도	B	2~3년에 한 번 출제되는 문제
	C	거의 출제되지 않는 문제
	++	기초문제
난이도	+	기본문제
	−	응용문제나 개인적으로 어려운 문제

25. 생각하는 힘, 정보를 찾아내는 힘은 고민하고 답을 찾아내고 혼자서 이 것을 정리하는 과정에서 쌓여나간다. 문제집을 풀면서 답을 확인하고 싶은 충동이 들 수 있다. 참아라! 참아내고 고민한 시간만큼 공부근육 은 성장한다. 다만 맥시멈 시간은 정해둘 수밖에 없다. 마냥 문제만 쳐 다볼 수는 없지 않은가.

26. 올바른 방법으로 공부하고 있다면 조바심내거나 서두르지 말자. 내 입 맛대로 결과가 나오지 않는다. 때론 시행착오를 겪고 눈물나는 날이 있 더라도 시스템을 구축하고 정진하면, 반드시 된다!

27. 실제 시험을 치르는 과목 순으로 하루 학습계획을 짜면서 바이오리듬을 시험에 최적화시키려는 학생들이 있다. 수능시험을 준비한다면 국어, 수학, 영어, 탐구 순으로 하루 학습계획을 세우는 것이다. 자습이 많은 고3은 가능하지만 1, 2학년은 어려울 수 있다. 이런 경우 토요일, 일요일 오전에 이 방법을 사용해보자. 일반 수험생의 경우에도 실제 시험 당일 시험을 치르는 과목 순으로 하루 학습계획을 짜는 것이 좋다. 오전, 오후 시간대별로 학습과목을 전략적으로 배치하는 것도 지혜로운 방법이다. 기상 후 식사를 마치고 2시간 정도 지난 시점이 뇌가 가장 활성화되어 있는 때라는 경험적 견해들이 있다. 이때는 집중력과 이해, 분석이 필요한 과목에 할애하는 것이 좋겠다. 점심 식사 후의 오후는 졸음이 오거나 다소 느슨해지는 시간이므로 그룹 스터디나 강의자료 정리, 단권화 등에 시간을 보내는 것이 좋을 수 있다. 하루 종일 공부하는 수험생이라면 저녁 시간에는 가벼운 마음으로 인강을 듣는 것도 괜찮다. 사람마다 차이가 있으므로 이러한 구성을 참고하여 자신의 하루 흐름에 맞는 스타일을 찾도록 하자.

28. 자신이 선택한 강의 교재를 끝까지 믿어야 한다. 당락을 좌우하는 것은 교재가 아니다. 불충분한 요소가 있다면 단권화로 보완하라.

29. 성적은 가우스 함수 꼴로 오른다. 시간에 정비례 해서 바로 바로 결과가 나오지 않는다. 대개의 공부가 그러하다.

30. 원하는 목표를 달성하기 위한 학습의 '최소요구치'가 눈에 보이지는 않지만 존재한다고 생각하면 좋다. 이 최소요구치를 채워야만 목표가 달성된다. 그리고 수능에서 1등급을 받기 위한 최소 요구치는 고등학교 3

년을 꽉 채워 사용해야 물리적으로 달성가능하다. 1, 2년 만에 벼락치기로 해내는 것은 불가능하다. 가끔 기출 문제를 풀어본 학생들이 점수가 특정 영역대에 걸쳐서 잘 변하지 않는 것을 보고 의아해한다. "느낌이 분명 좋았는데, 찍은 걸 다 맞혔는데, 이번에는 앞부분에서 다 맞혀서 점수가 오를 줄 알았는데" 뒷부분에서 여지없이 나가거나 쉬운 문제를 틀리는 등의 이유로 점수가 그대로라는 것이다. 이는 아직 최소요구치라는 관문을 돌파하지 못했기 때문이다. 공부는 마치 둥근 항아리에 물을 채워나가는 과정과 같다. 처음에는 밑바닥이 좁아서 물이 빨리 차다가 점점 가운데 허리가 넓어져 가면서 물이 차오르는 속도가 줄어든다. 이때가 학생들이 공부에 진척이 없어 힘들어 하고 좌절하는 시기이다. 그런데 이 시기를 지나면 다시 물동이의 폭이 좁아지면서 물이 차오르는 속도가 빨라지고 물이 항아리를 가득 채워 넘치게 된다. 슬럼프로 여겨졌던 시기는 사실상 그동안 공부한 여러 가지 개념들이 확장되고 연결되어 가던 시기라고 보면 된다. 물이 항아리를 채워 넘치는 순간이 바로 최소요구치를 달성한 순간이다. 최소요구치를 달성하면 점수는 쉽사리 떨어지지 않고 "상위권"의 반열에 오르게 되는 셈이다. 물론 겸손한 마음으로 성적을 유지하기 위해 노력해야 한다. 밑빠진 독이 되지 않도록 언제나 주의하자.

31. 남에게 보여주기 위한 공부를 하지 말자. 다른 사람의 이목에 신경쓰기보다 자신의 성장에 더 초점을 맞추자.

32. 최선을 다하게 되면 나의 힘으로는 더 이상 어찌할 수 없을 것 같은 순간이 온다. 그때 "내려놓는다. 비운다."의 표현을 쓰기도 한다. 이 경지는 포기하는 것과 다르다. 비우고 내려놓으면 다시 채워지는 힘이 있는

데 그 힘에 맡기는 것이다. 힘을 빼고 상황을 단순하게 바라보되, 자리를 지키도록 하자. 최선을 다 한 사람만이 내려놓을 수 있고, 이것은 그럴싸하게 흉내 낼 수 있는 것이 아니다.

33. 자기주도학습이라는 말에 현혹되지 말자. 공부 방법을 모르는데 자기주도학습을 어떻게 하는가? 학원을 안 가야 자기주도학습이 되는 것은 아니다. 학원이나 과외, 인강의 필요성을 느끼고 스스로 공부 방법을 선택하였다면, 그것은 자기주도학습의 연장이다.[53]

34. 학교 수업 선행을 위해 학원을 다니면서 정작 학교 수업 시간에 몰래 학원 숙제를 하거나, 쉬는 시간에도 급한 마음에 학원 숙제에만 매달려 있다면 그런 비극이 없다. 학교에서는 최대한 학교 수업에 집중하여 가급적 대략적인 이해와 정리까지 끝내는 것을 목표로 해야 한다. 학교가 주고, 학원은 종이다. 학원 공부는 학교 수업을 보조하는 것이다. 입시를 성공적으로 완주하는 케이스는 대부분 이와 같은 마음가짐으로 공부한다. 방과 후에 학교 수업을 복습하고 정리하겠다는 전략은 학원 커리큘럼에 치여 실천하기 어렵다. 이렇게 되면 쫓기듯 학원 공부를 하면서도 내신 성적에서 큰 성취도를 보이지 못하는 악순환에 빠지게 된다. 이와 더불어 수능과 내신을 분리해서 생각하는 것도 불합격으로 가는 지름길이 된다. 한국교육과정평가원은 2020학년도의 경우에도 "수능은 교육과정을 기반으로 출제하는 것을 원칙으로 하여, 학교에서 가르치는 내용과 수능의 출제 내용을 일치시킴으로써 학교 수업을 통해 충분히 수능을 준비할 수 있도록 출제"한다고 밝히고 있다. 학교 수업만으로 해당 교과의 모든 커리큘럼을 소화하고 출제 예상 문제들을 점검할 수 없다는 점은 분명하다. 하지만 내신시험과 수능시험의 중복되는 구분을

확인하고 최대한 한 번에 공부하려고 해야 한다. 내신 대비를 하며 주요 개념을 기본서에 단권화하면 좋다. 그리고 내신시험이나 모의고사 직후 수능으로 이어질 수 있는 문제를 오답 노트에 정리하는 과정을 통해 시간을 단축하면서 이해를 심화할 수 있는 기회를 놓쳐서는 안 된다.

35. 여고는 특히 수행평가와 내신관리, 학생부 관리가 남고보다 훨씬 치열하다는 이야기들이 많다. 여학생들이 꼼꼼하게, 미리 준비하는 편이긴 하다. 그러나 여고를 다니게 되었다 해도 두려워할 필요는 없다. 겉으로 드러나 보이는 이면에는 나뿐만 아니라 누구에게나 눈물, 아픔, 시행착오가 있다. '올바른 방법'으로 자기의 자리를 꾸준히 지킨다면, 때론 조금 비틀거릴지라도 반드시 목표에 이른다. 화려해 보이기만 하는 여러분의 선배들 역시 모두 같은 방법으로 그 자리에 섰다.

36. 내신은 수능의 기초다. 내신 준비과정을 수능 준비과정으로 활용하는 것만큼 남는 장사는 없다. 내신이 안 좋은 학생들은 조기에 수시를 포기하고 정시로 전환하는 경우가 있다. 물론 소수 성공하는 경우가 있다. 그러나 대부분 성공하지 못하거나 재수를 하게 된다. 가장 큰 이유는 첫째, 마음가짐 때문이다. 학교 수업과 내신을 포기하게 되면 점점 외로운 공부를 하게 된다. 해야 할 공부를 뒤로 미루면서 시간이 많다고 생각하거나 수능직전까지 계속 변명과 타협을 할 여지가 많아진다. 둘째, 시간 낭비가 의외로 많아진다. 내신 공부 대신 수능 공부를 하면 시간을 알차게 쓸 수 있을 거라 생각하지만 방과 후에 따로 공부하겠다고 다짐하고는 수업 시간에 자버린다. 방과 후에도 잔다. 그렇게 세월이 가는 경우가 많다. 99%에 가깝다. 학교 수업에 충실하고, 현실을 외면하지 말고, 끝까지 포기하지 않는 편이 훨씬 바람직하다고 당부하고 싶다.

37. 2학년 1학기까지 국어영역 기본강의 완료, 영단어 기본 교재 5회독 이상, 탐구영역 한 과목 기본강의 완료만 되면 고3으로 순탄한 진입이 가능하다. 2학년 2학기부터는 나머지 탐구영역 기본인강을 마저 들으면서 국어·수학영역 기출문제 풀이에 들어가야 한다. 그래야 3학년 때 연계교재 위주의 학습을 이어나갈 수 있다. 다만 탐구영역은 국·영·수 트로이카의 탄탄한 뒷받침을 필요로 한다.⁵⁴ 국·영·수는 입시에서 언제나 반영비율이 높을 뿐만 아니라(영어가 절대평가화 됨에 따라 영어는 이러한 경향에서 배제되고 있는 분위기이긴 하다) 탐구영역 학습의 기본 토대가 되기 때문이다. 1, 2학년 때는 탐구영역보다는 국·영·수에 주력하되, 탐구 과목은 학교 수업을 잘 들을 필요가 있다. 학교 수업을 들으면서 주요개념을 정리하고, 모의고사와 내신시험의 문제를 오답 노트에 반영하면 시간을 절약할 수 있다. 물론 여력이 되는 경우 탐구영역을 미리 선정하여 인강을 들어놓으면, 기본서로 내신을 동시에 준비할 수 있는 이점이 있다. 국·영·수 세 과목이 안정적인 궤도에 오르면 탐구영역 공부의 밀도를 높이면서 마지막 전력질주가 가능하게 된다.

38. 정평 있는 기본서 한 권과 기출문제, EBS만으로도 사실 학습량은 충분하다. 중요한 것은 한 번만 보아서는 안 돼고 여러 번 봐야 한다는 점이다. 여러 번 보면서 틀린 문제를 해결하고, 어려운 개념을 이해해야 하는 것은 당연하다. 나아가 맞힌 문제의 선지라도 해설지를 통해 오해한 부분이 없는지 확인한 뒤 이상이 없으면 지워버리고, 참고사항이 있다면 반드시 기본서나 오답 노트에 단권화하는 과정을 거쳐야 한다. 공부를 잘하기 위해선 꼼꼼함과 부지런함 속에서 번거로움을 감당할 수 있어야 한다. 지나치게 비효율적이지 않다는 전제에서.

39. 2020학년도 기준 고3 수험생활을 요약해 보면 '수능 연계교재(『수능특강』, 『수능완성』)를 공부하면서 1, 2학년 때 만들어 놓은 기본서 및 오답 노트를 복습하는 시기'라고 할 수 있다. 고3학년의 중간, 기말시험은 대부분 연계교재를 시험범위로 한다. 모의고사는 거의 매달 치르게 되며(학교마다 다르다), 기출문제 또한 틈틈이 정리해나가야 한다.

40. 명문대에 합격한 멘티들은 연계교재를 최소 2번 이상 보았다고 이야기한다.[55] 『수능특강』 등 EBS 교재 및 관련 강의의 질에 대해서는 이견이 있다. 모든 문제를 풀고 이해해야 한다는 압박감을 가질 필요는 없으나 선생님이나 선배의 도움이 필요한 부분이다. 평가원·교육청 모의고사에 나왔던 지문은 수능에 나오지 않는 경향이 있으니 EBS 연계교재를 볼 때 감안하여 공부하도록 하자.

41. 수능시험 직전 일주일에 어떤 공부를 할 것인지 미리 계획을 세우고 철저하게 맞춰야 한다. 주로 기본서와 오답 노트로 복습을 하면서 사이사이에 EBS 파이널 모의고사나 사설 봉투 모의고사 풀이를 배치하는 경우가 많다. 해당 년도 신유형 문제는 특히 유념해서 보도록 하자.

42. 모의고사(전국연합학력평가) 기출문제는 일반적으로 평가원 및 수능 문제가 제일 좋다. 다음 서울·경기 교육청 출제 모의고사가 낫다는 평이 많다. 일반교육청 문제나 사설 모의고사 문제, 심지어 EBS 문제도 호불호가 갈린다. 수능보다는 평가원이, 평가원보다는 교육청이 더 실험적인 문제를 낸다는 평가도 있다. 이런 문제들은 연습용으로 좋다. 모의고사 기출문제를 볼 시간이 부족한 경우에는 수능 기출문제라도 볼 것을 권한다. 사설 모의고사의 너무 지엽적인 문제는 크게 신경 쓰지 말

자. 참고 자료 정도로만 활용하도록 한다. (성적이 중하위권이거나 학습량이 부족한 상황이라면 이러한 판단이 쉽지 않을 것이다. 선생님이나 주변의 친구에게 조언을 얻도록 한다.) 기출은 최소 10년 치, 평가원 모의고사는 6월이나 9월분 5개년 치 정도를 풀어보도록 하자. 최소 3회독 이상 하길 권한다. 1회독은 시간을 정확히 지키며 풀고, 2~3회독은 꼼꼼하게 근거를 찾아가며 체크된 것 위주로 복습한다. 단순실수인지, 접근 자체가 어려웠던 것인지, 개념을 오해한 것인지 등을 문제에 표기하면 복습할 때 우선순위를 정해 학습할 수 있다.

43. 평가원 문제가 그해 수능 난이도의 기준이라고 해마다 전가의 보도처럼 등장하지만 '불확실한 일기예보'의 수준이라고 보면 된다. 비슷하면 다행이고 아니면 어쩔 수 없는, 미안하게 된, 하지만 뭘 해줄 수 없는 그런 정도의 것이다. 사실 점수를 통해 객관적으로 측정된 난이도와 수험생의 체감난이도 사이에 상당한 갭이 있기 때문에 이러한 예측은 처음부터 어렵다. 그리고 쉽다고 해서 쉬운 것만 찾아 공부할 수도 없고, 어렵다고 해서 얼마 안 남은 시점에서 뾰족한 수가 생기는 것도 아니다. 따라서 학생들이나 학부모가 여기에 너무 과하게 반응할 필요는 없다. 기본기를 탄탄히 쌓은 뒤, 기본서와 기출문제를 충실히 공부하고 단권화하여 반복하는 수밖에 별 도리가 없다고 생각한다. 복잡해 보일수록 단순하게 가라.

44. 질문 노트를 따로 만드는 학생도 있다. 모르는 내용의 요점을 적어두고 그에 대한 (선생님의) 답을 따로 정리하는 것이다.

어떻게 성적을 유지할 것인가

1. 어쩔 수 없는 경우가 아니라면 수면 시간을 줄이기보다 깨어있는 시간을 최대한 활용하라. 시험 3개월 전부터는 철저히 수면 조절을 해야 한다. 급한 마음에, 시험에 임박해서도 새벽까지 공부하는 경우가 있으나 결과가 좋은 경우를 많이 보지 못했다. 의외로 손실이 많은 생활 유형이다.

2. 합격 수기를 무턱대고 믿거나 신성시하기보다는 참고 자료로만 여기도록 하자. 합격 수기에 삶의 모든 측면이 다 담겨 있지 않다. 합격 수기를 쓴 합격생은 기본기, 성격, 생활 태도 면에서 여러분과 완전히 차원이 다른 사람일 수도 있다. 다른 사람들의 공부법은 참고만 하자.

3. 의지력도 근육처럼 훈련시키고 단련할 수 있다. 마치 웨이트 트레이닝과 같다. 바로 무거운 무게로 운동하지 않듯, 공부도 처음에는 최대한 낮은 목표를 세우고 목표를 달성해 나가면서 서서히 강도를 올려보도록 하자. 하루 10분 공부, 영단어 한 개에서 시작하는 경우도 봤다.[56]

4. 수업 시간도 적극적인 학습의 시간이 되도록 하라. 쉬는 시간에, 집에 가서, 시험 기간에, 나중에 정리하겠다는 생각은 금물. 바로 지금 하라. '나중'은 없다. 수업 시간에 주요 개념 단 하나라도 입으로 말하고 기억하려고 노력해보자. 필자가 서울대에서 공부하며 느꼈던 가장 인상적인 부분도 동기나 선후배의 이러한 적극성이었다. 우수한 학생들이어서 그런 것이었는지, 이해하고 말겠다는 승부욕 때문인지 명확하지는 않다. 그런데 이렇게 적극적으로 덤벼들어 이해하고 정리하는 방식이 의외로 시간을 상당히 아껴준다.

5. 인강을 듣다가 게임을 하거나 웹툰을 보거나 웹서핑을 하는 경우가 많다. 공부에 전념하고 싶다면 가급적 컴퓨터를 거실에 두고 '열공백배' 같은 차단 프로그램도 사용해보자. ('구글 패밀리링크'처럼 부모가 모바일 사용을 직접 제한할 수 있는 어플도 있다.) '욕망'과의 싸움은 패배할 확률이 높다. 싸움 자체를 거부하라. 너무 자신을 믿지 말자.

6. 집중력이 떨어질 때는 공부하는 과목, 방법, 장소에 변화를 주자. 독서실이 갑갑하다면 카페에서 잠깐 공부를 해도 좋다. 쉬는 시간에 잠깐 자는 잠은 활력을 준다. 학교에서 돌아와 20~30분 정도 휴식을 취하며 잠을 자는 것도 괜찮다. 그 이상이 되지 않도록 조심하자. 학교에서 돌아와 2시간 이상 잠을 자는 생활이 반복된다면 공부를 안 하거나 공부가 안 되는 상황이라고 확신해도 좋다.

7. 휴식 시간에는 준비운동과 스트레칭을 꼭 하자. 눈의 긴장도 풀어주고, 음악도 듣고, 차도 한 잔 마시도록 하자. 휴식 시간은 10분을 넘기지 않는 것이 좋다.

8. 학교나 학원의 쉬는 시간은 이렇게 활용될 수 있다. 예습 복습의 시간, 쪽잠의 시간, 친구들과 어울리면서 인싸가 될 수 있는 시간. 그날의 컨디션과 직전 수업 시간, 다음 수업 시간을 고려하여 예습 복습을 할지, 잠깐 눈을 붙일지 융통성 있게 계획하도록 하자. 쉬는 시간 동안 잠깐 수면을 취하는 것은 활력을 준다. 명문대에 진학한 선배들 합격 수기에 나오는 단골 코멘트이다. "잠을 줄이면서 공부했어요. 쉬는 시간까지 바짝 긴장하며 공부했어요"는 트렌드가 아니다.

9. 7~8월이 되면 수시 준비를 하느라 9월 모의고사에서 성적이 많이 떨어진다. 이때 루틴의 중요성이 부각된다. 고3 6월~9월 사이에는 자리만 지켜도 대학간다. 10월이 되면 6월~9월에 낭비한 시간이 얼마나 귀중한 시간이었는지 절감하게 된다.

10. 늘 같은 장소에서 공부할 것인가, 장소를 옮기면서 공부할 것인가. ① 집중력을 극대화할 수 있는 장소 한 곳, ② 컨디션이 안 좋거나 공부를 할 마음이 선뜻 나지 않을 때 당장 공부를 시작할 수 있는 장소 한 곳을 마련하는 것이 필요하다. 접근성이 좋고 냉·난방 시설이 잘 갖춰졌으며, 끼니를 적시에 해결할 수 있는 곳으로 선택하자. "앉은 자리에서 도닦는다"는 말처럼 같은 장소에서 공부하는 것은 분명 목표 달성에 유익하다. 그러나 지치고 힘들다면, 가끔 새롭고 신선한 자극을 주도록 하자. 다음은 학생들이 흔히 공부하는 장소이다.

	장점	단점
집	• 편안한 공간	• 편안하게 휴식을 취할 가능성 • 집중하기 어려울 수 있다
학교 자습실	• 이동시간 단축 • 비용이 들지 않는다	• 피로 누적 • 친구
독서실	• 몰입도 좋음 • 개인 사물함, PC 등 편의시설	• 잠으로 몰입할 가능성 • 비용 • 친구 • 와이파이의 유혹
도서관	• 공부할 수밖에 없는 분위기	• 소음 • 이동시간 • 친구
카페	• 갑갑하지 않다	• 소음 • 딴짓할 가능성 • 와이파이의 유혹
스터디 카페	• 공부에 몰입할 수 있는 환경	• 친구 • 비용 • 와이파이의 유혹

11. 아침 자습 시간, 쉬는 시간 10분, 점심시간에 남는 시간에 대해 진지하게 분석해보자. 이 시간들만 합쳐도 대략 하루에 1시간이 조금 넘는 시간이 나온다. 이 시간에 어떤 루틴을 돌릴 것이냐가 큰 차이를 가져온다. 잠깐 엎드려 자거나, 한두 과목 정도의 예습 복습, 비문학 연습이라도 끝낼 수 있도록 루틴을 만들어보자. 인싸가 되기 위해 이 시간을 불가피하게 친구들에게 할애할 수밖에 없는 경우가 있긴 하지만 융통성 있게 활용하자. 이와 같은 자투리 시간을 알차게 사용하면 영단어 암기나 오답 노트 복습과 같이 정신적인 에너지의 소모는 적으면서 놓쳐서는 안 될 루틴을 꾸준히 해나갈 수 있다. 하지만 흔들리는 버스에서까지 너무 애쓰지는 말자.

12. 예습이든 복습이든 일부를 학교에서 마무리할 수 있다면, 방과 후에 많은 시간을 확보할 수 있다. 학교에서 끝내려고 해보자. 뭔가 열심히 사는 느낌도 준다.

13. 공부로 바쁘더라도 진실된 친구 관계를 유지하도록 하자. 좋은 자료를 공유하는 넉넉함도 갖추자. 애써 보답받으려 하지 말고 다 덕이 된다 생각하자. 나에게 다 돌아온다. 고등학교만 떠나면 다시는 안 봐도 되니 어떻게 되든 상관 없다고 말하는 친구들이 있다. 이 친구들을 볼 때마다 소설가 파울로 코엘료의 말을 한 번 씩 해주곤 한다. "세상에는 바라는 것을 열심히 구하다가 얻게 되면 꽁무니를 빼는 그런 사람들이 있습니다. 그런 사람이 되지 마세요." 내 눈 앞에 놓인 만남과 인연은 다 나에게 주어진 숙제다. 이번에 해결하지 못하면 대학에서, 군대에서, 직장에서 더 고난도의 문제로 만나게 된다. 입시가 끝이 아니다.

14. 방학이 생각보다 짧다. 욕심을 버리자. 한 과목이라도 제대로 정리할 수 있었다면 다행이라 생각하자.

15. 책상에 앉아서 공부하는 시간을 반드시 일정하게 지킬 필요는 없다. 인간이 집중할 수 있는 생리학적 한계 시간은 90분 정도라고 한다.[57] 그렇지만 3시간 이상 집중해서 공부할 수 있는 학생이 있는가 하면, 50분 공부하고 10분을 꼭 쉬는 공부를 하고서도 서울대에 진학한 학생도 있다. 컨디션과 집중력, 학습 방법은 사람마다 다르고 또 날마다 다르다. 엉덩이가 가벼운 학생의 합리화 수단이 되어서는 안 되겠지만 자기 스타일을 찾는 것이 좋다. 오랜 시간 집중하지 못한다고 해서 자신이 공부에 어울리지 않는다고 쉽사리 단정해서는 안 된다. 고정관념에 시달리지 말자. 20분 공부하고 10분을 쉬되, 그날 하루를 공부로 채울 수 있었다면 안 하는 것보다는 낫지 않은가. 코스별로 강약을 조절하는 마라토너와 같이 공부하는 것이 좋겠다. 집중이 잘 될 때는 공부의 밀도를 높이고, 그렇지 않을 때에는 '공부의 전체 리듬' 자체가 흐트러지지 않게 책상에 앉는 시간을 짧게 끊어가며 조절하는 능력이 곧 공부지능이다.

16. 아무리 생각해도 어떤 전공을 선택해야 할지 판단이 서지 않는다면 머리에 떠오르는 대로 원하는 전공을 브레인스토밍 해보자. 그 후 우선순위에 따라 배치를 하는데 타인의 시선이나 돈, 미래 전망으로 인해 선택한 전공이라면 가급적 후순위에 두도록 한다. 물론 돈과 타인의 시선이 인생 최고의 가치라면 앞에 두어야 할 것이다. 1~3 순위에 해당하는 전공 분야로 자기소개서나 미래 일기를 써보도록 한다. 만약 글이 잘 전개되지 않는다면, 어떤 저항감 때문이거나 관련 정보가 너무 부족하기 때문일 수 있다. 저항감 때문이라면 소거하고, 정보 부족이라면 보충하도

록 한다. 그렇게 작성한 미래일기나 자기소개서를 친구, 부모님, 선생님 등 신뢰할 만한 사람에게 보이고 가장 자연스러워 보이는 글을 골라달라고 부탁해보자. 미래 일기 등에서 저자인 본인이 어떤 가치를 제일 중요하게 생각하는 것처럼 보이는지 물어봐도 좋다. 이 정도 품은 들여야 한다. 가장 자연스러운 글에 따른 전공, 자신이 내면으로 생각하는 가치와 독자에게 드러난 가치가 일치하는 전공을 선택하는 것이 좋다. 정보를 찾고 조언을 얻다 보면 전과 시스템이나 복수전공 제도를 통해 꿈을 이루기 위한 다양한 경로가 보이기도 한다.

17. 동기부여나 하고 싶은 일을 찾아야 한다는 생각에 너무 연연하지 말자. 물론 있으면 좋긴 하다. 그러나 어른들도 늘 헷갈린다. 나이를 먹고도 끊임없이 꿈을 찾고 방황하는 사람들이 많다. 어떤 면에서는 그게 삶의 본질이기도 하다. 찾아도 나오지 않으면 하루하루 열심히 살아보자. 이 책에서 제시한 방법대로 연습하고 훈련하면서 기다리자. 당신이 꿈을 찾지 못하면 꿈이 언젠가 당신을 찾아올 것이다. 열린 자세로 힘을 빼고 기다리면서 세상이 주는 단서를 잘 포착하기만 하면 된다.

알아두면 쓸모있는 영역별 TIP

국어영역

1. 2학년 1학기까지 화법·작문·문법, 고전문학(운문/산문), 현대문학(운
   문/산문)의 기본강의를 학원, 인강, 과외 등의 방법으로 완료하라. 동시
   에 국어어휘 공부와 비문학 연습을 데일리 루틴으로 계획하라. 1학년 때
   는 1학년 기출 모의고사를, 2학년 때는 2학년 기출 모의고사를 풀고, 2학
   년 9월부터는 3학년 기출문제를 풀어나가도록 계획한다. 참고로 개정 교
   육과정상 국어영역은 다음과 같이 변화한다.

2020학년도	2021학년도	2022학년도
1. 화법과 작문 2. 독서와 문법 3. 문학	1. 화법과 작문 2. 언어(≒문법) 3. 독서 4. 문학	1. 화법과 작문(선택) 2. 언어와 매체(선택) 3. 독서(필수) 4. 문학(필수)

2. 1학년 때는 국어영역의 개요를 알 수 있는 인강을 듣는 것이 좋다. 추천 인강은 다음과 같다.

과목	강사	인강 사이트	특징
개념 강의	윤혜정	EBS	• 강좌명 〈개념의 나비효과〉 • 입문강의의 스테디셀러
	김동욱	메가스터디	• 강좌명 〈수능국어는 김동욱 입니다〉
단권화용 종합 강의	유대종	메가스터디	• 라이징스타
	김동욱	메가스터디	• 수능 비문학의 어머니
	권규호	이투스	• 꾸준한 명성 • 스피디한 전개

3. 국어영역은 성적이 잘 오르지 않는다. 그만큼 1학년 때부터 꾸준히 공부하면서 공을 들여야 한다. 이렇게 오른 성적은 한 번 궤도에 오르면 잘 내려가지 않는다. 중요 개념어, 문제풀이 과정에서 등장하는 여러 가지 어휘, 사자성어와 속담은 철저히 암기해야 한다. 그러나 궤도에 오르더라도 학습량을 줄이게 되면, 어느 순간 부족한 학습량이 누적되어 '급락' 하는 것이 인생의 소소한 진리.

4. 문학작품을 너무 수험의 관점에서만 접근하는 것은 한계가 있다. 딱딱하게 공부하지 말고 읽고, 느끼고, 때론 써보도록 하자. 방학을 이용하여 고려대 국문과 김흥규 교수의 『한국 현대시를 찾아서』와 같은 책을 읽어볼 것을 추천한다. 문학 작품에 대한 공감 능력, 비문학 지문의 정보들을 누적적으로 공부하고 이해해온 역량이 쌓여야 4점 짜리 문제를 풀 수 있다.

5. 현대문학의 경우, 작가의 특징을 외우고 문제를 거기에 끼워 맞춰 풀다보면 틀리는 경우가 있다. 2020학년도 『수능특강(문학)』 수록 작품인 '나의 침실로' 이상화 시인을 예로 들어 보자. 이상화 시인은 1920년대 초기까지 낭만주의적 경향을 띠어서 이 작품처럼 절망적이면서도 탐미적인 시를 많이 썼다. 그러나 1924년경을 고비로 식민지하의 민족 현실을 직시한 '빼앗긴 들에도 봄은 오는가'와 같은 작품으로 방향 전환을 하게 된다.[58] 이처럼 작가의 특징은 참고 요소일 뿐 결정적인 해석 지침이 되지 않는다.

6. 산문문학에서 인물이 나오면 동그라미를, 사건을 전환시키는 배경이나 소품이 등장하면 네모, 특히 부정적인 인물형이나 소재에는 세모 표시를 하자. 등장인물의 정서와 태도가 나오는 부분에 밑줄을 긋거나 괄호 표시를 하자. 비문학 문제풀이 시 등장인물에 동그라미, 숫자와 접속사에 세모(순접), 역세모(역접), 주요개념에 네모나 개념껵쇠 표시를 하자. 부등호()),〈)와 화살표의 상승하락(↑↓), 인과관계(→ ←), 대립(↔), 그리고 집합기호(⊂, ∩)를 사용하면 유용한 경우가 있다. 특히 비문학에서 접속사 부분이 중요한 것은 내용적인 반전이 일어나기 때문이다.

7. 극문학과 수필은 한 시험에서 함께 나오지 않는다는 얘기가 있다. 그러나 이런 말은 참고만 하자. 그렇다고 정리를 안 할 수도 없지 않은가.

8. 고전문학은 정확한 해석과 발음에 너무 연연하지 말자. 주제가 전형적이므로 주제를 먼저 파악한 후, 긍정적인 제재와 부정적인 제재를 구분하는 데에 주력하도록 한다.

9. 연계교재는 문제보다 본문의 내용 자체가 중요하다.[59] 답지도 꼼꼼하게 읽으며 정리할 필요가 있다. 특히 문학이 그렇다. 평가원 문제에 비해서는 문제의 질이 다소 떨어진다는 평이 많다. EBS 연계교재는 지문을 답지 등을 통해 최대한 정리하자. 평가원 문제는 문제의 유형 등과 정답을 찾아나가는 사고 과정도 정리할 수 있도록 하자.

10. 국어영역은 보통 화작문, 문학, 비문학(그 중에서 경제와 과학은 보통 맨 마지막)의 순서로 푸는 경우가 많다. 이 경우 화작문까지는 20분, 문학까지는 37분 정도에 끝내야 비문학을 충분히 풀 수 있다. (근래에 출제되고 있는 갈래복합 유형은 문학과 비문학 사이에 풀면 좋다.) 최근에는 화작문의 지문 길이가 길어지고, 비문학 문제의 지문이 비정상적으로 길어지고 있다. 각 파트를 몇 분 안에 끝낼지 평소 연습이 되어야 한다. 앞 파트에서 최대한 시간을 단축한 뒤, 비문학을 위한 시간을 확보하도록 하자. 비문학 지문이 어려워지는 경향으로 인해, 기출문제와 사설 모의고사 풀이를 어느 정도 끝낸 수험생 중 일부는 PSAT(공직적격성테스트)이나 LEET(법학적성시험) 시험 문제를 구해 푸는 경우도 있다.

11. 국어영역 '보기 제시형' 문제만 보면 치를 떠는 학생들이 있다. 의외로 보기가 주어지는 문제는 보기 속에 힌트가 있다. 답이 보이지 않으면 보기를 반드시 다시 한번 체크하라!

12. 국어영역 독서(비문학) 지문 중에는 좋은 글들이 많다. 다양한 소재를 접할 수 있는 독서의 기회로 활용하자. 대학 진학 후, 사회에 진출한 뒤에도 가장 큰 도움이 되는 것이 바로 비문학 지문 공부라고 할 수 있다.

13. 감을 잃지 않도록 매주 1~2회 정도 국어영역 문제를 풀 수 있는 루틴을 꼭 학습계획에 반영하도록 하자. 상위권 고3 또는 재수생 중에는 매일 모의고사 기출문제를 한 세트씩 풀고 리뷰하는 학생들도 있다.

14. '밑줄 친 단어' 의 의미를 묻는 문제들은 그 단어의 바로 앞뒤 문맥을 상세하게 볼 것. 답이 다 근처에 있다. 그럴 수밖에 없다. 금맥에서 황금을 캐듯, 문맥 안에서 답을 캐라. 그리고 대립적인 인물, 대립적인 시어, 대립적인 개념에 주목하는 연습을 하자. 문제 내기 딱 좋다.

15. 비문학이든 문학이든 오답인 선지는 너무 구체적이거나, 너무 포괄적이거나 아예 관련성이 없는 경우가 많다. 어떤 서울대 합격생은 합격 수기에서, 리뷰를 할 때 너무 구체적이고 지엽적인 경우에는 S(specific), 너무 포괄적인 경우에는 G(general)라고 표기하였다고 하는데 참고할 만하다.[60] 내용과 무관한 선지는 IR(irrelevant)이라 표기해도 좋겠다. 가~다에 각각 특정 작품을 제시하고, 각각의 공통점을 비교하는 문제는 선지 옆에 가, 나, 다를 써놓고 하나하나 비교하여 푸는 연습을 해야 한다. 국어영역 선지 중에서 선지의 전반부는 맞고, 후반부의 내용은 틀린 형태로 오답을 유도하는 경우가 많다.

16. 비문학 지문의 코렉트 문제(일치/불일치 문제)는 ①~⑤ 선지와 각 문단이 대응되는 경우도 있지만 그렇지 않은 경우도 있다. 리뷰할 때 밑줄 치고, 해당 내용에 문제 번호와 선지 번호를 같이 적어놓는다. 가령 코렉트 문제 16번의 ④ 선지였다면, 관련 내용을 지문에서 찾아 형광펜으로 밑줄 그은 후, '16-④' 라고 적어놓는다. 그리고 지문에서 약간 멀리 떨어져서 선지와 본문의 내용이 어떻게 대응되는지 전체적으로 조감한다.

영어영역

1. 영단어 공부가 먼저다. 그런데 의외로 많은 학생들이, 2학년 말까지 영단어 책 한 권을 제대로 공부하지 못한다. 학원이나 과외가 바뀌면서 교재가 바뀌고, 공부 좀 할만하면 내신시험으로 흐름이 끊기기 때문이다. 2학년 말까지 한 권의 영단어 교재를 10회독하자. 처음에는 중심의미 하나만 외워도 된다. 회독수를 늘려가며 부수적 의미 역시 함께 외우고 유의어와 반의어도 정리하도록 한다. 이때 여력이 되면 예문까지 꼼꼼하게 읽어보도록 하자. 어근과 접사를 공부하면 기본 어휘력을 형성하는 데에 유리하다. 처음 보는 단어라도 어근을 분석해서 뜻을 유추하는 것이 쉬워진다. 하위권의 경우에는 단어만 확실히 잡아도 3, 4등급은 나온다. 엄선한 영단어 책과 거기에 수반되는 지문 중심으로 공부하도록 한다. 『능률보카 어원편』, 『경선식 영단어(수능)』, 『어휘끝』 등은 많은 학생들이 보는 좋은 책이다. 『능률보카 어원편』은 영어 어근과 접사를 익히기에 좋다. 『경선식 영단어(수능)』은 암기 예문을 통해 장기기억을 활용하여 영단어를 암기하는 법을 보여준다. 『어휘끝』은 다소 어려운 편이나 유의어와 반의어 등을 깔끔하게 잘 정리해 놓았다.

2. 추천인강은 다음과 같다.

과목	강사	인강 사이트	특징
문법 강의	전홍철	커넥츠스카이에듀	• 쉽고, 빠르고, 간결한 강의
수능대비	조정식	메가스터디	• 수능영어의 양대 산맥
	이명학	대성마이맥	• 수능영어의 양대 산맥

3. 영문법은 시험에서 차지하는 비중은 낮지만 정확한 독해를 위해 필요하다는 것은 두말할 나위가 없다. 1, 2학년 때 기초를 쌓아야 하지만 너무 압박감을 받을 필요는 없다. 문법의 전체 그림을 잡는 기본서로 Roy Hwang 선생님의 『V6 English』를 추천한다. 영어 해석은 결국 주어와 동사를 찾는 것이 시작이자 끝이다. 동사는 시제와 태에 맞게 정확히 해석해야 하는데 이 책은 그러한 점을 잘 짚어주고 있다. 분량도 적어서 예제를 풀면서 빠르게 여러 번 읽어볼 수 있다는 장점이 있다. 수능 기출 문법만을 빠르게 공부하고 싶다면 오르비북스에서 나온 최석호 선생님의 『절대어법』을 추천한다. 수일치, 능동과 수동, 관계사, 준동사, 전치사+명사, 의문대명사, 의문부사, 복합관계대명사, 복합관계부사, that의 여러 가지 용법, 가정법 등이 자주 나온다. 이렇게 문법을 정리하고 수능 기출 지문을 중심으로 해석을 해 나가는 공부가 더 바람직해 보인다.

4. 발음기호 공부는 필수다. 익히자. 영단어를 공부할 때 음원 파일도 꼭 듣자. 강세도 유념해서 들어야 한다. 세 번 정도 반복해서 들으면 좋다. 참고로 어렵기로 악명 높은 서울대 TEPS 시험에서 만점에 가까운 성적을 받은 중국어과 후배가 해준 말이 있다. "형, 제 영어 공부는 음원 파일을 듣기 전과 후로 나뉘어요." 처음 들을 땐 눈으로 영단어를 보면서 듣는다. 두 번째 들을 때에는 귀로만 듣는다. 세 번째에는 귀로 들으며 반박자 늦게 따라가는 기분으로 셰도잉(작은 소리로 따라 읽기)을 한다. 그리고 중요 표현은 듣기 스크립트를 확인한 뒤 오답 노트에 정리한다. 영어는 읽기, 듣기, 쓰기, 말하기 공부가 균형을 이루어야만 1등급의 문이 열린다는 점을 명심하라. 상위권 학생들의 경우 TEPS나 TOEFL 듣기, 독해 문제를 공부하기도 한다.

5. 영어영역의 문제당 풀이 시간은 맥시멈 약 90초이다. 그 이상을 소모하면 다른 문제는 날릴 수 있다. 시간이 부족하다 보니 듣기 평가 때 틈을 이용해 독해 문제를 푸는 학생들이 있다. 능력이 되면 해도 좋지만, 듣기 문제를 놓치거나 호흡이 흐트러짐으로써 위험할 수도 있다.

6. 영어영역은 체감연계율이 가장 높다. EBS『수능특강』 및 『수능완성』은 수능 시험장까지 가져가야 한다. 특히 『수능특강』은 문법과 어휘 공부가 어느 정도 되었음을 전제로 2학년 때 미리 한번 풀어볼 것을 권한다. 모의고사나 기출문제 등과 더불어 정확히 독해하면서 다음의 방식으로 정리하는 연습을 해보자.

7. 고3의 경우 EBS 연계교재를 수업 시간에 주교재로 사용하는 학교가 많다. 수업 전에 미리 풀어놓도록 한다. 수업 시간에 선생님 설명을 듣게 되면 아까운 문제들을 날리는 꼴이 된다.

① 날짜를 쓰고 문제를 푼다. 1분 15~30초 이내에 푼다.

② 정답을 확인하고 리뷰를 한다. 틀린 이유를 분석하고 그 이유를 '오답노트'나 교재 여백에 메모한다.

③ 모르는 단어나 표현을 찾아 교재 밑에 초록색 펜으로 메모하거나 '오답노트' 어휘 정리 양식에 옮긴다.

④ 정답을 찾는 데에 있어 정보 가치가 제일 높았던 문장을 찾아(반드시 주제일 필요는 없다) 형광펜으로 밑줄을 긋는다.

⑤ 접속사에는 파란색 펜으로 세모 표시를 한다. 순접이나 결과는 △, 역접은 ▽ 식으로 구분하면 좋다.

⑥ 해석이 어려운 문장이나 어려운 문법 요소는 빨간펜으로 밑줄을 긋고 표시해둔다. 주어와 서술어에는 S, V 등으로 표시를 해둔다. 이러한 문장을 '오답노트'에 옮겨 놓으면, 나중에 워밍업용 문장으로 활용하기에 좋다.

⑦ 주제를 우리말로 적고, 키워드도 한 단어로 뽑아놓는다.

⑧ 소리내어 세 번 읽는다.

8. 내신시험에는 교과서와 모의고사 지문을, 수능에서는 EBS 연계교재를 변형하여 문제를 출제한다. 따라서 원래 지문에 변화를 준 다양한 형태의 문제를 확보하는 것이 중요하다. 황인영 영어카페(https://cafe.naver.com/malijangq2)에서 풍부한 자료를 제공하고 있으니 감사한 마음으로 활용해볼 것.

9. 빈칸 부분은 글의 주제 문장에 해당하거나, 글의 흐름이 바뀌는 부분일 수 있다. 추론문제는 다양한 유형으로 변형이 쉽기 때문에 연계가능성이 제일 높다.[61]

10. 마음이 급하다고 독해 문제를 양치기하는 것은 한계가 있다. 감을 유지하기 위해 하루에 2~4지문 정도는 루틴으로 꼭 풀어야 한다. 영어 지문도 완결된 글이므로 주제 파악과 글의 구조를 분석하는 능력이 선행되어야 한다. (국어영역 비문학 독해 연습의 중요성은 여기까지 이어진다.) 답지와 비교하여 정확하게 해석하면서 어휘와 구문을 정리하고, 단어는 자투리 시간을 활용해서 암기하도록 한다. 눈으로만 외우지 말자. 손으로, 입으로, 온몸으로 외우자.

11. 영단어 단어장은 모의고사나 내신 등급이 적어도 4등급 이상 정도 되면 만들도록 하자. 성적이 이에 못 미친다면 출제되었으나 기억하지 못했다는 표시를 영단어 교재에 '바를 정(正)' 자로 해나가면서 보는 편이 낫다.

12. 좋은 기출 구문들을 모아놓은 책으로 『천일문』 시리즈와 남조우의 『제대로 독해잡는 문법구문 세트』를 추천한다.

13. 이상적인 독해는 물론 끊어읽기가 아닌 직독직해이다. 그러나 어려운 지문들은 끊어읽기든 직독직해든 다 동원해야 한다. 그렇게 해석을 해도 난해한 글들이 최근 모의고사에서 많이 출제되고 있다. 다음 예문을 한 번 해석해보자.

Not all Golden Rules are alike; two kinds emerged over time. The negative version instructs restraint; the positive encourages intervention. One sets a baseline of at least not causing harm; the other points toward aspirational or idealized beneficent behavior. While examples of these rules abound, too many to list exhaustively, let these versions suffice for our purpose here: "What is hateful to you do not do to another" and "Love another as yourself." Both versions insist on caring for others, whether through acts of omission, such as not injuring, or through acts of commission, by actively intervening. Yet while these Golden Rules encourage an agent to care for an other, they do not require abandoning self-concern altogether. The purposeful displacement of concern away from the ego nonetheless remains partly self-referential. Both the negative and the positive versions invoke the ego as the fundamental measure against which behaviors are to be evaluated.

— 2020학년도 6월 모의평가 영어영역

수학영역

1. 기본서를 빨리 한 번 보는 것이 관건이다. 기본서는 기본개념에 대한 상세한 정리와 함께 예제와 유제를 실어놓은 책으로 정의하도록 하자. 최근에는 정석이나 개념원리를 보기보다는 학원이나 인강의 교재를 기본서로 삼는 경우가 많다. 기본서와 오답 노트는 막판까지 가져갈 책이다.

2. 추천인강은 다음과 같다.

강사	인강 사이트	특징
현우진	메가스터디	이과 수학
한석원	대성마이맥	·
정상모	스카이에듀	킬러문항의 킬러
정승제	이투스	문과 수학
신승범	이투스	·
이창무	대성마이맥	·

3. 총 30문제가 나온다. 1~21번은 오지선다형이고, 22~30번은 단답형이다. 쉬운 문제로 워밍업을 하고 어려운 문제(21번, 29번, 30번)는 일단 넘어갔다가 다시 돌아와서 풀도록 한다.

4. 고2 겨울방학 때까지 수 1, 수 2, 기하와 벡터, 적분과 통계 기출 다 풀고 오답 노트까지 다 만들어 놓는 학생도 있다. 고3 때는 수 1, 2, 미적분, 확률과 통계, 기하와 벡터(이과라면)를 모두 풀 수 있는 방향으로 계획을 세우자.[62]

5. 2015년 수학교과 과정은 '수학/수학 1, 수학 2 /확률과 통계/미적분 /기
   하' 로 구성된다. (2022학년도에는 수능시험 문이과 통합. 2009 교육과
   정의 수학 1과 2015 교육과정의 수학 1은 다른 과목임!)

2009 개정 교육과정		2015 개정 교육과정	
수학 1	1. 다항식 2. 방정식과 부등식 3. 도형의 방정식	수학	1. 다항식 2. 방정식과 부등식 3. 도형의 방정식 4. 집합과 명제 5. 함수와 그래프 6. 경우의 수
수학 2	1. 집합과 명제 2. 함수 3. 수열 4. 지수와 로그		
		수학 1	1. 지수함수와 로그함수 2. 삼각함수 3. 수열
미적분 1	1. 수열의 극한 2. 함수의 극한과 연속 3. 다항함수의 미분법 4. 다항함수의 적분법	수학 2	1. 다항함수의 극한과 연속 2. 다항함수의 미분법 3. 다항함수의 적분법
미적분 2	1. 지수함수와 로그함수 2. 삼각함수 3. (초월함수의) 미분법 4. (초월함수의) 적분법	확률과 통계	1. 순열과 조합 2. 확률 3. 통계
확률과 통계	1. 순열과 조합 2. 확률 3. 통계	미적분	1. 수열의 극한과 급수 2. (초월함수의) 미분법 3. (초철함수의) 적분법
기하와 벡터	1. 평면곡선 2. 평면벡터 3. 공간도형과 공간벡터	기하	1. 이차곡선 2. 평면벡터 3. 공간 도형과 공간좌표

2021학년도 수능과목 (2019년 3월 기준 고2)		2022학년도 수능과목 (2019년 3월 기준 고1)	
수학(가) 자연계	수학(나) 인문계	공통과목	선택(1과목)
수학 1 확률과 통계 미적분	수학 1 수학 2 확률과 통계	수학 1 수학 2	미적분 기하 확률과 통계

6. 수학에 집중하는 동안 다른 과목의 성적이 떨어지지 않도록 각별히 주의 하자. 수학의 반영비율이 크다 보니 전략적으로 수학에 많은 시간을 투입 하게 된다. 그 과정에서 국어와 영어를 놓치는 경우가 많다. 특히 국어는 성적을 올리는 데에 1~2년 정도의 꾸준하고 일관된 노력을 필요로 한 다. 학습계획을 수립할 때, 국어나 영어, 탐구 과목을 수학 공부 앞에 배 치하여 이러한 과목들을 루틴으로 돌릴 수 있게 계획하자.

7. 수학도 다른 과목과 마찬가지로 틀린 문제는 또 틀린다. 계산문제도 그러 하다. 반복해서 풀어보도록 하자.

8. 문제를 풀 때 잘 풀리지 않아도 20분은 고민을 해보자. 기본서나 진도 별·단원별 문제집을 풀 때는 다소 시간 여유를 가지고 문제를 푸는 것도 괜찮다. 기본문제와 유제까지는 정답을 참고하면서 정확한 틀을 잡는 것 이 중요하다. 연습문제부터는 최대 20분 정도의 시간을 두고, 생각하고 고민하는 힘을 기르도록 한다. 실전형 종합 문제집이나 모의고사 기출문 제를 푸는 경우에는 정해진 시간 내에 문제를 풀도록 하자. 단원별 문제 집은 비슷한 유형의 문제가 모여있어 개념을 익히고 패턴을 연습하기에 좋다. 실전형 종합 문제집은 단원 간의 연관성을 유기적으로 파악하고 실 전 감각을 익히기에 좋다. 진짜 실력은 시간제한을 두고 푼 실전형 기출 문제집의 성적이다.

9. 기본적으로 개념서, 고난도 문제집, 다소 쉬우면서 문제량이 많은 문제 집, 기출문제의 조합이 이상적이다. 일반적으로 학생들이 선호하는 문제 집은 다음과 같다.

	종류	특징
기본서	개념플러스 유형	• 비교적 쉬운 편임
	수학의 바이블	• 개념 설명이 상세함 • 문제는 많지 않은 편 • 별도 구매하는 답지가 괜찮다는 평
	개념 쎈	• 수능보다 내신에 초점 • 난이도 무난
	개념 원리	• 정석과 쌍벽을 이루던 기본서 • 단출한 구성에 해설은 너무 심플한 편
	수학의 정석	• 기본서로 무난하나 예전만큼의 명성이나 인지도는 아님
기출	자이스토리	• 학생 선호도 높으나 문제가 워낙 많아서 풀다가 지친다는 평 • 학력평가, 사설, 경찰대 문제 포함
	마플	• 자이스토리와 함께 기출 문제집의 쌍두마차 • 경찰대, 사관학교 문제들도 포함되어 문제는 자이스토리에 비해 더 많음
	너희들의 기출문제	• 평가원 기출 모음 • 깔끔하고 단출한 구성
	마더텅	• 진도별 / 연도별 • 자상한 답지
문제집	블랙라벨	• 난이도 최상 • 수능형에서 내신 맞춤형으로 옮겨가는 느낌이라는 얘기도 있음
	1등급 수학	• 난이도 상
	쎈	• 유형별, 난이도별 분류가 잘 되어 있다는 것이 장점 • 최근 가장 보편적으로 푸는 문제집 • 분류가 너무 잘 되어 있어 오히려 실전감이 떨어진다는 문제 • a, b 단계에 비해 c 단계는 난이도가 급상승 하는 느낌
	RPM	• 입문 또는 복습용
	올림포스	• 학교 부교재로 많이 쓰임
	라이트쎈	• 쎈 풀기 전에 가볍게

10. 기본개념 중에서 정리가 잘되지 않는 부분, 학교 수업이나 인강, 과외, 학원에서 얻은 꿀팁은 한 권에 모아 볼 수 있도록 오답 노트 개념정리 양식에 반드시 옮겨 정리하자.

11. 어려운 문제를 맞히는 것도 중요하지만 그 전에, 쉬운 문제를 빠르고 정확하게 푸는 연습이 선행되어야 한다. 어려운 문제는 누구에게나 다 어렵다. 마음이 급해지거나 힘이 들어갈 때 곱씹어 보자.

12. 학교나 학원 선생님이 풀이해주신 방법이 명쾌했다고 내 것이 되지 않는다. 그 풀이 과정을 다시 오답 노트에 옮겨적고, 고민해보고, 끙끙거리는 시간이 반드시 필요하다. 어렵게 배워야 오래 남는다.[63]

13. 수능 및 모의고사 기출문제는 개념학습용 교재가 아니다. 기본 개념을 숙지하려면 『수학의 정석』의 예제와 유제, 『개념원리』, 『수학의 샘』 등이 적절하다. 문제는 많고 비교적 쉬운 문제집이 좋다. 익숙해질 때까지, 정확한 계산과정을 익힐 수 있도록 연습장에 차분히 반복해서 풀 필요가 있다. 연습장에 풀지 않으면 계산과정에서의 실수를 찾아내기 어렵다. 더 쉽고 간단한 풀이과정과 비교하기도 어렵다. 고교 야구 선수는 하루에 스윙 연습을 1,000번까지 하는 경우도 있다. 999번째 스윙과 1000번째 스윙은 똑같은 것이 아니다. 곱씹는 연습이 되어야 한다. 쉬운 문제일지라도 진지한 마음으로 대해야 한다. 2학년 1학기까지 이런 방식으로 기본서를 끝내고 이후 기출문제를 정리해야 한다. 고3 겨울방학부터 시작하면 늦다. 그렇게 되면 3학년 때까지 기출 정리를 계속해야 하는데 연계교재를 내실있게 보기 어려워진다.

14. 시험장에서는 1~2분 정도 고민해보고, 해결의 단서를 찾을 수 없는 문제는 바로 넘어가야 한다. 다시 돌아와서 풀도록 한다. 역시 연습이 안되어 있으면 머뭇거리게 된다.

15. 고3 때 EBS 『수능특강』과 『수능완성』을 학교에서 부교재로 많이 사용한다. 체감연계율이 높은 편은 아니지만 문제를 미리 풀고, 개념을 정리하고 신유형을 파악할 수 있는 계기로 적극 활용하여 최소 3회독 이상할 수 있도록 하자. 봤다는 사실이 중요한 것이 아니고 3회독 이상 공부하였다는 것이 중요하다. 학교 수업 시간에 최대한 집중하고, 진정성 있게 정성을 다하는 학생들은 어떻게든 목표에 이르게 된다.

16. 3학년 때는 모의고사를 주기적으로 풀도록 하자. 다만, 수능 3개월 전에 그동안 공부한 내용을 반복해나갈 수 있도록 불필요한 문제는 지워나가고, 필요 없는 프린트나 과제는 쌓아놓지 말고 미리미리 정리하자. 문제풀이에만 연연하고 정리하는 과정을 거치지 않으면 결코 좋은 성적을 기대할 수 없다. (리뷰와 복습 없는 수학 양치기는 아, 의미없다!)

17. 문제집을 세 번은 반복해서 풀어보도록 하자. 급한 마음에 계속해서 새로운 문제만 찾는 학생들이 있다. 반복하지 않으면 풀어도 내 것이 아니다. 고등학교 과정의 수학은 암기라는 점을 부정할 수가 없다. 두 번째 볼 때는 틀린 문제만 보는데 맞췄더라도 찝찝한 부분이 있거나 풀이가 매끄럽지 못하면 다시 보도록 하자.

18. 다른 과목들과 마찬가지로 틀린 문제, 맞힌 문제, 찍어서 맞은 문제 모두 철저히 검토하자. 풀었으면 해답을 보자. 접근 방법이 같은지 다른지, 어

떤 풀이 과정이 쉽고 명료한지 비교해본다. 답지가 더 쉽고 명료하다면 벤치마킹을 하자.

19. 학원에 치이다 보면 중요 개념을 음미하면서 반복해서 풀이하지 못한다. 너무 많은 교재는 독이다. 교재를 압축하여 반복하는 것이 중요하다. 기본서와 오답 노트가 그래서 중요하다. 기본서와 오답 노트에 정리한 문제들은 풀이법이 바로 기억날 정도로 반복해서 풀어보라.

20. 인문계 상위권의 최종 결과는 결국 수학에서 판가름 난다.[64]

21. 수학도 개념이 정말 중요하다. 문제에 손을 못대는 경우, 수많은 개념 자체가 떠오르지 않아 단서를 못찾을 때가 많다. 개념의 맥락을 이해해야 하고, 수학의 여러 개념들이 어디에 배치되어 있으며, 순서는 어떠한지 목차를 떠올릴 수 있어야 한다. 1등급을 받는 학생들 중에서는 수학의 목차를 외우거나 개념지도를 그려보는 학생도 있다.[65] 기본서를 N회독을 한다는 것의 의미도 전체 개념을 반복적으로 연결하고 강화하는 작업이다. 이와 같은 방식으로 "개념은 이해하고 공식은 암기해야"[66] 한다.

22. 기본서 N회독. 2학년 말까지는 3회독에서 5회독까지 끝낼 것을 권유한다. 7회독 이상 본다면 불패다. 쉽지 않다.
    1회독: 기본-예제
    2회독: 기본-유제
    3회독: 기본-연습문제 홀수번
    4회독: 기본-연습문제 짝수번

23. 증명 문제를 꼼꼼하게 정리하는 것은 수학 실력 향상에 큰 도움이 된다. 정적분의 증명과정, 중간값의 정리, 평균값의 정리 등은 『숨마쿰라우데』나 『실력정석』의 개념 서술 파트를 책 읽듯이 읽어봤다는 서울대 합격생 선배의 합격기가 있었다. 오답 노트에 계산연습 용도로 한 번 정리해도 좋을듯하다.

24. 기본서와 문제집을 풀면서 기호와 메모를 적절히 사용하면 복습하는 과정에서 편리하다. 틀린 문제인 경우에도 단순 계산실수인지(V), 단서를 전혀 못찾은 경우인지(?), 공식이 틀린 경우인지(F)를 상세히 구별하자. 맞힌 문제의 경우에도 시간이 오래 걸리거나(T) 해설지와는 방향이 엉뚱하게 다른 경우(!), 질문을 통한 해결이 필요한 경우(Q)를 구별해본다. 너무 쉬운 문제는 엑스 표시 또는 동그라미 표시를 하도록 한다.

25. 수학은 학원, 인강 등의 수업을 들으며 기본서를 잘 만들어놓고 오답 노트를 꼼꼼하게 작성하면 내신준비에 적극 활용할 수 있다. 학교, 학원, 과외 등의 수업을 들으며 기본서에 빠진 부분을 오답 노트에 옮겨놓자. 학교 수업 시간은 개념을 익히고 심화시키는 시간이다. 선생님의 설명이나 시험 문제 중에 좋은 문제가 있으면 마찬가지로 오답 노트에 정리하도록 하자. 이때 오답 노트는 정리 노트의 기능을 동시에 하게 된다.

탐구영역

2022학년도부터는 [사탐+사탐·과탐+과탐] 조합에서 [사탐+과탐] 조합
이 가능해진다.

A. 사회탐구

1. 개념을 먼저 잡자. 기본강의를 듣고 기본서를 준비하라. 인강을 잘 활용
   하자. 맛보기 강의를 들어본 후 선택하면 좋다. 1타강사의 강의가 무난하
   나 오류가 있을 수 있고, 수능출제 시 1타강사의 강의를 저격해서 출제되
   었다는 말도 있다. 선배들이 추천하는 사탐 인강은 다음과 같다.

과목	강사	인강 사이트	특징
생활과 윤리, 윤리와 사상, 사회문화	이지영	스카이 에듀	교재 가독성↑ 전달력↑
	안상종	메가스터디	전달력↑↑
	임정환	대성마이맥	전달력↑
법과 정치 (2021학년도 부터는 정치와 법)	최적	이투스	
경제	문병일	EBS	
	김현중	스카이에듀	
한국지리	이기상	메가스터디	한국지리 최고의 강사
한국지리	최태성	이투스	전달력↑
	강민성	스카이에듀	전달력↑ 교재 가독성↑
	권용기	대성마이맥	분량 적고 전달력↑ 스피디하다.
	설민석	이투스	전달력↑ 교재 가독성↑

강사 선호도와 소속 사이트는 변동 가능성이 있음

2. 기본강의를 통해 기본서를 정리하고 기출문제 풀어보는 것이 기본이다.
   1학년 때 탐구영역 한 과목 정도는 미리 들어두자. 2학년 2학기까지 탐구
   영역의 정리가 끝난다면 매우 여유롭다.

3. 사회탐구영역 응시자 수: 한국교육과정평가원
- 비율(%)은 사회탐구영역 응시자에 대한 각 과목 응시자의 비율을 의미함
- 사회탐구영역의 경우 최대 2개 과목까지 선택 가능하므로 사회탐구영역
  응시자 비율의 합을 표시하지 않음
- 생활과 윤리 응시자 비율이 높고, 경제 응시자 비율은 낮음
- 작년 수능 대비 생활과 윤리 응시자 비율이 가장 많이 증가한 반면, 한국
  지리 응시자 비율이 가장 많이 감소함
- 올해 9월 모의평가 대비 사회 · 문화 응시자 비율이 가장 많이 승가한 반
  면, 경제 응시자 비율이 가장 많이 감소함

2019학년도						
선택 과목	6월 모의평가		9월 모의평가		수능	
	인원	비율	인원	비율	인원	비율
생활과 윤리	155,575	58.3	157,501	60.4	163,120	61.3
윤리와 사상	33,874	12.7	35,067	13.4	33,476	12.6
한국 지리	71,417	26.7	66,325	25.4	67,373	25.3
세계 지리	42,680	16.0	41,076	15.7	41,252	15.5
동아시아사	27,783	10.4	26,222	10.1	25,522	9.6
세계사	19,533	7.3	18,354	7.0	18,720	7.0
법과 정치	29,127	10.9	27,290	10.5	26,946	10.1
경제	9,543	3.6	7,511	2.9	5,452	2.0
사회·문화	140,890	52.8	139,506	53.5	149,904	56.3
응시자 수	266,985	–	260,834	–	266,301	–

4. 사회문화, 생활과 윤리, 한국지리, 윤리와 사상을 보통 많이 선택한다. 인원수 많은 과목이 표준점수, 백분위에서 유리하긴 하다. 너무 계산하기보다는 내신준비도 겸할 수 있으면서, 흥미있고 마음 가는 과목을 선택하면 좋겠다.

5. 사회탐구 영역은 교과서를 기본 베이스로 하여 출제된다고 하나 체감난이도는 전혀 그렇지 않아서 불가피하게 학원이나 인강의 보충이 필요하다. 다만 학교 수업에 최대한 집중하면서 학교에서 공부한 내용을 기본서와 오답 노트에 충실히 반영하도록 하자. 학교 공부에 최선을 다하는 태도가 내신과 수능 두 마리의 토끼를 잡고, 진정성 있는 공부를 하는 지름길이다.

B. 과학탐구

1. 일주일만 놓고 있어도 감이 떨어진다는 학생들의 평이 있다. 요즘 과탐은 예전 과탐이 아니다. 어렵다. 기본서를 3회독 정도 하고 문제풀이 단계로 들어가거나 기본서를 읽어나가면서 진도별 모의고사를 풀어도 좋다. 학교에서 다룬 내용들을 준비된 기본서와 오답 노트에 옮기면서 단권화하도록 하자.

2. 1학년 때부터 적어도 한 과목 정도는 인강이나 학원을 통해 기본서를 만들어나가며 학교 내신준비도 동시에 할 수 있도록 하자. 문제가 어렵고 인강 분량도 많아지는 최근 추세를 보았을 때, 2학년 여름방학부터 준비하기엔 빠듯하다. 학생들이 많이 듣는 추천 인강은 다음과 같다.

과목	강사	인강 사이트	특징
물리 (2021학년도에는 물리학)	배기범	이투스	정확하고 깔끔한 강의
	김성재	메가스터디	전달력↑ 성실한 강의라는 평
화학	박상현	커넥츠 스카이에듀	성실하고 꾸준하게 활약
	고석용	메가스터디	전달력↑↑
	정훈구	대성 마이맥	전달력↑
생명과학	윤도영	대성 마이맥	윤's 매트릭스가 문제풀이에 최적화 되어 있다는 평이 많다.
	최수준	스카이에듀 / 로커스	
지구과학	오지훈	이투스	분량이 많다는 지적은 있으나 강의 만족도가 좋다.
	엄영대	메가스터디	
	김지혁	대성마이맥	천체 강의가 좋다는 평

3. EBS 연계교재 『수능특강』과 『수능완성』 과학탐구영역 문제가 너무 지엽적이라는 평이 있다. 어떤 학생들은 신유형만 빠르게 체크하기도 한다.

4. 과학탐구 영역 응시자 수: 한국교육과정평가원
- 비율(%)은 과학탐구영역 응시자에 대한 각 과목 응시자의 비율을 의미함
- 과학탐구영역의 경우 최대 2개 과목까지 선택 가능하므로 과학탐구영역 응시자 비율의 합을 표시하지 않음
- 지구과학 I 응시자 비율이 높고, 물리 II 응시자 비율은 낮음
- 작년 수능 대비 지구과학 I 응시자 비율이 가장 많이 증가한 반면, 화학 I 응시자 비율이 가장 많이 감소함
- 올해 9월 모의평가 대비 지구과학 I 응시자 비율이 가장 많이 증가한 반면, 물리 II 응시자 비율이 가장 많이 감소함

2019학년도						
선택 과목	6월 모의평가		9월 모의평가		수능	
	인원	비율	인원	비율	인원	비율
물리 I	58,172	24.2	58,326	24.3	58,151	24.0
화학 I	88,830	37.0	86,366	35.9	87,122	36.0
생명 과학 I	141,189	58.8	147,277	61.3	151,137	62.4
지구 과학 I	147,983	61.6	158,774	66.0	164,899	68.1
물리 II	5,900	2.5	4,734	2.0	2,925	1.2
화학 II	7,132	3.0	4,554	1.9	3,153	1.3
생명 과학 II	16,704	7.0	9,975	4.1	8,493	3.5
지구 과학 II	13,022	5.4	9,500	4.0	8,083	3.3
응시자 수	240,249	-	240,415	-	242,128	-

5. 물리는 자사고와 특목고생들이 강세인데다가 응시 인원이 적어 높은 등급을 받기 어렵다는 평도 있고, 문제가 의외로 깔끔하게 풀린다는 상반된 평도 있다. 지구과학은 과탐의 사회문화라 생각하면 된다. 많이 선택한다. 생명과 화학은 문제풀이 시간이 오래 걸리고 어렵다는 평이 있다. 그러나 이러한 평가들은 상대적이므로 참고만 하고 직접 기출문제를 확인해보는 것이 좋다. 지구과학이 점점 어려워지고 있으며, 화학과 물리는 다소 쉬워지는 추세라는 현장의 목소리도 있다.

한편 한국교육과정평가원 제공, 〈2020학년도 대학수학능력시험 대비 학습 방법 안내〉를 보면 영역별로 연계교재의 활용 방향을 아래와 같이 제시하고 있다.

영역	출제 유형
국어	• 지문 활용 유형: 독서 지문이나 문학 작품의 일부 또는 전체를 활용 • 핵심 제재나 논지 활용 유형 • 제시 자료 활용 유형 • 문항 아이디어 활용 유형 • 개념, 원리 활용 유형
수학	• 개념, 원리 활용 유형 • 자료 활용 유형 • 문항 변형 유형
영어	• 지문 활용 유형: 글의 흐름 문제를 어법 문제로 변형하는 등의 방식 • 핵심 제재나 논지 활용 유형 • 개념, 원리 활용 유형 • 자료 활용 유형
탐구	• 개념, 원리 활용 유형 • 자료, 지문 활용 유형 • 문항 변형 유형: 지문이나 답지의 핵심 내용 및 표현을 유사하게 변형

그러나 수험생이 이러한 지침만으로 연계 교재의 다양한 변형 방식을 예상하기란 쉽지 않아서 변형 문제를 대비하기 위해 어쩔 수 없이 학원, 과외의 지원을 받을 수밖에 없다. 이에 더해 일선 고교에서는 (고3의 경우) 교과서를 연계교재로 대체하여 수업하는 실정이다. 연계교재를 통해 공교육을 정상화하려는 취지는 이처럼 난항을 겪고 있다.

공교육을 정상화하는 방법은 공부의 소스source를 무엇으로 하느냐에 있지 않다. 교육 당국이 공부의 기본기와 핵심 기술들을 체계화하여 학생 수준에 맞게 교육할 의지와 능력을 갖추는 것이 "공부를 못한다"는 오명을 뒤집어쓰고 공교육에서 이탈하는 학생을 줄일 수 있는 지름길이다.

「더멘토」 워크북, 이렇게 활용해 보세요

지금까지 배운 내용을 바탕으로 '워크북'(오답 노트와 스터디플래너)을 작성해봅시다. 「더멘토」에서는 '오답 노트'와 함께 학생들이 주도적으로 마스터플랜을 작성하고 알파 기간과 베타 기간(시험 기간과 비시험 기간)을 보다 효율적으로 활용할 수 있도록 '스터디플래너'를 제작하였습니다. 수험생활의 구체적인 로드맵을 짜고 학습 계획을 실천해나가면서 오답 노트도 만들어봅시다. 오늘 해야 할 학습량을 도출하기 위해서는 '공부의 총량'을 시험일까지 남아있는 기간으로 나누어야 합니다. 마스터플랜과 '공부의 소스'를 빠짐없이 체크하고 실제 학습 시간도 냉정하게 계산해보도록 합시다.

- 학교 시간표
- 단권화 대비 체크리스트
- 나의 마스터플랜 A, B
- 알파 기간과 루틴
- 월간, 일간, 주간생활계획표
- 내신시험 계획표
- 내신, 수능 대비 로드맵
- 주요과목 성적 변화 추이
- 독서일지, 월간 리뷰
- 영역별 오답 노트

시간표

____ 학년도 제 ____ 학기 _____ 학교 ____ 학년 ____ 반 이름: _____

	월	화	수	목	금
0교시	조회 / 자율학습				
1교시					
2교시					
3교시					
4교시					
점심시간					
5교시					
6교시					
7교시					
8교시					

MEMO

단권화 대비 체크리스트 : _____ 년 _____ 학기

내용 / 과목	교과서	프린트	학생자료 문제집 프린트	필기 어디에? 얼마나?	자습서	문제집	기타 부교재 서브노트	단권화 필요? 어디에?	기출 점검	출제 포인트	수행평가·과제	예습·복습
				공부의 소스								
국어												
영어												
수학												

■ 범례 기타
① 교(교과서), 프(프린트), 부(부교재), 노(노트 필기)
② ◎(매우 중요), ○(중요), △(가끔 참고), X(안 봄)
③ 프린트와 필기 정리해둘 것. 친구 것 옮겨 적지 말고 카피!
④ 정리노트 및 단권화 자료는 분실하지 않도록 각별히 관리 또는 미리 카피!

■ MEMO

나의 마스터플랜 A					
기간	내용		목표	달성 여부	만족도
연간	학습				
	기타				
전반기 (1학기)	학습	내신			
		루틴 (수능)			
	기타				
후반기 (2학기)	학습	내신			
		루틴 (수능)			
	기타				

나의 마스터플랜 B						
기간		내용	목표		달성 여부	만족도
월별	월	학습				
		기타				
	월	학습				
		기타				
	월	학습				
		기타				
	월	학습				
		기타				
	월	학습				
		기타				
	월	학습				
		기타				
	월	학습				
		기타				
	월	학습				
		기타				
	월	학습				
		기타				
	월	학습				
		기타				
	월	학습				
		기타				
	월	학습				
		기타				

		알파 기간과 루틴	
		● 인강 사이트 주소나 명칭, 학원 상호, 교재명을 가급적 상세히 기술한다. ● 학습 가능 요일과 분량을 기재한다.	
자기주도	국어		
	영어		
	수학		
	탐구		
	기타		
학원	국어		
	영어		
	수학		
	탐구		
	기타		

일기(생활)계획표 : _____ 년 _____ 월

	SUN	MON	TUE	WED	THU	FRI	SAT
이달의 우선순위							
이달의 루틴					Mentor Advice		

※ 중간시험, 기말시험, 쪽지시험, 수행평가 및 과제제출 기한, 각종 학교 행사 반드시 기재할 것

월간 Review	
① 이달의 주제	
② 이달의 키워드	
③ 이달의 핵심 인물	
④ 이달의 가장 큰 성과	
⑤ 이달의 가장 큰 아쉬움	

MEMO

주간생활계획표 : _____ 월 _____ 주차

날짜							
요일	월	화	수	목	금	토	일
목표	주간						
	일일						
학습시간	가용 총시간						
	목표						
	실제						
학습장소							
표기방법	① 교(교과서), 프(프린트), 부(부교재), 노(노트 필기) ② ◎(매우 만족), ○(목표 달성), △(목표 미달), X(안 봄)						
일정	학교 (내신)						
	학원						
	루틴						
	기타 (과제, 운동 등)						
자기 총평	잘한 점						
	부족한 점						

Mentor Advice

기간별 작성하는 일일생활계획표

날짜/기간 요일/주말		예) 3월 5일 ~ 6월 5일 요일(월, 수, 금)												
		시간	내용	시간	내용	시간	내용	시간	내용	시간	내용	시간	내용	시간	내용
세부 일정 ① 쉬는 시간 (학교, 학원) ② 이동 시간 (버스, 지하철)		07:30	기상										
		08:00	등교										
		08:40	1교시										
		12:30	점심시간										
		13:20	5교시										
		15:30	하교										
		16:00	진도책										
		~18:00	휴식										
		19:00	영어학원										
		22:00	진도책										
		~23:30	복습(학원, 학교)										
		24:00	취침										
가용 총시간		3시간											
목표 학습시간		2시간											
실제 학습시간		1시간 30분											
메모 기타													

[시험시간표]

교시 \ 날짜				
1교시				
2교시				
3교시				
4교시				

[시험범위 붙여넣기]

과목	단원	교재	분량	요일:	D-
과목	단원	교재	분량	요일:	D-
과목	단원	교재	분량	요일:	D-
과목	단원	교재	분량	요일:	D-
과목	단원	교재	분량	요일:	D-
과목	단원	교재	분량	요일:	D-
과목	단원	교재	분량	요일:	D-
과목	단원	교재	분량	요일:	D-

내신대비 로드맵 3: _____ 학년도 제 _____ 학기 _____ 고사

과목＼내용	우선순위	점수(SCORE)			β기간 분석: 취득소스, 계획 실천		소스별 출제 빈도(상/중/하)와 계획 실천: ◎(매우 많음), ○(많음), △(부족), x(매우 부족)						보완할 점
		목표 (등)(점)	예상	실제	잘한 점	부족한 점	교과서	프린트	필기	참고서	문제집	기타	
평균	✕												

Mentor
Advice

과목	내용	우선순위	목표	원점수 / 표준점수 / 등급 / 석차		α 기간 분석			출제 빈도(상/중/하)			
				예상	실제	잘한점	보완할점	교과서		오답 노트 작성 여부	리뷰 여부	보완할 점
			등									
			표									
			원									
			석									
			등									
			표									
			원									
			석									
			등									
			표									
			원									
			석									
			등									
			표									
			원									
			석									
			등									
			표									
			원									

수능 대비 로드맵: _____ 학년도 제 _____ 학기 _____ 교사

총평

주요 과목 성적 변화추이: 기간				
내신	국어			
	영어			
	수학			
모의 고사 (원점수)	국어			
	영어			
	수학			

독서일지		
	도서명 / 저자	
	선정이유	
	독서 기간	
	독서 방법	정독, 통독 / 속독, 숙독 / 묵독, 낭독 / 완독, 발체독
	주제	
1	느낀점	
	인상 깊은 구절이나 챕터	
	난이도	
	재미, 흥미	
	더 읽어보고 싶은 관련 도서	
	추천해 주고 싶은 사람	
	도서명 / 저자	
	선정이유	
	독서 기간	
	독서 방법	성독, 통독 / 속독, 숙독 / 묵독, 낭독 / 완독, 발체독
	주제	
2	느낀점	
	인상 깊은 구절이나 챕터	
	난이도	
	재미, 흥미	
	더 읽어보고 싶은 관련 도서	
	추천해 주고 싶은 사람	
	도서명 / 저자	
	선정이유	
	독서 기간	
	독서 방법	정독, 통독 / 속독, 숙독 / 묵독, 낭독 / 완독, 발체독
	주제	
3	느낀점	
	인상 깊은 구절이나 챕터	
	난이도	
	재미, 흥미	
	더 읽어보고 싶은 관련 도서	
	추천해 주고 싶은 사람	

국어영역: 화법 · 작문 · 문법 개념 및 오답 노트	
날짜:	출처:
틀린 이유	① 문제 잘못 읽음 ② 정답 잘못 기재 ③ 개념 이해 못함 or 처음 봄 ④ 생소한 문제(새로운 유형) ⑤ 기타:
보완할 점:	
상세 분석:	
날짜:	출처:
틀린 이유	① 문제 잘못 읽음 ② 정답 잘못 기재 ③ 개념 이해 못함 or 처음 봄 ④ 생소한 문제(새로운 유형) ⑤ 기타:
보완할 점:	
상세 분석:	

국어영역: 어휘와 속담, 관용어 정리		
날짜:		의미:
출처:		예문:
날짜:		의미:
출처:		예문:
날짜:		의미:
출처:		예문:
날짜:		의미:
출처:		예문:
날짜:		의미:
출처:		예문:
날짜:		의미:
출처:		예문:
날짜:		의미:
출처:		예문:
날짜:		의미:
출처:		예문:
날짜:		의미:
출처:		예문:
날짜:		의미:
출처:		예문:

국어영역 : 문학 정리		
날짜 :	출처 :	
작품명 :	갈래 :	작가 :
소재 :		제재 · 키워드 :
주제 :		
등장인물 분석 / 화자의 특징 · 정서		
표현상의 특징		
줄거리		
기타 꿀팁		
날짜 :	출처 :	
작품명 :	갈래 :	작가 :
소재 :		제재 · 키워드 :
주제 :		
등장인물 분석 / 화자의 특징 · 정서		
표현상의 특징		
줄거리		
기타 꿀팁		

국어영역 : 문학 · 독서 / 비문학 오답 노트 양식 1	
날짜 :	출처 / 단원 :
틀린 이유	① 문제 잘못 읽음 ② 정답 잘못 기재 ③ 개념 이해 못함 or 처음 봄 ④ 생소한 문제(새로운 유형) ⑤ 기타 :
보완할 점 :	
상세 분석 :	
날짜 :	출처 / 단원 :
틀린 이유	① 문제 잘못 읽음 ② 정답 잘못 기재 ③ 개념 이해 못함 or 처음 봄 ④ 생소한 문제(새로운 유형) ⑤ 기타 :
보완할 점 :	
상세 분석 :	

국어영역: 문학·독서/비문학 오답노트 양식 2	
날짜:	출처/단원:
틀린 이유	① 문제 잘못 읽음 ② 정답 잘못 기재 ③ 개념 이해 못함 or 처음 봄 ④ 생소한 문제(신유형) ⑤ 기타 :
보완할 점:	
상세 분석:	

영어영역: 어휘 정리		
날짜:		의미:
출처:		예문:
날짜:		의미:
출처:		예문:
날짜:		의미:
출처:		예문:
날짜:		의미:
출처:		예문:
날짜:		의미:
출처:		예문:
날짜:		의미:
출처:		예문:
날짜:		의미:
출처:		예문:
날짜:		의미:
출처:		예문:
날짜:		의미:
출처:		예문:

영어영역 : 숙어 정리		
날짜 :		의미 :
출처 :		예문 :
날짜 :		의미 :
출처 :		예문 :
날짜 :		의미 :
출처 :		예문 :
날짜 :		의미 :
출처 :		예문 :
날짜 :		의미 :
출처 :		예문 :
날짜 :		의미 :
출처 :		예문 :
날짜 :		의미 :
출처 :		예문 :
날짜 :		의미 :
출처 :		예문 :
날짜 :		의미 :
출처 :		예문 :
날짜 :		의미 :
출처 :		예문 :

영어영역: 지문 정리 및 오답 노트

날짜:	출처:

제목을 만든다면?	

소재:	제재·키워드

주제:	

등장한 접속사:	

틀린 이유	① 문제 잘못 읽음 ② 마킹 실수 ③ 지문 핵심 문장과 어휘 해석 못함 ④ 선지 해석 못함 ⑤ 출제의도 파악 못함 ⑥ 글의 구조 파악 못함 ⑦ 기타:

내용 / 상세 분석:

보완할 점:

날짜:	출처:

제목을 만든다면?	

소재:	제재·키워드

주제:	

등장한 접속사:	

틀린 이유	① 문제 잘못 읽음 ② 마킹 실수 ③ 지문 핵심 문장과 어휘 해석 못함 ④ 선지 해석 못함 ⑤ 출제의도 파악 못함 ⑥ 글의 구조 파악 못함 ⑦ 기타:

내용 / 상세 분석:

보완할 점:

영어영역: 문법 정리 / 오답 노트

날짜:	출처:

관련 단원	① 문장의 형식 ② 조동사 ③ 동사의 시제(현재, 미래, 과거, 완료, 대과거) ④ 부정사 ⑤ 동명사 ⑥ 분사 ⑦ 수동태 ⑧ 가정법 ⑨ 수의 일치 ⑩ 관계사 ⑪ 형용사 ⑫ 부사 ⑬ 비교구문 ⑭ 대명사 ⑮ 관사 ⑯ 전치사 ⑰ 접속사 ⑱ 기타
틀린 이유	① 문제 잘못 읽음 ② 마킹 실수 ③ 지문 핵심 문장과 어휘 해석 못함 ④ 선지 해석 못함 ⑤ 출제의도 파악 못함 ⑥ 글의 구조 파악 못함 ⑦ 기타:

내용 / 상세 분석 :

보완할 점 :

날짜:	출처:

관련 단원	① 문장의 형식 ② 조동사 ③ 동사의 시제(현재, 미래, 과거, 완료, 대과거) ④ 부정사 ⑤ 동명사 ⑥ 분사 ⑦ 수동태 ⑧ 가정법 ⑨ 수의 일치 ⑩ 관계사 ⑪ 형용사 ⑫ 부사 ⑬ 비교구문 ⑭ 대명사 ⑮ 관사 ⑯ 전치사 ⑰ 접속사 ⑱ 기타
틀린 이유	① 문제 잘못 읽음 ② 마킹 실수 ③ 지문 핵심 문장과 어휘 해석 못함 ④ 선지 해석 못함 ⑤ 출제의도 파악 못함 ⑥ 글의 구조 파악 못함 ⑦ 기타:

내용 / 상세 분석 :

보완할 점 :

영어영역 : 해석이 어려운 문장		
날짜 :	원문	
출처 :	해석	
날짜 :	원문	
출처 :	해석	
날짜 :	원문	
출처 :	해석	
날짜 :	원문	
출처 :	해석	
날짜 :	원문	
출처 :	해석	

수학영역: 개념 정리	
날짜:	과목: ① 수 I ② 수 II ③ 미적 I ④ 미적 II ⑤ 확통 ⑥ 기벡 ⑦ 수학(상) ⑧ 수학(하)
관련 공식	
내용:	
보완할 점:	

날짜:	과목: ① 수 I ② 수 II ③ 미적 I ④ 미적 II ⑤ 확통 ⑥ 기벡 ⑦ 수학(상) ⑧ 수학(하)
관련 공식	
내용:	
보완할 점:	

수학영역: 증명 양식 1	
날짜:	과목: ① 수 I ② 수 II ③ 미적 I ④ 미적 II ⑤ 확통 ⑥ 기벡 ⑦ 수학(상) ⑧ 수학(하)
관련 공식	
증명:	

수학영역: 증명 양식 1	
날짜:	과목: ① 수 I ② 수 II ③ 미적 I ④ 미적 II ⑤ 확통 ⑥ 기벡 ⑦ 수학(상) ⑧ 수학(하)
관련 공식	
증명:	

수학영역: 증명 양식 2	
날짜:	과목: ① 수 I ② 수 II ③ 미적 I ④ 미적 II ⑤ 확통 ⑥ 기벡 ⑦ 수학(상) ⑧ 수학(하)
관련 공식	

증명:

수학영역: 꿀팁 정리	
날짜:	과목: ① 수Ⅰ ② 수Ⅱ ③ 미적Ⅰ ④ 미적Ⅱ ⑤ 확통 ⑥ 기벡 ⑦ 수학(상) ⑧ 수학(하)
관련 공식	
내용:	

수학영역: 꿀팁 정리	
날짜:	과목: ① 수Ⅰ ② 수Ⅱ ③ 미적Ⅰ ④ 미적Ⅱ ⑤ 확통 ⑥ 기벡 ⑦ 수학(상) ⑧ 수학(하)
관련 공식	
내용:	

수학영역 : 계산실수 모음	
날짜 :	과목 : ① 수Ⅰ ② 수Ⅱ ③ 미적Ⅰ ④ 미적Ⅱ ⑤ 확통 ⑥ 기벡 ⑦ 수학(상) ⑧ 수학(하)
관련 공식	
내용 :	
날짜 :	과목 : ① 수Ⅰ ② 수Ⅱ ③ 미적Ⅰ ④ 미적Ⅱ ⑤ 확통 ⑥ 기벡 ⑦ 수학(상) ⑧ 수학(하)
관련 공식	
내용 :	
날짜 :	과목 : ① 수Ⅰ ② 수Ⅱ ③ 미적Ⅰ ④ 미적Ⅱ ⑤ 확통 ⑥ 기벡 ⑦ 수학(상) ⑧ 수학(하)
관련 공식	
내용 :	
날짜 :	과목 : ① 수Ⅰ ② 수Ⅱ ③ 미적Ⅰ ④ 미적Ⅱ ⑤ 확통 ⑥ 기벡 ⑦ 수학(상) ⑧ 수학(하)
관련 공식	
내용 :	

수학영역: 오답 노트 양식 1	
날짜:	출처:
과목:	① 수Ⅰ ② 수Ⅱ ③ 미적Ⅰ ④ 미적Ⅱ ⑤ 확통 ⑥ 기벡 ⑦ 수학(상) ⑧ 수학(하)
틀린 이유	① 문제 잘못 읽음 ② 마킹 잘못 ③ 계산 실수 ④ 풀이 단서 못 잡음 ⑤ 출제의도 파악 못함 ⑥ 정답은 맞혔으나 풀이과정이 비효율 ⑦ 기타
보완할 점:	
상세 분석:	

날짜:	출처:
과목:	① 수Ⅰ ② 수Ⅱ ③ 미적Ⅰ ④ 미적Ⅱ ⑤ 확통 ⑥ 기벡 ⑦ 수학(상) ⑧ 수학(하)
틀린 이유	① 문제 잘못 읽음 ② 마킹 잘못 ③ 계산 실수 ④ 풀이 단서 못 잡음 ⑤ 출제의도 파악 못함 ⑥ 정답은 맞혔으나 풀이과정이 비효율 ⑦ 기타
보완할 점:	
상세 분석:	

수학영역: 오답 노트 양식 2

날짜:	출처:
과목:	① 수Ⅰ ② 수Ⅱ ③ 미적Ⅰ ④ 미적Ⅱ ⑤ 확통 ⑥ 기벡 ⑦ 수학(상) ⑧ 수학(하)
틀린 이유	① 문제 잘못 읽음 ② 마킹 잘못 ③ 계산 실수 ④ 풀이 단서 못 잡음 ⑤ 출제의도 파악 못함 ⑥ 정답은 맞혔으나 풀이과정이 비효율 ⑦ 기타
보완할 점:	

문제:	상세 분석:

탐구영역: 개념 정리		
날짜:	출처:	
내용:		
보완할 점:		
날짜:	출처:	
내용:		
보완할 점:		

탐구영역: 꿀팁 정리	
날짜:	출처:
내용:	
한 줄 정리:	
날짜:	출처:
내용:	
한 줄 정리:	

탐구영역: 오답 노트 양식 1	
날짜:	출처:
관련 단원 및 개념:	
틀린 이유	① 문제 잘못 읽음 ② 마킹 잘못 ③ 풀이 단서 못 잡음 ④ 출제의도 파악 못함 ⑤ 정답은 맞혔으나 풀이 과정이나 이유가 다름 ⑥ 기타
보완할 점:	
상세 분석:	

날짜:	출처:
관련 단원 및 개념:	
틀린 이유	① 문제 잘못 읽음 ② 마킹 잘못 ③ 풀이 단서 못 잡음 ④ 출제의도 파악 못함 ⑤ 정답은 맞혔으나 풀이 과정이나 이유가 다름 ⑥ 기타
보완할 점:	
상세 분석:	

탐구영역: 오답 노트 양식 2	
날짜:	출처:
관련 단원 및 개념:	

틀린 이유	① 문제 잘못 읽음 ② 마킹 잘못 ③ 풀이 단서 못 잡음 ④ 출제의도 파악 못함 ⑤ 정답은 맞혔으나 풀이 과정이나 이유가 다름 ⑥ 기타
보완할 점:	

상세 분석:	

"탁월하다는 것은 아는 것만으로는 충분치 않으며,
탁월해지기 위해, 이를 발휘하기 위해 노력해야 한다."

With regard to excellence, it is not enough to know,
but we must try to have and use it. ── 아리스토텔레스

부록

정동 회화나무: 정동 덕수궁길에 있는 회화나무. 우리나라를 비롯해 중국에서는 예로부터 '학자수' 라 하여 선비의 굳은 절개와 높은 학문을 상징했던 최고의 길상목(吉祥木)으로 여겨왔다. 어느 시에 서는 회화나무를 가리켜 '바람도 품에 안은 장엄한 포용으로 풍성한 그늘을 내린다'고 했다. 550년 이 넘는 그 풍채는 여느 나무가 쉬이 넘볼 수 없는 무게감으로 묵직하기만 하다. (지정번호: 보호수 서2-3, 소재지: 중구 덕수궁길 21-1) Illustration: 이장희(『서울의 시간을 그리다』 저자), 2019.

공부할 권리: 교육 관련 법령

우리의 삶은 법과 밀접한 관련을 가지고 있습니다. 여러분이 학교에서 공부할 수 있다는 점과 여러분이 공부하는 교과들도 사실은 법과 제도로 정해놓은 내용입니다. 어른들의 세계라고 생각하지 말고, 여러분이 가진 권리와 의무가 무엇인지 살펴보고 참고합시다.

1. 교육받을 권리와 헌법, 교육기본법

헌법은 모든 법의 뿌리입니다. 헌법 제31조로부터 여러분이 공부를 할 수 있는 여러 가지 권리가 다른 법령으로 뻗어나가는 것입니다.

> 헌법 제31조
> ① 모든 국민은 능력에 따라 균등하게 교육을 받을 권리를 가진다.
> ② 모든 국민은 그 보호하는 자녀에게 적어도 초등교육과 법률이 정하는 교육을 받게 할 의무를 진다.
> ③ 의무교육은 무상으로 한다.

④ 교육의 자주성 · 전문성 · 정치적 중립성 및 대학의 자율성은 법률이 정하는 바에 의하여 보장된다.

⑤ 국가는 평생교육을 진흥하여야 한다.

⑥ 학교교육 및 평생교육을 포함한 교육제도와 그 운영, 교육재정 및 교원의 지위에 관한 기본적인 사항은 법률로 정한다.

교육기본법 제8조(의무교육)

① 의무교육은 6년의 초등교육과 3년의 중등교육으로 한다.

② 모든 국민은 제1항에 따른 의무교육을 받을 권리를 가진다.

2. 교육과정과 초 · 중등교육법

여러분이 공부하는 교육과정은 「초 · 중등교육법」에 의거하여, 교육부가 '고시'의 형태로 확정, 발표하게 됩니다.

2015년 교육과정의 목표

1. 인문 · 사회 · 과학에 관한 기초소양교육 강화: 문 · 이과 통합 공통과목 도입(국어, 수학, 영어, 한국사, 통합사회, 통합과학, 과학탐구실험)

2. 학생들의 꿈과 끼를 키울 수 있는 교육과정 마련: 단위학교의 자율성을 확대해 다양한 선택과목 개설 및 학습 내용의 수준과 범위 조정, 중학교 한 학기를 자유학기로 운영

3. 미래사회가 요구하는 핵심역량 함양: 교과별 학습 내용을 감축하고 평가방법 개선

고등학교의 종류는 초·중등교육법시행령 제76조의3 이하에서 규정합니다.

초·중등교육법 제23조(교육과정 등)

① 학교는 교육과정을 운영하여야 한다.

② 교육부 장관은 제1항에 따른 교육과정의 기준과 내용에 관한 기본적인 사항을 정하며, 교육감은 교육부장관이 정한 교육과정의 범위에서 지역의 실정에 맞는 기준과 내용을 정할 수 있다.

③ 학교의 교과(敎科)는 대통령령으로 정한다.

초·중등교육법 시행령 제76조의3(고등학교의 구분)

고등학교는 교육과정 운영과 학교의 자율성을 기준으로 다음 각 호의 학교로 구분한다. 〈개정 2011. 12. 30.〉

1. 일반고등학교(특정 분야가 아닌 다양한 분야에 걸쳐 일반적인 교육을 실시하는 고등학교를 말하되, 제2호부터 제4호까지의 규정에 따른 고등학교에 해당하지 않는 고등학교를 포함한다. 이하 같다)

2. 제90조에 따른 특수목적고등학교

3. 제91조에 따른 특성화고등학교

4. 자율고등학교(제91조의3에 따른 자율형 사립고등학교 및 제91조의4에 따른 자율형 공립고등학교를 말한다)

이에 따른 2015 개정 교육과정의 적용 시기는 다음과 같습니다.[67]

적용연도 학교급	2017	2018	2019	2020
초	1, 2학년	3, 4학년	5, 6학년	-
중	-	1학년	2학년	3학년
고	-	1학년	2학년	3학년

3. 대학수학능력시험과 고등교육법 · 고등교육법 시행령

여러분들이 대학수학능력시험을 봐야 하는 이유는 무엇이고, 대학수학능력시험 문제는 어디서 출제하는 것일까요?

고등교육법 제34조(학생의 선발방법 등)

① 대학(산업대학 · 교육대학 · 전문대학 및 원격대학을 포함하며, 대학원대학은 제외한다)의 장은 제33조제1항에 따른 자격이 있는 사람 중에서 일반전형이나 특별전형(이하 "입학전형"이라 한다)에 의하여 입학을 허가할 학생을 선발한다. 〈개정 2019. 4. 23.〉

② 입학전형의 방법과 학생선발일정 및 그 운영에 필요한 사항은 대통령령으로 정한다. 〈개정 2019. 4. 23.〉

③ 교육부장관은 입학전형 자료로 활용하기 위하여 대통령령으로 정하는 시험을 시행할 수 있다.

고등교육법 시행령[대통령령 제29813호] 제35조(입학전형자료)

① 대학(교육대학을 포함한다. 이하 이 조에서 같다)의 장은 법 제34조제1항의 규정에 의하여 입학자를 선발하기 위하여 고등학교 학교생활기록부의 기록, 법 제34조제3항에 따라 교육부 장관이 시행하는 시험(이하 "대학수학능력시험"이라 한다)의 성적, 대학별고사(논술 등 필답고사, 면접 · 구술고사, 신체검사, 실기 · 실험고사 및 교직적성 · 인성검사를 말한다)의 성적과 자기소개서 등 교과성적 외의 자료 등을 입학전형자료로 활용할 수 있다.

고등교육법 시행령〔대통령령 제29813호〕제36조
(대학수학능력시험 시행 기본계획)

교육부 장관은 대학수학능력시험의 출제, 배점, 성적통지, 시험일정 등
을 포함하는 대학수학능력시험시행 기본계획을 작성하여 시험을 실시하
는 해의 3월 31일까지 공표하여야 한다.

행정권한의 위임 및 위탁에 관한 규정〔대통령령 제29634호〕
제45조(교육부 소관)

③ 교육부 장관은 다음 각 호의 사무를 한국교육과정평가원에 위탁한다.
이 경우 한국교육과정평가원장은 제3호나목, 다목 및 사목에 따른 심사
결과를 지체 없이 교육부 장관에게 보고하여야 한다.
2. 「고등교육법 시행령」(이하 이 호에서 "영"이라 한다) 제35조제1항에
따른 대학수학능력시험(이하 이 호에서 "시험"이라 한다)에 관한 다음
각 목의 사항. **가.** 영 제36조제1항에 따른 시험 시행의 공고, 시험의 출
제, 문제지의 인쇄, 채점 및 성적통지

이에 따라 '한국교육과정평가원'에서는 대학수학능력시험 시행 세부계획을
공고하게 됩니다.

4. 전학에 대한 내용

고등학교 전학 절차에 대해서는 고등교육법 제89조에서 규정하고 있습니
다. 학교장이 전학을 허가하지만, 시 · 도 교육청 「전 · 편입학 시행계획」에
따라 이루어지고 있습니다. 서울시의 경우 전 · 편입학 시행계획은 서울특별
시 교육청 홈페이지(http://sen.go.kr)에서 확인할 수 있습니다.

초·중등교육법 시행령 제89조(고등학교의 전학 등)

① 고등학교의 장은 교육과정의 이수에 지장이 없는 범위에서 고등학교(고등학교 학력을 인정받는 각종 학교를 포함한다) 간의 전학 또는 편입학을 허가할 수 있다. 다만, 제90조제1항제5호 및 제6호에 따른 특수목적고등학교로의 전학 및 편입학은 교육감이 정하여 고시하는 기준과 절차에 따라야 한다.

5. 학교폭력예방 및 대책에 관한 법률(약칭: 학교폭력예방법)

학교폭력에 대한 사항은 「학교폭력예방 및 대책에 관한 법률」에서 규율하고 있습니다.

학교폭력예방 및 대책에 관한 법률 제2조(정의)

이 법에서 사용하는 용어의 정의는 다음 각 호와 같다.

1. "학교폭력"이란 학교 내외에서 학생을 대상으로 발생한 상해, 폭행, 감금, 협박, 약취·유인, 명예훼손·모욕, 공갈, 강요·강제적인 심부름 및 성폭력, 따돌림, 사이버 따돌림, 정보통신망을 이용한 음란·폭력 정보 등에 의하여 신체·정신 또는 재산상의 피해를 수반하는 행위를 말한다.

1의2. "따돌림"이란 학교 내외에서 2명 이상의 학생들이 특정인이나 특정 집단의 학생들을 대상으로 지속적이거나 반복적으로 신체적 또는 심리적 공격을 가하여 상대방이 고통을 느끼도록 하는 일체의 행위를 말한다.

1의3. "사이버 따돌림"이란 인터넷, 휴대전화 등 정보통신기기를 이용하여 학생들이 특정 학생들을 대상으로 지속적, 반복적으로 심리적 공격을 가하거나, 특정 학생과 관련된 개인정보 또는 허위사실을 유포하여 상대방이 고통을 느끼도록 하는 일체의 행위를 말한다.

2. "학교"란 「초·중등교육법」 제2조에 따른 초등학교·중학교·고등학교·특수학교 및 각종 학교와 같은 법 제61조에 따라 운영하는 학교를 말한다.

3. "가해학생"이란 가해자 중에서 학교폭력을 행사하거나 그 행위에 가담한 학생을 말한다.

4. "피해학생"이란 학교폭력으로 인하여 피해를 입은 학생을 말한다.

5. "장애학생"이란 신체적·정신적·지적 장애 등으로 「장애인 등에 대한 특수교육법」 제15조에서 규정하는 특수교육을 필요로 하는 학생을 말한다.

2

「더멘토」와 함께해주신 분들의 한마디

명훤 쌤이 아니었더라면 고등학교 시절에 하고 싶은 것도 못 찾고 많이 갈팡
질팡했을 것 같습니다. 항상 감사한 마음을 가지고 있습니다. 처음 멘토링을
할 때는 "뭐 많이 도움 되겠어?" 하는 마음이 컸지만, 지나고 보니 그게 아니
었어요. 공부뿐만 아니라 앞으로 어떻게 살아야 할지, 미래에 대해서 같이
많이 고민해 주시고 조언해주셨어요. 쌤과 함께 제 갈 길을 찾을 수 있어서
매우 감사드립니다. 책 출간하신 거 진심으로 축하드리고 지금 하시는 일,
앞으로 하실 일들 다 잘되시길 바랍니다. 축하드려요, 명쌤!

—정호준 멘티

고등학교에 입학하고 어떻게 공부해야 할지 도무지 갈피가 안 잡혀서 맨땅
에 헤딩하는 기분이었습니다. 명훤 쌤을 만나 '필기구 사용법'에서부터 '오
답 노트 작성법'까지 체계적으로 알게 되고, 공부를 열심히 해보자는 다짐을
하게 되었습니다! 멘토링을 하면서 얻는 게 너무 많아서 항상 감사합니다.
많은 학생들이 이 책으로 공부에 대한 길을 찾았으면 좋겠어요!

—김예진 멘티

요즘 쓰이는 유행어인 '존버' 라는 단어를 들어봤을지 모르겠다. '끝까지 버텨라' 라는 의미를 가지고 있는 단어이다. 명훤 쌤의 공부법은 '존버' 와 함께한다. 이 책과 함께 고등학교 3학년을 '존버' (어떤 어려움이 닥치더라도 존경받는 그날까지 버틴다)한다면, 어느 순간 원하는 목표치를 이루게 될 것이라고 장담한다. 내가 경험해봤으니까. 그래서 이 책이 나온 것이 너무나도 기쁘다. 축하드려요, 훤쌤!

—장윤정 멘티

명훤 쌤을 만나고 여러 가지 변화가 있었습니다. 무엇보다 저는 인생의 자신감을 얻었습니다. 흔히 얘기하는 자신감이 아니라, 제 진짜 모습을 신뢰하고 긍정할 수 있는 데에서 나오는 자신감이라 인생이 바뀌는 전환점이 된 것 같습니다. 하지만 선생님께서는 현실을 직시하는 법도 꼭 이야기해주십니다. 지금 상태를 어떻게 개선해야 할지, 지금 당장 해야 할 일이 무엇인지 같이 의논하고 고민하십니다. 또 어떨 때는 그 과정을 직접 함께 해주시니 감사할 뿐입니다. (운동부터 여행, 진로 찾기까지 선생님이랑 안 해본 것이 없습니다.) 좌절을 희망으로, 절망을 새로운 시작으로 바꾸어 주시는 게 선생님의 능력인 것 같습니다. 「더멘토」에서 저는 공부로 인생을 배웠습니다.

—석상현 멘티

언젠가부터 저는 제가 하는 일들을 계산하고 억지로 만들어가려고 했습니다. 그러나 미래를 통제하려는 자세는 항상 저를 피곤하게 하였습니다. 그런데 멘토링 수업을 시작하면서 상황이 달라졌습니다. 멘토 선생님은 "과거는 이미 지나갔고, 미래는 아직 오지 않았으니 너무 걱정하지 말라"고 하셨습니다. 최대한 현재에 집중하면서 효율적으로 반복할 수 있는 루틴을 만들어가자 여유를 찾을 수 있었습니다. 극악의 난이도라고 평가되는 이번 불수능, 아니 화산수능에서 맘 편히, 후회 없이 시험을 치를 수 있었습니다. 시험을 보면서 최대한 몰입하였는데, 성장의 기회가 되었다고 생각합니다.

멘토링 수업을 받으면서 스스로 가장 변화한 부분은 공부에 대한 제 가치관이라고 생각합니다. 운동선수가 꿈인 저는 물론 공부가 인생에 있어서 중요하다고는 생각을 했지만 선수라는 커리어에서 운동보다 중요하지 않다고 생각했습니다. 하지만 멘토링을 받으면서 공부는 끝없이 필요하다는 것을 깨닫고, 미래를 걱정하기보다 준비된 사람이 되기 위해서 노력하고 있습니다. 환경이 어떠한가보다 태도와 자세가 중요하다고 생각합니다. 공부를 하면서도 꿈을 좇을 수 있고, 예전에는 느끼지 못했던 여유를 찾을 수 있었던 것은 멘토링 수업 덕분입니다. 독자 여러분들도 이 책을 통해서 인자하고 따뜻한 명훤 선생님의 목소리를 느낄 수 있으면 좋겠습니다.

—황성필 멘티

공부와는 담을 쌓고 살던 나는 대학에 갈 생각이 전혀 없었다. 그저 고등학교만 졸업하는 것이 유일한 목표였다. 하지만 멘토 선생님을 만나고 목표가 생기기 시작했고, 지금 원하던 대학에 진학을 앞두고 있다. 모든 것은 나를 끝까지 믿어주신 부모님, 그리고 멘토 선생님의 가르침 덕분이라고 생각한다. 멘토링을 할 때, 학원이나 과외를 할 때처럼 억지로 수업을 듣거나 그만두고 싶다는 생각을 해본 적이 없다.

'공부를 잘하고 싶은데 방법을 모르는 학생, 내가 뭘 잘하는지, 그리고 뭘 하고 싶은지 모르는 학생들'에게 멘토링을 적극 추천한다. 멘토 선생님을 만난 것이 나에게 가장 큰 행운이었고, 공부뿐만 아니라 내가 앞으로 인생을 살아갈 때 어떻게 살아야 하는지 방향을 제시해 주셔서 도움이 많이 됐다. 지금보다 많은 학생들이 멘토링을 접해서 꿈을 찾고 원하는 바를 이뤘으면 좋겠다. 나처럼.

—정재원 멘티

한창 방황했던 중학교 때, 담임선생님의 소개로 멘토링을 받게 되었다. 처음에는 하기 싫고 얼마 안 가 끊을 것이라고 생각했다. 그러나 선생님의 조언과 공감은 날 쾌쾌한 방에서 나오게 하였고, 나아가 내가 꿈과 목표를 찾을 수 있게 해주었다. 만약 「더멘토」의 멘토링랩이 없었다면, 난 지금의 친구들을 만날 수 없었을 것이고, 유학이라는 커다란 결심조차 내리지 못했을 것이다. 유학을 하고 있는 지금도 나는 여전히 멘토링을 받던 때가 그립다.

—황인범 멘티

공부뿐만 아니라 여러 가지 진실된 이야기를 털어놓을 수 있는 멘토링을 해주시는 멘쌤께 먼저 감사의 인사를 전하고 싶다. 공부를 능동적으로 할 수 있게 도와주신 멘토 쌤은 내가 공부를 본격적으로 시작할 때 많은 도움을 주신 분이다. '공부할 의지는 있는데 어떻게 시작해야 할 지 모르는 친구들'에게 이 책을 적극적으로 추천하고 싶다. 또한 나처럼 공부 이외에 복잡한 생각들 때문에 걱정거리가 많은 친구들에게 「더멘토」 멘토링랩을 꼭 소개해주고 싶다.

—임준원 멘티

정재원 멘티, ⟨좌베리아의 심장⟩, 2019.

2017년 나는 엄마 손에 이끌려 처음 명훤 쌤을 만났다. 그 당시 나는 많이 어리숙하고 선생님이라는 사람들에게 대한 신뢰도를 모두 잃은 상태였다. 그래서 나는 항상 선생님이라는 사람과 함께하는 일이라면 얼마가지 못해 그만두곤 하였다. 처음에는 명훤 쌤과의 만남도 그러리라 생각했다. 하지만 선생님과의 첫 수업에서 나는 알 수 있있다. 명훤 쌤은 허울만 신생님이란 직업을 가진 사람들과는 다르다고. 친구를 제외하고는 그 누구에게도 의지 하지 않았던 나에게 든든한 버팀목이자 조언자가 되어주셨다.

그로인해 나는 멘토링 수업에 참여하면서 점차 방황의 시기가 끝나고, 내 자 리를 잡아가기 시작했다. 현재는 멘토링 수업을 받지 않지만 마음 같아서는 다시 시작하고 싶다. 선생님과 얘기를 나누고 싶을 때 연락하고 찾아가면 늘 웃으면서 맞이해주시는 선생님을 보고 나는 이런 사람들을 위해 더 열심히 살아야겠다고 다짐했고, 지금은 나의 꿈을 위해 노력 중이다. 나중에 내가 성공하고 그럴 능력만 된다면 선생님께 꼭 이 은혜를 보답해드리고 싶다. 더 많은 사람들이 명훤 쌤과의 만남을 통해 진정한 자기 자신을 찾았으면 좋겠 다.

명훤 쌤의 장점은 입시 준비와 공부만 알려주는 선생님들과는 다르게 학생 하나하나의 인격을 존중해주고 학생을 학생으로 대하는 것이 아닌 사람으로 대한다는 점이다. 아직 18년밖에 살지 않은 나지만, 내 인생은 영화와 명훤 쌤을 만나기 전후로 나뉜다. 항상 존경하고 감사한 마음을 가지고 있다. 이 책이 출간된다면 정말 잘될 것이라고 장담할 수 있다.

—이정윤 멘티

멘토 쌤과 고3을 보내면서 한 번도 중간에 그만둔 적이 없다. 하루에 몰아서 하지 않고 매일매일 나눠서 조금씩 공부했던 '데일리'가 주원인이라고 생각한다. 특히 '필기의 기술'을 정리해서 배운 것이 기억에 남는다. 필기를 전혀 안하던 내가 필기의 기술을 배운 뒤 일정한 규칙에 따라 정리하는 것이 습관이 되었다. 덕분에 비문학 지문을 읽거나 여러 가지 지문을 정리할 때에도 맥락이나 중요 소재를 빠르게 캐치할 수 있었다. 시험 직전까지 봐야 한다는 '단권화 노트'를 선생님과 함께 3학년 내내 만들었다. '오답 노트'에 적힌 내용은 절대 모르는 게 없게 하겠다고 각오하고 공부했다. 단권화 서브노트를 만들면서 안정감을 찾고, 불안과 긴장이 풀리는 경험을 했다고 인정하지 않을 수 없다.

—최종우 멘티

저는 원래 하고 싶은 것도 딱히 없고 여느 고등학생들과 마찬가지로 공부보보다는 놀기를 좋아하는 학생이었습니다. 그러던 도중 명훤 선생님을 알게 되었고, 그후부터 저의 삶이 조금씩 바뀌기 시작했습니다. 멘토링 수업을 받으면서 그동안은 하지 못했던 다양한 체험을 하게 되었고, 제가 무엇을 좋아하고 어떤 일을 하고 싶어 하는지 점점 알게 되었습니다. 덕분에 지금은 그 일들을 하기 위해 열심히 공부 중입니다. 저는 이 책을 공부를 못하는 학생들뿐만 아니라 삶이 의미 없다고 느끼고, 하고 싶은 것이 없는 학생들에게 추천해 주고 싶습니다. 제가 멘토 쌤을 알게 된 것이 저에게는 엄청난 행운이었고, 이제 이 행운을 많은 학생들이 나누어 가졌으면 좋겠습니다. 선생님, 책 출간 축하드립니다!

—임유탁 멘티

선생님과 함께 과목별로 만든 '서브노트'가 도움이 많이 되었다. 특히 '국어 문법 개념 정리, 수리영역, 탐구영역'에서 정리가 필요하다고 느낀 개념을 한눈에 보기 쉽게 단권화 할 수 있었다. '국어영역 문학 정리'를 통해 다양한 문학 작품을 정리하였고 나만의 교재가 생겼다는 느낌이 들었다. 이렇게 정리하고 복습하는 과정을 반복하면서 국어영역에서 특히 시간이 단축되는 것을 느꼈다. 비문학 요약 연습, 특히 키워드 뽑는 연습도 학원이나 학교에서는 배운 적이 없었던 연습인데 꼭 필요한 과정이라고 생각한다. '수리영역 증명 양식'에서 직접 증명해보는 연습을 많이 해보려 했는데 수시 논술시험과 수능 대비가 동시에 가능하였다고 자부한다. '수리영역 계산실수 모음'을 통해 잘못된 계산 습관도 바로 잡을 수 있었다. 공부 시작 전의 스트레칭이나 거북목 예방을 위한 선생님의 세심한 조언도 장기간 공부에 큰 도움이 되었다. 대학에 진학한 지금도 선생님께 조언을 구하러 간다. 선생님, 감사합니다.

—임성원 멘티

공부할 생각만 하고 있던 나에게, 멘토링의 시작은 큰 변화를 가져왔다. 공부법에 대한 얘기와 선생님의 아낌없는 조언은, 계획만 부지런히 짜고 있던 나를 실천할 수 있게 해주었다. 체계 잡힌 공부로 이전보다 더 큰 꿈을 찾아갈 수 있게 도와주셨다. 가끔씩 '내가 멘토링을 시작하지 않았다면, 선생님을 만나지 못했다면, 아직도 허우적대고 있지 않았을까' 생각한다. 선생님께 너무 감사드리고, 몇 년간 연구, 고민 끝에 완성된 책 진심으로 축하드립니다. 다른 친구들도 이 책을 읽고 훨씬 더 효율적인 공부법을 찾았으면 좋겠네요. 파이팅!

—이진규 멘티

고등학교 2학년 때 공부에 대한 열정만 있을 뿐, 하는 방법을 알지 못해 멘토링이라는 걸 처음으로 시작하게 되었다. 멘토링을 하면서 세상을 보는 관점이 달라지고 미래에 대한 계획도 생겼다. 무엇보다 꿈과 비전이 생겼다는 게 제일 감사하다. 열정은 많지만 방황을 하는 많은 친구들에게 멘토링을 추천해 주고 싶다.

—손태양 멘티

공부, 생활 모두 엉망인 저를 좋은 방향으로 이끌어주시고 더 성장시켜주신 저의 영원한 멘토, 명훤 쌤. 책 내신 거 축하합니다. 그리고 많은 학생들이 이 책을 통해 저와 같은 도움을 받았으면 좋겠습니다.

—이윤성 멘티

과거의 나는 학원을 늦은 밤까지 다니는 바쁜 학생이었다. 그러다 보니 자습이나 숙제를 항상 학교에서 미뤄서 하고 공부 계획을 세우지 못했다. 이렇게 일상이 반복되면서 우울할 때가 많았다. 그러던 중 멘토 선생님을 만나게 되었고, 나는 달라졌다. 명훤 선생님께 힘들 때 편하게 고민을 털어놓을 수도 있었고 전시회와 박물관을 함께 다니며 교과서에서 나와 시야를 넓힐 수 있었다. 무엇보다 우선순위를 잡아주시고 공부 방법을 세세하게 알려주셔서 좋다. 언제나 나에게 맞는 스타일을 선택하라고 하신다. 최근에 영어 학원에서 어려운 Reading 지문을 읽을 때 '넘버링'과 '밑줄긋기'를 하면서 문제를 풀었더니 몇 개월 전보다 무려 30점이 올랐다. 이렇게 좋은 선생님을 많은 사람들한테 추천하고 싶지만 선생님이 나의 멘토로만 남았으면 싶기도 하다.

—김도영 멘티

오인호 멘티, 〈압구정 시라소니〉, 2019.

중학교 2학년 사춘기를 나름 잘 보내고 있다고 생각했지만, 모래성처럼 무너져 버린 친구관계와 좀처럼 오르지 않는 성적 등으로 인해 심적으로 많이 방황하던 시기였습니다. 그때 부모님의 권유로 멘토 선생님을 만나게 되었습니다. 학원과 같은 수업이라 생각하며 꺼려하다가 마주한 멘토 수업은 생각보다 출발점이 좋았습니다. 저는 학업 문제뿐만 아니라 부모님이나 친구에게도 쉽사리 말하지 못했던 여러 고민들을 신기하게도 멘토 선생님 앞에서 편하게 털어놓을 수 있었습니다. 많은 조언들과 격려가 큰 도움이 되었습니다. 1년 사이 성적뿐만 아니라 마음도 성장하였고, 1년 남짓 선생님께 멘토링을 받고 있지만 아직도 멘토 선생님과 만나는 날이 기대됩니다. 인생의 방향을 찾지 못하고 방황하는 시기를 보내고 있을 다른 친구들에게 멘토링을 추천합니다.

—신혜령 멘티

나는 공부와 늘 담을 쌓고 살았다. 멘토 선생님의 가르침을 받고 난 후 지난날의 불안과 걱정이 떠오르면서 왜 그랬을까 하는 생각이 들었다. 선생님과 공부하면서 내가 공부를 못했던 것이 아니라 공부 방법 자체를 모르고 있었다는 걸 깨달았다. 삶의 작은 목표들과 우선순위를 세울 수 있게 되자 도전하고 싶은 마음이 들었다. 내 운명을 만들어 가고 싶다. 언제나 믿고 기다려주시면서 멘토 선생님을 만날 수 있게 해주신 부모님께 감사하다. 나처럼 걱정이 많지만 마음이 먼저 앞서 가는 학생, 공부 방법을 잘 몰라 공부와 벽을 쌓고 있는 학생들에게 멘토링을 강력 추천한다. 지금 내 느낌을 100프로 공감할 수는 없겠지만 명훤 선생님을 일단 만나면 어떤 말인지 이해할 수 있을 것이다.

—최시헌 멘티

고등학교 1학년 때 나는 성적도 만족스럽지 않고, 하고 싶은 일의 갈피를 못 잡던 아주 평범한 학생일 뿐이었다. 하지만 현재의 나는 그때는 상상도 못했을 성적을 받고, 뚜렷한 삶의 목표도 가지고 있다. 그 이유는 명훤 쌤과 함께한 멘토링 덕분이었다고 단언할 수 있다. 돌이켜보면 수업 중 은근하게 주신 조언들이 공부뿐만 아니라 인생의 순간순간을 가장 빛날 수 있게 해주었다. 다른 많은 학생들에게 짧게 보면 학창 시절, 길게는 인생의 길라잡이를 찾을 수 있게 멘토링을 권해주고 싶다.

—김지수 멘티

명훤 쌤 책 출간 축하드려요! 멘토링을 하면서 제 공부에 대한 생각이나 방식들이 달라졌어요. 처음에는 플래너를 짜도 작심 3일이었고, 공부를 어떻게 해야 하는지도 제대로 몰랐어요. 그런데 멘토링을 하면서 암기법, 단권화, 알파 베타 기간, 3문장법, 대각선법 등을 배워서 공부와 한층 더 가까워졌어요. 특히 '암기법'과 '단권화'는 정말 유용했어요. 단권화는 여러 책에 여러 정보를 책 한 권에 보기 쉽게 정리를 하는 거라, 처음에 할 때는 정말 귀찮기도 하고 힘들었는데, 하다 보니까 제 머리속에 정보들이 정리되는 느낌도 있고, 이걸 해 냈다는 생각에 진짜 뿌듯했어요. 암기법도 학교에서 급하게 암기 시험이 있을 때 장소법을 사용했는데, 너무 잘 외워졌어요. '필기의 기술'은 당연, 매일 매일 잘 쓰고 있어요. 이렇게 멘토링을 하면서 공부에 관심이 더 많아지고 어떻게 해야 하는지도 알게 되었어요. 쌤, 다시 한번 책 출간 축하드려요! 항상 감사합니다.

—한서윤 멘티

중2 사내 아들 녀석이, 그야말로 광란의 시기를 겪을 때 명훤 멘토와의 인연을 맺게 되었다. 공부엔 뜻도 의지도 없는 내 아들. 누군가 옆에서 잡아주고 놀아만 줘도 감사한 마음이었다. 1년, 2년… 본인의 의지로 안 되는 것들을 멘토 선생님과 나누면서 안정을 찾았고 꿈도 생겼다. 그 꿈을 향해 지금은 유학의 길에 올라있다. 멀리서 힘들 때면 쌤과 나누었던 것들을 생각하며 생활한다고 한다. 잠시 귀국할 때면 유학생활에서 즐기던 자그마한 쿠키 상자를 들고 쌤께로 달려간다. 아들에게 큰 버팀목이 되어주시고 안식처가 되어주시는 명훤 쌤께 늘 감사하다!

—임정연 님(황인범 멘티 어머님)

가족과 학교가 붕괴되고 있는 이 시대의 대안으로, 또 다른 작은 공동체인 '멘토링랩'을 추천한다. "변화를 강요하지 않는다."라는 모토가 마음에 들었다. 변화는 강요할 수 없는 것이니까. 좋은 형 같은 스승을 통해 가을 단풍이 물들 듯 시나브로 살아나는 아이를 보면서 감사했다. 변화는 강요하는 것이 아니고, 스며들게 하는 것이다.

—우수완 님(오인호 멘티 어머님)

학원, 과외, 인터넷 강의… 아들이 공부에 흥미를 붙일 수 있도록 하기 위해서 안 해본 노력이 없었다. 그러나 아들은 공부에 흥미가 없었고 그럴수록 부모와의 관계는 나빠졌다. 부모의 이야기는 잔소리로 생각하고 귀를 닫았다. 아들에게 실망하고 대학 진학을 포기하기 일보 직전. 그때 지푸라기라도 잡는 심정으로 멘토 선생님께 아들을 맡겼다. 때로는 친구 같이, 때로는 삼촌 같이, 때로는 엄한 선생님 같이… 선생님과 아들이 만나는 시간이 많아지면서 아들은 변하기 시작했다. 부모에게 하지 않았던 속마음을 선생님께는

멘티들과 함께, 남원 차문화연구소 '매월당' (신목 오동섭 장인과 야생차밭에서), 2015.07.25.

멘티들과 함께, 남원 차문화연구소 '매월당' (신목 오동섭 장인과 야생차밭에서), 2019.08.06.

털어놓았고 공부 방법, 성적, 진로뿐만 아니라 연애 상담, 인생의 계획, 삶을 대하는 태도 등 많은 부분에서 도움을 받았고 지금도 도움을 받고 있다. 멘토 선생님과 진로에 대한 끊임없는 탐색을 한 결과, 아들은 현재 공부하고 싶은 분야를 찾았고 대학 입학을 눈앞에 두고 있다. 명훤 선생님은 멘토 역할뿐만 아니라, 우리 부부가 시행착오 속에서 아들을 믿지 못하고 단점만을 바라보며 한숨 쉬고 있을 때, 한 발짝 떨어져서 아들을 기다릴 수 있도록 많은 조언을 해주시고 믿음을 주셨다. 멘토 선생님은 아들과 우리 부부가 방향을 잃지 않고 앞으로 나아갈 수 있도록 길을 잘 제시해주신 우리 가족의 나침반 같은 분이다.

오랜 기간의 신뢰를 바탕으로 부모에게 하지 못하는 이야기도 멘토 선생님께는 술술 풀어내는 아들, 부모와 있을 때는 과묵한 아들이 멘토 선생님 앞에서는 수다쟁이로 변한다고 한다. 아들이 힘들 땐 함께 여행도 함께 가고, 적성에 맞는 진로를 찾아주기 위해 대학교 탐방, 학원 탐방, 도움을 줄 수 있는 선생님을 함께 찾아주시는 분이다. 단순히 선생님과 학생의 관계가 아닌 가족보다 더 가족 같은 분이다. 하루에 12번도 더 화가 나게 하는 별난 아들을 3년 이상 지도하시면서도 단 한 번도 아들에게 화를 내지 않고 교육하신 멘토 선생님, 이 한 가지 사실만으로도 선생님의 내공이 느껴진다. 우리 부부와 아들이 갈등을 겪을 때 양쪽 입장을 지혜롭게 중재해주셔서 아들과 관계가 나빠지지 않고 사춘기 시기를 무사히 지나게 되어 감사하다. 아들이 멘토 선생님과 함께 공부하면서 학업적인 부분뿐만 아니라 다른 분야에 대해서도 많은 도움을 받았다. 학교생활을 지혜롭게 하는 방법, 막연한 두려움을 갖고 있는 군대 생활에 대한 이야기, 올바른 이성 교제에 대한 이야기, 부모에 대한 예절 등 부모로서 꼭 해주고 싶은 이야기를 선생님께서 현명하게 대신해 주셔서 감사하다. 아들의 가치관 형성에 멘토 선생님의 영향력이 가장 크다고 할 수 있다.

—원의범 님(정재원 멘티 어머님)

내가 아이에게 멘토링을 권유했다. 멘토링을 받으면서 어쩌면 아이보다 엄마인 나에게 더 큰 도움이 되었던 것 같다. 학습 방법, 인생 설계에서부터 마음 다스리기까지 부모와 아이 모두에게 분명 힘이 되는 소중한 시간들이었다.

—이영주 님(석성현 멘티 어머님)

'진심'에는 많은 에너지가 필요하다. 상대에 대한 애정, 관심, 관찰에 기반 되어 투입되는 감히 상상할 수 없는 시간과 노력. 기교적이고 매뉴얼화된 공장식 멘토링이 아니라 진심이 밑바탕 되어진 멘토링. 그래서 멘티와 멘티의 가족들까지 '감화'되는 경험. 이것이 윤정이와 내가 경험한 휜 쌤의 멘토링!

—정선아 님(장윤정 멘티 어머님)

공부에 취미가 없던 아이가 멘토를 만나 조언을 듣고, 필기하는 법과 책을 읽고 정리하는 방법을 알아갔다. 마음을 읽어주는 멘토 덕분에 심리적 안정을 찾아서인지 손톱 물어뜯는 버릇도 사라지고 얼굴도 무척 편안해졌다. 아이의 적성을 찾아 선택한 대학에서 생각지도 못했던 장학생 입학 통지서를 받던 날엔 눈물이 앞을 가렸다. 멘토와의 만남은 청소년기에 내가 아이에게 줄 수 있는 가장 큰 선물이 되었다. 아이와 부모의 연결고리가 되어주시고 건강한 사고를 가지고 성장할 수 있도록 도와주셔서 감사합니다.

—백광현 님(정호준 멘티 어머님)

선생님은 나침반이다. 아이에게 스스로 꿈을 찾게 하고 꿈 실현을 위해 공부는 왜 해야 하는 것이며, 어떻게 공부해야 하는지를 스스로 터득하게 만드셨다. 무엇보다 속도보다는 방향을 잃지 않도록 아이를 꽉 붙들어 주셨다. 선생님은 나무 그늘이다. 아이가 꿈을 향해 가는 과정에서 수없이 가지를 흔들어대며 방황하고 갈등할 때마다 선생님은 든든한 나무 그늘이 되어주셨다. 넉넉한 나무 그늘로 품어 사춘기 아이의 성난 마음을 보듬어 주셨다. 쉬고 다시 날아갈 힘을 주셨다. 선생님은 주치의이다. 아이에게는 공부 습관에 대한 근원적 체질개선을 해주셨고, 엄마에게는 사춘기 아이와 소통하며 행복하게 잘 지낼 수 있도록 마음근육을 키워주셨다. 멘티에게 스스로 모범이 되기 위해 지금도 부단히 공부하고 절제하고 노력하고 계시는 내공 이백 단의 소유자, 명훤 선생님은 이 시대 진정한 멘토이다. 명훤 선생님을 만나게 된건 우리 가족에겐 정말 행운이다.

— 김헌진 님(임준원 멘티 어머님)

능동적인 학습을 위해 선택한 멘토 수업. 효율적인 공부는 기본이고 친구가 되어 안정감을, 형이 되어 편안함을, 파트너가 되어 운동하면서 심신까지 단련. 1인 다역을 하시며 안식처가 되어 주셔서 감사했어요. 학습과 생활의 모든 면에서 건강한 정신과 깊고 넓은 생각의 숲을 형성하며 바르게 성장할 수 있도록 버팀목이 되어 주신 스승님. 엄마인 저는 아이를 지지하며 믿어 주는 사람을 만나 5년의 시간을 같이할 수 있어 행복했습니다. 변함없는 믿음과 신뢰를 주신 명훤 멘토께 감사드립니다. 아이는 저보다 행복한 시간을 보냈겠죠? 한 번 멘토는 영원한 멘토!

— 김미경 님(이윤성 멘티 어머님)

알렉산드로스를 가르치는 아리스토텔레스: 기원전 342-339년. 알렉산드로스는 왕자 시절 위대한
스승 아리스토텔레스로부터 윤리학, 철학, 문학, 정치학, 천문학 등 다양한 학문적 지도를 받았다.
알렉산더의 스승 역할을 마친 아리스토텔레스는 아테네로 돌아와 학당 '리케이온'을 세웠다. 프랑스
조각가 샤를 라플랑트(Charles Laplante, 1837-1903)의 판화, 1866.

우리의 여정이 끝날 때가 되었습니다. 얼마 전 독일의 철학자 오이겐 헤리겔Eugen Herrigel, 1884-1955의 저서 『마음을 쏘다, 활』이라는 책을 읽었습니다.

이 책은 오이겐 헤리겔이 일본의 한 대학에서 객원교수로 체류하는 동안, 일본 궁도의 명인(아와 겐조, 1880-1939)에게 6년간 활쏘기를 배우며 얻은 여러 가지 깨달음에 대해 이야기하고 있습니다. 저 역시 2015년 황학정에 입사하여 2017년 초단 입단 후, 거의 매일 활을 내고 있는 터라 저자의 활 배우기 여정에 감정이입이 더 잘되었습니다. 명인은 활쏘기가 기술을 넘는 기예가 돼야 한다고 가르쳤습니다. 저자는 한 가지 행위에 몰입하는 끊임없는 반복의 과정이 쌓일 때 의식의 전환이 이루어짐을 깨달았습니다.

"올바른 순간에 올바른 발사가 이루어지지 않는 것은 자기自己로부터 벗어나지 못하기 때문입니다. 당신은 발사 자체에 온 정신을 쏟지 않고, 미리부터 성공이냐 실패이냐를 고민하고 있습니다. 이런 식이라면, 당신이 의도하지 않는 움찔하는 동작을 자초할 수밖에 없습니다.

그러면 당연히 손은 올바른 방식으로, 즉 어린아이의 손처럼 열리지 않습니다. 당신의 손이 잘 익은 밤송이 껍질처럼 저절로 벌어지지 않는다는 말입니다."

간단히 말히지면, 최대로 활이 당겨졌을 때 발사가 저절로 이루어지게 된다는 것입니다.

"제자는 상대와 마주하고 있으면서, 그것이 생사가 걸린 문제라는 사실을 까맣게 잊어야 한다. (중략) 제자는 상대를 외면하는 만큼 자기를 외면해야 하고, 근본적인 의미에서 무의도적으로 되기를 배워야 한다. 그러기 위해서는 활쏘기에서와 마찬가지로 엄청난 연습이 필요하다. 소득 없이 느껴질 정도로 끈질긴 연습 말이다. 이러한 연습으로 일단 목표에 도달하면, 달성된 무의도성 속에서 의도성의 마지막 찌꺼기까지 사라진다."

"마치 칼이 스스로 움직이는 듯하다. 활쏘기에서 '그것'이 겨냥하고 명중시킨다고 말할 수밖에 없었듯이, 여기서도 '나' 대신에 '그것'이 등장하고, 그것이 치열한 노력을 통해 습득한 나의 능력과 솜씨를 사용한다. 여기서도 '그것'은 우리가 이해할 수도 포착할 수도 없는, 단지 이미 경험한 사람에게만 자신을 드러내는 그 무엇에 대한 이름일 뿐이다."

이보다 공부의 어려움과 공부의 경지를 잘 표현한 글이 있을까요? 여러분, 지금까지 공부의 방법과 기술에 대해서 이야기를 했지만, 이 책은 결코 요령에 대한 책이 아닙니다. 저는 여러분에게 올바른 공부의 기본기와 연습방법을 제시하고자 하였을 뿐입니다. 어떠한 공부든 '완성되었다'고 생각하는 순간이 가장 위험한 순간입니다. 올바른 방법으로 연습을 해왔고 성공도 맛보았지만, 다시 한 줄기 빛조차 보이지 않고 모든 것을 포기하고 싶은 순간이 찾아왔을 때, 이게 한계인가라는 생각이 들었을 때, 활은 내가 쏘는 것이 아니라 '스스로 나가는' 것이고 공부의 최고 경지도 열리게 됩니다. 낭만적이지만 결코 쉽지 않은 길입니다.

올해 수능시험을 치르게 될 멘티들과 상담을 하다보면, 벌써부터 두렵고 걱정된다는 이야기를 많이 합니다. 그러한 감정을 무시하거나 억누를 수도, 부모님이나 멘토가 나눠 가질 수도 없을 것입니다.

"괜찮다."
"잘될 거야."
"힘을 내!"

이런 말도 두려움과 걱정, 불안을 크게 덜 수는 없습니다. 어떻게 해야 할까요? 엄밀히 말하면 현재에 집중하지 못하면서 지난 과거에 묶여 있거나 오지 않은 미래를 염려하고 계산할 때, 두려움은 상상 속에서 더 무섭고 불가해한 모습을 띄기 마련입니다. 차라리 "불안의 끝판왕을 한번 보여줘!"라는 말이 긴장 에너지의 해방이라는 면에서 더 나을지도 모르겠습니다.

활을 쏘는 순간, 검을 뽑는 순간, 시험장에 들어선 순간, 미리 성공이냐 실패냐를 고민하는 순간, 우리가 "의도하지 않은 움찔하는 동작"을 초래하게 됩니다. 그리고 그것이 명중이냐 아니냐, 삶이냐 죽음이냐, 합격이냐 불합격이냐를 좌우할 것입니다.

그렇다면 결국 현재에 온전히 머무는 능력, 그것이 바로 진정한 '힘'이라고 할 수 있겠지요. 우리는 어떻게 현재에 온전히 머물 수 있을까요?

첫째, 패배를 미리 받아들이는 것도 좋습니다. 패배를 미리 받아들이게 되면 패배에 저항하는 우리의 불필요한 에너지를 놓아주어, 그 에너지가 목표를 성취하는 데 쓰일 수 있습니다. 둘째, 내가 하고 싶은 일을 찾아야 합니다. 그러면 성공이나 실패를 책임질 사람은 자기 자신뿐이라는 것을 깨닫고 주변을 의식하지 않게 됩니다. 셋째, 올바른 방법을 찾아 반복 속에서 자신을 잊는 것입니다. 프로선수들은 매일 처절한 연습의 반복 속에서 삽니다. 그 과정에서 자신이 게임을 주도하지 않으려 하고 승패에 초연해지는데, 그때 바로 '그것'이 플레이하는 것이고 팬들이 감동합니다.

공부도 마찬가지입니다. 실패나 성공을 잊고 바른 방법으로 반복해나가면 밤송이가 벌어지듯, 살이 저절로 활을 떠나듯 자연스럽게 됩니다. 참된 멘토와 스승은 그 '바른 방법'을 제시해 주면서 기다려주는 사람이라고 생각합니다. 바른 방법을 제시해야 함은 기본입니다.

나아가 눈에 보이는 뻔한 패배와 실패일지라도, 멘티가 성장을 위해 스스로 겪어야 할 시행착오라면 지켜보며 응원할 수 있어야 합니다.

아이들은 멘토와 다른 고유의 방식으로, 더 나은 사람이 될 수도 있기 때문입니다. 따라서 그 기회를 빼앗는 것은 미리 나비의 고치를 찢거나 병아리의 알을 깨는 것과 같습니다. 「더멘토」는 "바뀔 것을 강요하지 않으면서, 변화를 이끌어낸다."를 모토로 삼고 있습니다. 이른바 줄탁동시(병아리가 알에서 깨어나기 위해서는, 어미 닭이 밖에서 쪼고 병아리가 안에서 쪼며 서로 도와야 일이 순조롭게 완성됨을 의미한다. 생명이라는 가치는 내부적 역량과 외부적 환경이 적절히 조화돼 창조되는 것)의 자세가 필요하다 하겠습니다.

'자신처럼 실패하지 않게 하는 것'이 멘토의 역할이 아닙니다. 멘토는 '멘티를 고유의 빛깔을 가진 모습으로 성장시키는' 동반자입니다. 그래서 멘토는 가르침의 방향에 대해서는 늘 고민하고 자기 자신을 가장 먼저 깊이 들여다봐야 합니다. 저도, 여러분도, 더 성장한 모습으로 만날 수 있게 되기를 기원하겠습니다. 감사합니다.

멘티들과 함께, 부석사 무량수전
Illustration: 이장희(『서울의 시간을 그리다』 저자), 2019.

감사의 말

약 7년간 준비한 책이 세상에 나오게 되었습니다. 돌이켜 보면 그동안 만난 여러 인연과 겪어온 모든 어려움들이, 이 책을 통해 여러분을 만나기 위한 하나의 과정이었던 것 같습니다. 책을 쓰겠다고 본격적으로 다짐한 순간부터 그동안 쌓인 자료의 숲에서 길을 헤맸습니다.

시험공화국 대한민국에서 우리는 유치원에 들어갈 무렵부터 은퇴 후에 이르기까지 시험으로부터 결코 자유로울 수 없습니다. 경쟁 속에서 평생을 살아가야 하는 비극적인 삶의 단면입니다. 하지만 그런 점이 한편으론 한국인의 잠재능력을 꽃피우게 한 것이 아닌가 하는 생각도 해봅니다. 대한민국 수험가에 그동안 공부 방법을 본격적으로 탐구하고 체계화하려는 시도가 없었다는 점은 매우 아쉬웠습니다. 공부란 고독한 과정입니다. 이 책이 대치동, 노량진과 전국 곳곳 다양한 환경에서 씨름하는 모든 수험생의 망양지탄(亡羊之歎 · 학문의 길이 여러 갈래로 나뉘어져 있어 진리를 찾기 어려움)을 조금이라도 덜 수 있었으면 합니다.

『더멘토 공부의 기술』을 통해 수험생활에 투입할 세월과 삶의 에너지를 조금이라도 아끼고, 그 남은 힘을 세상을 위해 창의적으로 사용해 주십시오. 나아가 이 책이 밑거름이 되어 더 뛰어나고 명쾌한 방법론들이 세상에 등장하기를 바랍니다.

의욕만 앞서 새로운 책, 기존에 없는 책을 구상하려다 보니 낯선 숲속을 길을 내어가며 걷는 심정이었습니다. 책이 제대로 되어가고 있다는 것을 공부에 정통한 선후배들이 일일이 검증해주고 지지해주지 않았다면 이 여행을 끝내지 못했을 것입니다.

표은반 과상님(김앤장 법률사무소), 김정헌 회계사님(김앤장 법률사무소)은 원고를 세심하게 살펴주시고 책이 완성되기까지 동고동락을 함께 해주셨습니다. 심민섭 과장님(이투스)은 첫 삽을 뜬 원고를 검토해주고 격려와 쓴소리를 아끼지 않았습니다. 사랑하는 동생 명휘는 노량진, 신림동 일반 수험생들의 시험 준비 패턴을 정리해주었습니다. 친구 김성하(전 공정거래위원회 사무관)는 수학 공부 방법론의 핵심을 꼼꼼하게 되짚어 주었습니다. 박성렬 서기관님(통일부)은 그야말로 책을 샅샅이 뒤져가며 오타와 표현상의 오류, 구성상의 미비점을 바로 잡아주고 멘토링이 나아가야 할 방향에 대해서도 좋은 말씀을 해주셨습니다. 이정원 선생님(부천 까치울중학교)은 본문에 담은 입시제도와 교육과정 내용에 오류가 없는지 검토해주시고 참고할 수 있는 자료를 제공해 주셨습니다.

박승준 님(생활습관운동 전문코치)은 '수험생을 위한 보강 운동' 영상 제작과 함께 많은 조언을 해주셨습니다. 윤재학 교장 선생님(코오롱 등산학교)은 본문에 필요한 귀한 사진자료(등반가가 도구를 어떻게 정리하고 다루는가)를 제공해주셨습니다. 원고 검토와 함께 자신의 학습법을 기꺼이 공유해주신 성재창 교수님(서울대학교 음악대학), 김종훈 변호사님(법무법인 창천), 차벗 김용재 담당관님(한중일 3국협력사무국), 최영석 교수님(런던 브루넬대학교), 백도연 변호사님, 이상우 원장님(개포 이상피부과), 후배 홍준기 님(서울대 로스쿨), 조영민 님(서울대 로스쿨)에게도 깊은 감사의 마음을 전합니다.

친구 정민우는 「더멘토」가 오늘에 이를 수 있도록 함께 기둥을 세우고 서까래를 올려주었습니다. 후배 박현세는 「더멘토」가 가진 콘텐츠를 책으로 구현할 다양한 아이디어를 끊임없이 제공해 주었습니다. 지구별에서 태어난 보람을 느끼게 해주는 김연성, 황상문 두 단짝들에게도 감사의 마음을 전하고 싶습니다.

언제나 일을 벌이는 저에게 늘 "괜찮다"고 해주시는 멘토의 멘토 이승욱 박사님('닛부타의숲' 원장), 20대 초반부터 무술의 길에서 삶의 지혜를 함께 전해주시는 조주 관장님(전 국기원 대표시범단), 축구의 기본기와 루틴을 체계적으로 지도해주신 장재호 선생님(전 송정초등학교 코치), 한국 아쉬탕가 요가 대중화에 기여하시고 그 가르침을 아낌없이 나누어주시는 양중석 원장님과 박소연 부원장님(강남 아쉬탕가요가 스튜디오), 감사합니다.

고등학교 때 "공부만 하지 말라"며 제 손에 트럼펫을 쥐어주신 신금식 선생님(전 마포고등학교 교사), 공평무사한 스승의 본보기를 몸소 보여주신 한영호 선생님(전 마포중학교 교장), "기교보다는 마음이 우선"이라고 말씀하시며 음악을 즐길 것을 강조하신 임영일 선생님(전 서울시향 트럼펫 부수석), "공부를 허술하게 하지 말라"는 제 마음 속의 준엄한 목소리 양창수 교수님(한양대학교 석좌교수, 전 대법관)과 산새처럼 떠돌던 영혼을 학문의 길로 인도해주신 서울대학교 법과대학 최봉경 교수님께도 깊은 감사의 말씀을 올립니다. 이분들의 가르침이 없었다면 공부의 세계를 엿볼 엄두조차 내지 못했을 것입니다.

이 책을 위해 자료를 제공해준 상윤성, 김예진, 임성원, 최종우, 소한기 멘티, 사랑하고 고맙습니다. 끝으로 이 책이 나오기까지의 긴 여정을 함께해주신 아테네 출판사 양성숙 대표님께 다시 한번 감사의 마음을 전합니다.

1 미하이 칙센트미하이, 『몰입(flow)』, 한울림, 2004, 171면.

PART ONE 공부의 시작

2 정민, "배움의 마음가짐", 「다산 교육법」, 네이버지식백과, 2016. 06. 27.

3 양창수, 『노모스의 뜨락』, 박영사, 2019, 431면.

4 이한, 『이것이 공부다』, 민들레, 2012, 151면.

5 나리아이 히로시, 『시험에 강한 공부방법』, 지상사, 2002, 145-147면도 같
   은 취지다. "그 분야에 대한 기본 지식이 어느 정도 쌓여야만 속독한 내용을
   이해할 수 있다. (중략) 속독은 자기 안에 있는 지식과 연결한 형태로만 가
   능한 작업이다."

6 헨리 뢰디거, 『어떻게 공부할 것인가』, 와이즈베리, 2014.

7 김성일, "뇌기반 학습과학: 뇌과학이 교육에 대해 말해주는 것은 무엇인가?",
   「한국인지과학회」, 제17권 제4호, 2006, 392면.

8 매리언 울프, 『책 읽는 뇌』, 살림, 2013, 17면.

9 다만 음운과 문법은 10대 초기가 학습이 용이한 '민감기(혹은 최적기)' 라고
   한다. 반면 어휘와 의미는 민감기의 영향을 거의 받지 않는다고 한다. 김성
   일, "뇌기반 학습과학", 「한국인지과학회」, 제17권 제4호, 2006, 389면.

10 프랜시스 젠슨·에이미 엘리스 넛, 『10대의 뇌』, 웅진지식하우스, 2019, 116면.

11 위의 책, 111면; 조벽·최성애, 『청소년 감정코칭』, 해냄, 2015, 58-71면.

12 김성일, "뇌기반 학습과학", 「한국인지과학회」, 제17권 제4호, 2006, 389면.

13 우민성, "운동과 인시기능 간의 관계: 뇌과학적 증거에 관한 문헌고찰", 「한국체육학회지」, 제49권 제2호, 2010, 135면.

14 강경두 외 2명, "유산소 운동이 소아 및 청소년의 인지기능에 미치는 영향", 「소아청소년정신의학」, 제26권 제3호, 2015, 146면.

15 이시형, 『공부하는 독종이 살아남는다』, 중앙books, 2014, 85-87면.

16 SBS, 〈궁금한 이야기 Y〉, 2010.

17 트레이시 윌슨(엑스포츠뉴스, 2009년 1월 31일). 캐나다의 스케이팅 디렉터이자 피겨 해설가이다.

18 박미희, 『아이의 재능에 꿈의 날개를 달아라』, 폴라북스, 2008, 74-77면.

PART TWO 시간 관리의 기술

19 다닐 알렉산드로비치 그라닌, 『시간을 정복한 남자 류비셰프』, 황소자리, 1974, 68면.

20 사토 다카유키, 『꼼수 공부법』, 다산, 2012.

21 사토 야마토, 『정답부터 보는 나쁜 공부』, 위즈덤하우스, 2015.

22 고승덕, 『꿈! 포기하지 않으면 불가능은 없다』, 개미들출판사, 2014, 101면.

23 마틴 김, 『빛을 그리는 그림자』, 휴먼큐브, 2013, 115면.

PART THREE 압축의 기술

24 변영계 · 강태용, 『학습기술(Study Skills)』, 학지사, 2003, 157면.

25 위의 책, 157-158면.

26 최규호, 『불합격을 피하는 법』, 법률저널, 2019, 360면, 527면.

27 고승덕, 『꿈! 포기하지 않으면 불가능은 없다』, 개미들출판사, 2014, 110면.

PART FOUR 암기의 기술

28 마인드맵 이론은 토니 부잔(Tony Buzan)이 체계화, 상업화 한 것으로 알려져 있다. 넉넉한 사이즈의 종이를 준비하여, 핵심개념을 중간에 두고 연상 개념을 시계 방향 혹은 반시계 방향으로 자유롭게 (원형의) 가지를 치며 그리는 방식이다. 이미지와 색깔을 적극 활용하는 것이 특징이며, 아이디어를 보강하고 개념의 구조를 파악하는 데 용이하다. 그러나 마인드맵은 사고 과정을 파악하는 하나의 과정이고, 마인드맵 작성이 쉬운 과목과 그렇지 않은 과목이 존재하므로 마인드맵 작성으로 모든 공부가 끝난다는 식의 사고는 지양해야 한다. (군터 카르스텐, 『기억력, 공부의 기술을 완성하다』, 갈매나무, 2014, 134면: 마인드맵이 학습능력 향상에 얼마나 기여하는지에 대한 연구 결과들은 상당히 엇갈린다고 한다.)

29 군터 카르스텐, 『기억력, 공부의 기술을 완성하다』, 갈매나무, 2014, 234면.

30 매리언 울프, 『책 읽는 뇌』, 살림, 2013, 18면.

31 이러한 망각은 다양한 형태로 발현된다. 정보를 오랜 기간 사용하지 않아 정보의 연결 지점을 찾지 못하는 쇠퇴, 선호하지 않은 정보의 억압, 가치관

에 영향을 받은 왜곡, 지식과 지식 간의 간섭 등이 그러하다. 올라프 슈에 베, 『북유럽 공부법』, 도그지어, 2014, 51-52면.

32 김성일, "뇌기반 학습과학", 「한국인지과학회」, 제17권 제4호, 2006, 382면.

33 위와 같음.

34 도미니크 오브라이언, 『뇌가 섹시해지는 책』, 비전코리아, 2015, 122-124 면; 군터 카르스텐, 『기억력, 공부의 기술을 완성하다』, 갈매나무, 2014, 104-106면.

35 정계원, 『셜록의 기억력을 훔쳐라』, 베프북스, 2016, 23면.

36 조슈아 포어, 『1년 만에 기억력 천재가 된 남자』, 갤리온, 2016, 265면.

PART FIVE 반복의 기술

37 최규호, 『불합격을 피하는 법』, 법률저널, 2019, 135면.

38 조지 스웨인, 『공부책(How to Study)』, 유유, 2014, 102면.

39 베레나 슈타이너, 『전략적 공부기술』, 들녘, 2014, 120-121면.

40 다닐 알렉산드로비치 그라닌, 『시간을 정복한 남자 류비셰프』, 황소자리, 2004, 68면.

PART SIX 컨디션 관리의 기술

41 프랜시스 젠슨 · 에이미 엘리스 넛, 『10대의 뇌』, 웅진지식하우스, 2019, 123면.

42 위의 책, 134-135면.

43 위의 책, 136-137면.

44 사쿠라이 다케시, 『수면의 과학』, 을유문화사, 2018, 234-237면.

45 위의 책, 222-225면: 벤조디아제핀계 약물을 사용할 경우 인지기능과 운동 기능에 영향을 끼칠 수 있다고 한다. 최근에는 '각성'에 특이적으로 작용하는 오렉신 수용체 길항제의 등장으로 불면증 약물 치료에 전환점이 마련되었다고 한다.

46 사쿠라이 다케시, 『수면의 과학』, 을유문화사, 2018, 234면.

47 위의 책, 2018, 237면.

48 김도윤, 『1등은 당신처럼 공부하지 않았다』, 쌤앤파커스, 2019, 73면.

49 이시형, 『공부하는 독종이 살아남는다』, 중앙books, 2014, 124면.

50 프랜시스 젠슨·에이미 엘리스 넛, 『10대의 뇌』, 웅진지식하우스, 2019, 127면: 사쿠라이 다케시, 『수면의 과학』, 을유문화사, 2018, 50-59면.

PART **SEVEN** 더멘토 NOTE

51 서웅찬, 『더 이상 공부에 쫓기지 말고 공부를 정복하라』, 꿈과 의지, 2019, 411면.

52 사토 야마토, 『꼼수 공부법』, 위즈덤하우스, 2015, 53면.

53 홍석철, 『입시왕, 공부를 부탁해』, 책비, 2017, 250-257면.

54 이연정, 『기적을 만드는 공부법』, 지공신공, 2011, 358면.

55 안치황 외, 『수능 1등급은 어떻게 탄생하는가』, 소라주, 2014, 41면.

56 스티브 기즈, 『습관의 재발견』, 비즈니스북스, 2015 .

57 이시형, 『공부하는 독종이 살아남는다』, 중앙books, 2014, 91면.

58 김홍규, 『한국 현대시를 찾아서』, 푸른나무, 2011, 92-93면.

59 안치황 외, 『수능 1등급은 어떻게 탄생하는가』, 소라주, 2014, 61면.

60 이현직 · 강성수 외, 『수만휘 공부법 사전』, 김영사, 2013, 66-67면.

61 안치황 외, 『수능 1등급은 어떻게 탄생하는가』, 소라주, 2014, 262-263면.

62 위의 책, 127면.

63 헨리 뢰디거, 『어떻게 공부할 것인가』, 와이즈베리, 2014, 95면.

64 안치황 외, 『수능 1등급은 어떻게 탄생하는가』, 소라주, 2014, 161면.

65 이현직 · 강성수 외, 『수만휘 공부법 사전』, 김영사, 2013, 100-101면.

66 김현근, 『현근이의 자기주도학습법』, 예담, 2007, 140면.

부록

67 출처는 NCIC 국가교육과정 정보센터(http://ncic.go.kr). 이와 더불어 '학
    교 알리미 사이트'(http://www.schoolinfo.go.kr)에서는 국가교육과정을
    토대로 각급 학교에서 교육과정을 어떻게 편성 · 운영하고 있는지 상세하게
    열람할 수 있다.

강경두 외 2명, "유산소 운동이 소아 및 청소년의 인지기능에 미치는 영향", 「소
아청소년정신의학」, 제26권 제3호, 2015.

고승덕, 『꿈! 포기하지 않으면 불가능은 없다』, 개미들출판사, 2014.

군터 카르스텐, 『기억력, 공부의 기술을 완성하다』, 갈매나무, 2013.

권영선, 『발터 벤야민의 공부법』, 역사비평사, 2014.

김도윤, 『1등은 당신처럼 공부하지 않았다』, 쌤앤파커스, 2019.

김성일, "뇌기반 학습과학: 뇌과학이 교육에 대해 말해 주는 것은 무엇인가?",
「한국인지과학회」, 제17권 제4호, 2006.

김현근, 『현근이의 자기주도학습법』, 예담, 2007.

김흥규, 『한국 현대시를 찾아서』, 푸른나무, 2011.

나리아이 히로시, 『시험에 강한 공부방법』, 지상사, 2002.

나카가와 카즈히로, 『기적의 시력 회복법』, 청림LIFE, 2015.

다닐 알렉산드로비치 그라닌, 『시간을 정복한 남자 류비셰프』, 황소자리, 2004.

도미니크 오브라이언, 『뇌가 섹시해지는 책』, 비전코리아, 2015.

마릴린 베렛, 『특종! 안과의사 눈 운동』, 책과길, 2013.

마츠자키 이사오, 『굿바이 안경』, 코리아하우스, 2009.

마틴 김, 『빛을 그리는 그림자』, 휴먼큐브, 2013.

매리언 울프, 『책 읽는 뇌』, 살림, 2013.

무라카미 하루키, 『직업으로서의 소설가』, 현대문학, 2016.

미하이 칙센트미하이, 『몰입(flow)』, 한울림, 2004.

바버라 셔, 『위시크래프트(소원을 이루는 기술)』, 돌을새김, 2006.

박미희, 『아의의 재능에 꿈의 날개를 달아라』, 폴라북스, 2008.

발터 벤야민, 『일방통행로』, 새물결, 2007.

베레나 슈타이너, 『전략적 공부기술』, 들녘, 2014.

변영계 · 강태용, 『학습기술(Study Skills)』, 학지사, 2003.

사토 다카유키, 『꼼수 공부법』, 다산, 2012.

사토 야마토, 『정답부터 보는 나쁜 공부』, 위즈덤하우스, 2015.

사쿠라이 다케시, 『수면의 과학』, 을유문화사, 2018.

서웅찬, 『더 이상 공부에 쫓기지 말고 공부를 정복하라』, 꿈과 의지, 2019.

안치황 외, 『수능 1등급은 어떻게 탄생하는가』, 소라주, 2014.

양창수, 『노모스의 뜨락』, 박영사, 2019.

양창수, 『민법입문』(6판), 박영사, 2016.

양토냉 질베르 세르티앙주, 『공부하는 삶』, 유유, 2016.

올라프 슈에베, 『북유럽 공부법』, 도그지어, 2014.

우민정, "운동과 인지기능 간의 관계: 뇌과학적 증거에 관한 문헌고찰", 「한국
　체육학회지」, 제49권 제2호, 2010.

이시형, 『공부하는 독종이 살아남는다』, 중앙books, 2014.

이연정, 『기적을 만드는 공부법』, 지공신공, 2010.

이한, 『이것이 공부다』, 민들레, 2012.

이현직 · 강성수, 『수만휘 공부법 사전』, 김영사, 2013.

정계원, 『셜록의 기억력을 훔쳐라』, 베프북스, 2016.

정민, "공부의 과정과 절차", 「다산 교육법」, 네이버지식백과, 2016. 05. 16.

정민, "배움의 마음가짐", 「다산 교육법」, 네이버지식백과, 2016. 06. 27.

조슈아 포어, 『1년만에 기억력 천재가 된 남자』, 갤리온, 2016.

조지 스웨인, 『공부책(How to Study)』, 유유, 2014.

최규호, 『불합격을 피하는 법』, 법률저널, 2019.

최성애 · 조벽, 『청소년 감정코칭』, 해냄, 2015.

프랜시스 젠슨 · 에이미 엘리스 넛, 『10대의 뇌』, 웅진지식하우스, 2019.

해리 왕 · 로즈매리 왕, 『좋은 교사 되기』, 글로벌콘텐츠, 2013.

헨리 뢰디거, 『어떻게 공부할 것인가』, 와이즈베리, 2014.

홍석철, 『입시왕, 공부를 부탁해』, 책비, 2017.

황상보, 『거북목 교정 운동』, 청림LIFE, 2015.

"공부에 대한 공부가 우선이다"를 알려준 책. 공부 방법을 다룬 책 중에서 가장 공감이 많이 되었다. 성적을 올리는 데 필수적인 '비문학 연습'을 어떻게 접근하고 연습해야 하는지에 대한 작가의 분석과 성찰이 돋보인다. 모든 선생님들이 오답 노트를 강조하지만, 학생의 입장에서 실제로 작성해 본 결과를 토대로 그 방법론을 정리하고 구체적인 형태를 제공한 것은 이 책이 '유일'할듯싶다. — 김성하(전 공정거래위원회 사무관)

이렇게 좋은 책을 잘 써주셔서 (저도 한때나마 수험생의 입장이었던 사람으로서) 너무 감사합니다. 많은 이들에게 큰 도움이 될 것 같아요. 공부를 잘하고 싶고, 시험에 합격하고 싶지만 방법을 알지 못하는 모든 수험생들을 웃게 만들어줄 책입니다. '프로들의 기본기', '비문학 연습', '단권화의 시작'을 보니 저도 새로운 공부를 시작해보고 싶은 마음이 듭니다. "공부의 기본기는 꾸준히, 반복적으로 훈련하여 한 편의 글을 가지고 놀 수 있게끔 연습이 되어야 합니다." "기본기는 여러분의 꿈을 성취시켜 줄 마법의 양탄자입니다. 쉽고 단순해 보일지라도, 공부를 하는 한 자신만의 루틴을 만들어 꾸준히 반복 훈련해야 할 것입니다." 이 두 문장이 마음에 남습니다. — 김정헌(김앤장)

내신과 수능을 어떻게 유기적으로 준비해야 할지 큰 그림을 그려주는 책입니다. 할 건 많은데, 당장 어디서부터 뭘 해야 할지 모르는 고등학생들에게 큰 도움을 줄 것입니다. 저 역시 많은 도움을 받았구요. '두 개의 타임라인, 필기의 기술, 반복의 기술(오답 노트)' 편은 꼭꼭 읽어보시길!
— 김예진(고등학교 2학년)

공부에 지름길은 없음을 깨닫게 하는 책. 그러나 먼 길 지치지 않고 걷는 방법을 알려주는 가이드북. 상세한 공부 방법론(특히 단권화)과 함께 학부모님께 전하는 메시지가 무척 인상적입니다. — 김용재(한중일 3국협력사무국)

학창 시절 막연하게 알고 있던 '두 개의 타임라인(알파 기간과 베타 기간)'을 분명하게 제시해준 것이 무척 놀라웠습니다. 수험생들이 시간과의 싸움 속에서 길을 잃지 않기 위해 꼭 읽어야 할 책입니다. — 김현선(회계사)

공부 방법론 고민은 이 책으로 끝! 대입수험의 필살기를 모아둔 책이다. 두 개의 타임라인을 통해 고등학교 3년을 조망하며 거시적인 전략을 세우고 '현재에 온전히 몰입할 수 있게' 해줄 책이라 믿는다. 뒤늦게 공부할 마음을 먹었지만 시간은 없고 뭘 어떻게 해야 할지 몰라 망설이는 학생들에게 강력 추천한다. 수험에 성공한 이들이 모두 깨달아 알고는 있었지만 제대로 설명 못하던 방법론을 낱낱이 쉽게 설명하고 '워크북' 템플릿까지 제시하는, 수험생활의 지도이자 매뉴얼! 하지만 기계적인 공부법에 그치지 않고, 앞으로의 인생을 위해 학생과 학부모에게 남기는 멘토의 따뜻한 당부가 무척 인상 깊었다. — 박성렬(통일부 서기관)

제 학창 시절과 수험 기간 동안 체득하고 중요시했던 점들이 그대로 기술되어 있어 놀라웠습니다. 한 권의 책에 공부의 기초부터 완성까지, 실전형으로 정리되어 있어 서술된 내용을 잘 따라가면 안정적인 합격에 다다르게 해줄 나침반이 되어줄 것입니다. ─ 백도연(변호사)

이 책은 수험생을 위한 '공부학 입문서'라 할 수 있습니다. 공부는 기술적인 요소가 많이 필요한 활동입니다. 공부 기술을 시행착오를 통해 얻을 수 있으나, 처음부터 방향을 제대로 잡으면 시간을 많이 줄일 수 있죠. 공부 기술이 미숙하지만 공부를 하고 싶어하는 학생들에게 추천해주고 싶은 책입니다. 특히 〈시간 관리의 기술〉편에서 두 개의 타임라인, '알파 기간과 베타 기간'은 아주 중요하다고 생각합니다. 고등학교 생활은 3년이라는 짧은 기간 동안 굉장히 빨리 지나갑니다. 특히 고등학교 2학년 2학기부터는 수능의 중압감에 시달리면서 공부를 하게 됩니다. 따라서 1학년 때부터 고등학교 3년의 전체 과정을 입체적으로 파악하여, 완급조절을 하면서 공부할 필요가 있습니다. 내신 기간(베타 기간)과 수능 준비를 위한 기간(알파 기간)을 나누고, 각 기간에 공부해야 할 목표를 설정하는 것이 가장 기본이라 할 수 있지요. 이 부분을 간과하고 아무런 목적의식 없이 공부하는 학생들이 많은데, 이 챕터를 꼭 읽어보라고 권유하고 싶습니다. ─ 조영민(서울대 로스쿨)

입시 준비에 필요한 필수 공부법의 청사진을 제시하며, 디테일도 놓치지 않았다. 특히 이 책이 비문학을 바라보는 관점은 매우 옳다. 단순히 언어영역의 한 부분이 아닌, '지식을 축약하는 형식으로서 비문학'이 어떤 의미를 가지며 비문학을 어떻게 공부할 수 있는지 정확히 짚어주고 있다. 입시를 넘어 평생 학습의 지름길을 보여주는 책이라 할 만하다. ─ 최영석(런던 브루넬대학교)

공부법의 교과서가 나왔네요! 공부의 기본기가 무엇이며 왜 필요한지 차근차근 설명해주니 납득이 가고 공감이 됩니다. '단권화'는 저도 특별히 의식하지 않고 나름의 시행착오를 통해 했던 공부법인데 이론적으로 정리한 것이 놀랍고 소름돋습니다. 소설책처럼 한번에 다 읽는 책이 아니에요. 요리 레시피처럼 필요할 때마다 꺼내서 참고하고 내 것으로 만들어주세요!

— 표은반(김앤장)

수험생활에 정체기가 올 때 과목별 해법을 줄 수 있는 디테일을 담은 책입니다. 특히 '알아두면 쓸모있는 영역별 TIP'에 명훤 선생님의 오랜 경험이 담겨 있다고 느껴지네요. 수험생 시절에 저는 수학에 약해서 '나를 위한 지침' 형식으로 번호를 매겨서 공부 방법론과 실전문제풀이 자세를 고민하고 적어두기도 했었는데, 그때 작성하고 수차례 수정을 거친 내용들과 상당수 일치하는 것 같아요. 삶의 소명은 아이 자신이 가장 잘 알고 있고, 쉽게 동기부여를 심어줄 수 있는 것이 아니라는 지적에도 공감합니다. 구체적인 꿈을 정하더라도 공부가 몇 번 막히고 어떻게 해결해야 할지 모를 때 오히려 공부의 능률이 많이 떨어지기도 하거든요. 안 되던 공부가 갑자기 이해되기 시작하거나 머리에 들어온다고 느낄 때, 그 자체가 재미있을 수도 있거든요. 그리고 미래의 직업 선택과 관련된 꿈이 있지 않아도 성적 향상 자체 혹은 칭찬받고 인정받는 것을 목적으로 공부를 열심히 할 수도 있는데, 공부를 하기 위해서 꿈을 조급하게 찾는 것은 너무 멀리 돌아가는 일일 수도 있다는 생각이 들어요. — 홍준기(서울대 로스쿨)

일러두기:

1. 이 책에 수록된 나무 그림과 '서울의 나무 이야기'는 이장희 작가님이 제공해주셨습니다.

2. 이 책에 수록된 100여 컷의 표 그림을 위해 디자이너 김희원 님이 수고해주셨습니다.

Illustration: © 이장희(『서울의 시간을 그리다』 저자), 2019.

T H E
MENTOR

명훤 지음

———————

T H E
A R T
OF
STUDY